サルゴフリー　店は誰のものか

イランの商慣行と法の近代化

岩﨑葉子

平凡社

サルゴフリー店は誰のものか

目次

序章　生きている法、そして制度

人通りの絶えないテヘランの目抜き通りに店を構え、商売に勤しむイラン商人たちと話をすると、彼らのほとんどはその店を「自分のもの」だと言う。絶好の立地に自分の店を持つことのできるその資力と商才とに感嘆しつつなおも話を聞いてみると、しかし、彼らは毎月わずかではあるが家賃を支払っているらしい。

他人から借りている賃貸物件の店舗であるにも拘わらず商人たちがそれを「自分のもの」と表現するには、それなりの理由がある。というのも彼らはこの店を賃借するために、日本円にしてじつに数千万という大金を支払って「この店で商売をする権利」というものを買っているからだ。

この権利のことを、ペルシア語で「サルゴフリー」と呼ぶ。

サルゴフリーは売買や相続が可能で、その市場価格は不断に変動する。商売の上手い店子であれば、サルゴフリーの評価額がその店舗の集客力を反映して大きく上昇することも珍しくない。しかも、地主（土地・建物の所有者）が店子を立ち退かせようとする場合には、彼は店のサルゴフリーを「時価」で店子に補償しなければならないと法に定められているため、容易には店子を放逐することができない。すなわち、ひとたびサルゴフリーを購入すれば店は「自分のもの」であると商人たちが主張する所以である。

テヘランをはじめとするイランの大都市部の商業地では、店舗の土地や建物の所有権を売買したり、月額家賃のみを払って賃借したりするようなタイプの商業施設は少なく、その代わりに店舗の店子が地主からサルゴフリーを購入して商売をするタイプの店が一般的である。そのため商人のみならず一般のイラン人にとっても、サルゴフリーの価格は世の中の景況を反映する重要な経済指標のひとつとなっている。ひとびとが関心を寄せるのは、日本の商業地におけるような土地の路線価ではなく、サルゴフリーの価格なのである。

本書は、このサルゴフリーと呼ばれる権利の売買にまつわるイランの商慣行が、二十世紀初頭から現在までのおよそ百年の間に、それをめぐる法律とともにどのような歴史的変遷を辿ったかを論じるものである。収益性の高い商業地において土地や建物の用益権や賃借権が売買の対象となるサルゴフリーに類似した慣行は、イランのみならず東京の魚河岸やパリの繁華街など古今東西に普遍的に見られるが、本書が詳らかにするようにイランのそれは、イスラーム世界に特有の文化的背景と、イラン固有の歴史的文脈によって揺るぎない個性を獲得していく。

もっとも本書は、イラン商業地における一風変わったしきたりの来歴を明らかにすることだけをその目的としているのではない。本書がこのサルゴフリーの物語に光を当てるのは、じつはそれが、いわゆる「近代化」の時期に伝統的なイスラーム法の支配を改め西欧型の法制度の導入を決断したアジアの一国における、イスラーム法と西欧近代法との「不測」の軋轢とその克服というべききわめて貴重な歴史的経験にほかならないからである。

イスラーム教を信奉するひとびと（ムスリム）が人口のマジョリティを占める国・地域は少なくない。極東の日本においてすら日常的にムスリム移住者と接する機会が増えている今日、彼らは我々のごく身近な存在となりつつある。そうしたなか、ムスリムが遵守すべきとされる宗教上の戒律の呼称として「イスラーム法（シャリーア）」という語も次第に知られるようになってきた。

その一方で日本における「イスラーム法」の語には、峻烈をもって聞こえた一部の刑罰などに象徴される、どこか前時代的で因循なイメージがつきまといつづけている。我々の多くはイスラーム法というものについて、あいかわらず、聖典クルアーンに示された教えの墨守とその継承といった程度の認識しか持たされていないのではなかろうか。しかし現実のイスラーム法は、他の多くの法と同様に、技術革新や経済成長にともなって生起するあらたな社会現象を通じてつねに問い直されつづけるきわめて可変的な存在である。

クルアーンをはじめとするいくつかの法源から導かれるイスラーム法は従来、契約、婚姻、相続などムスリムの社会生活に密接した範疇におけるルールの礎(いしずえ)として機能してきた。しかしそれはもともと法典として成文化されていたわけではないため、時代を下るにつれてあらたに生じる「今日的」問題にそれぞれの時代のイスラーム法学者たちが下した見解が膨大に蓄積され、さまざまな法学派の学説として体系化されてきた。我が国でも近年は、イスラーム(主としてスンナ派)諸法学派の学説の変遷や、裁判史料を用いた過去の適用事例の分析など、いくつもの優れた研究が著されており、先にふれたようなイスラーム法にたいする硬直的な印象がわずかずつではあるが修正されつつある。

しかしながら、現代のイスラーム諸国においてあたかも「イスラーム法」という法律が施行されているかのように考えるのは誤りである。というのも今日のイスラーム諸国で法治国家の柱石として機能しているのは、諸外国と変わるところのない、幅広い分野にわたる夥(おびただ)しい制定法群だからである。そうした国々では「近代化」期以降、いわば法的な判断の拠り所として体系化したイスラーム法の学説がさまざまな制定法のなかに取り入れられ、埋め込まれ、イスラーム法の法理に起源をもたない他の多くの制定法とともに、その国の法体系をかたちづくってきた。本書の舞台であるイランもまた、その例に漏れない。

十九世紀末、西欧諸国による政治的・経済的浸潤の脅威にさらされていたガージャール朝(一七九六―一九二五年)イランは、司法を含むあらゆる国家制度の「近代化」を模索しつつあった。西欧列強による植民地化を免れるためにみずからに法制度改革・整備を課し、シーア派イスラーム法学の諸学説を法律というかたちに「近代化」する試みに挑んだ。二十世紀の曙に憲法が制定されたイランではさらに両大戦間期に入り、それまで西欧諸国に許してきたカピチュレーション（特権条項）の早期撤廃を期したパフラヴィー朝（一九二五―七九年）の下、イスラーム法に反する条項が挿入されることのないようにとのイスラーム法学者たちの並々ならぬ慎重さをもって、西欧に範をとる民法典が編纂・制定された。[*1] しかも、独自の民法典メジェッレ（Mecelle）[*2] を編纂するなど「近代化」改革において はイランに先んじていた隣国オスマン朝が第一次世界大戦後に解体し、その事実上の後継国であるトルコ共和国ではメジェッレは継承されずにスイス民法が全面的に移入されたのに対し、このとき編纂されたイラン民法典が現在まで数次の改正を経つつも施行されつづけていることは注目に値する。すなわちイランは、ひとびとの日常的社会生活に密接に関わる法分野において、イスラーム法の学説の体系を損なうことなく西欧的な枠組みを導入することによって独立を保ち国力を強化せんとした「近代化」期の試みがいまだ継続している、中東における最古の事例と言えるのである。

こうした経緯に鑑（かんが）みれば、現代イランにおけるイスラーム法の実践の様態とはまさしく制定法のなかにこそ見出されるはずである。しかしそうした観点から具体的事例を扱った研究はいまだ限られている。本書はサルゴフリーをめぐる慣行と法律とを取り上げることを通じて、イスラーム諸国における法の近代化とその今日的帰趨について、ひとつの興味深い事例を提供し、研究史上の空白をわずかでも埋めようとするものである。

＊　＊　＊　＊

第二次世界大戦さなかの一九四三年初頭のことであった。一人のアメリカ人がイラン政府の「財政建て直し」の任務を帯びてテヘランに到着した。この人物は、それから一九四五年の二月にこの国を去るまでのおよそ二年余り、アメリカ人のミッションを率いてイランの財務行政に当たったアーサー・チェスター・ミルスポー（Arthur Chester

Millspaugh）博士である。

当時のイランは、ナチス・ドイツと近かったパフラヴィー朝の初代君主レザー＝シャーが英ソの進駐によって退位し、息子モハンマド＝レザー＝シャーが連合国に憲法の遵守を約束し即位していた。ミルスポー博士は、ドイツと戦うソ連への重要な物資輸送ルートとして、また中東全域の物流の要として、連合国にとってきわめて重要な戦略的拠点であったイランにたいする梃入れの目的で、アメリカ国務省の要請を受けて派遣された財務の専門家であった。

一九四三年五月、イランの財務総監（ra'īs-e koll-e dārāī）の地位にあったミルスポー博士は、議会の審議を経て時限的な物価統制上の実権を与えられ、イラン政府の予算編成、財務省内の人事、財務行政機構の再編などを任されることになった。積年の放漫財政の結果膨れ上がったイラン政府の赤字と債務に頭を抱えながらも、ミルスポー博士は国民生活を安定させるための諸「改革」を断行し、インフレ抑制と物資流通の改善を喫緊の課題として取り組んだ。

このときミルスポー博士がイランで制定したある規則が、伝統的なしきたりを守っていたイラン社会の一隅に細波をたて、それが次第に大きな波紋となって広がり、ついにはイランのひとびとの商売や資産管理をめぐる日常の営みを大きく変えることになった。本書が光を当てるのはこの、七十年余を隔てた今日においてもなおイラン社会に大きな影響を及ぼしつづけている、一連の出来事についてである。

それは、先にふれたイランの繁華な商業地でおこなわれていた店舗の店子（すなわち商人）たちの間の伝統的な慣行を、ミルスポー博士が「法制化」したことに端を発する、ボタンの掛け違いのような椿事であった。事の発端となったイランの商業地での慣行とは次のようなものだった。

ある場所に商店が営まれているとする。ペルシア語でマーレキ（mālek）と呼ばれる地主から店を借りてそこで商売を営む店子Aは、長年労を惜しまず真面目に働いた。その結果、彼の努力が実って店には固定客がつき、繁盛店としての名声を確立する。さてAが他所へ移転する、あるいは商売そのものを畳むなどの理由でもはやこの店を賃借するのをやめようという場合、この伝統的なイランの商慣行では、彼は次にこの店を借りることになる商人Bから、いくばくかの金銭を得ることになっていた。というのも、汗水流して店を守り立て、そこを客の集まる店にしたのはほかでもないAである。Bが最初から好立地でスタートを切ることができるのはAの努力による。したがってAは次の店子Bから、これまでに自分が獲得した店の信用や名声といったいわば「暖簾」の代金を頂戴することができる――これがこの慣行のそもそもの考え方だった。同時にそれは、法的な裏付けのない店子たちの間の取り決めでもあり、店の建物の持ち主である地主には基本的に関係がなかった。店子どうしがやり取りするこの金のことをひとびとは「サルゴフリー（sar-qofli）」と呼び習わしていた。サルゴフリーの語は、ペルシア語のsar（頭、最初、上などの意）とqofl（錠の意）から成る複合語である。「その店の扉の錠を受け取るのに先立つもの」「店の錠の上に乗せて錠と引き換えにするもの」といった趣旨から生じた語と考えられる。

この慣行は少なくとも、一九二〇年代末頃にはすでにテヘランを含むイラン国内の各地に普及していたことが史料で確認できる。問題は、ミルスポー博士がみずから起草した不動産の賃貸借にかかわる包括的な規則を制定したときに始まった。

インフレ抑制を焦眉の課題と心得ていたミルスポー博士は、テヘランなど大都市部における家賃の高騰をひじょうに憂慮した。彼は不動産の賃貸料をコントロールするため、それまでイランでは整備の遅れていた不動産賃貸借にかんするかなり包括的な規則を制定する。この規則は、賃貸料の値上げについて多くの制約を課してはいるものの、不動産の賃貸人と賃借人の双方の権利・義務関係を明文化しているという点で画期的ですらあった。ところが一見してことさら問題のあるようには認められないこの規則のなかに、ミルスポー博士は次のような条項を盛り込んだのである。

「賃借人の過去の行いや名声が価値と信用とを勝ち得ており、その結果が賃貸人を利することになる場合には、賃貸人は前の賃借人の信用・名声の価値に対して、不動産鑑定士が定める額を前の賃借人に支払う義務を有する」

（ミルスポー諸権限法規則第九条）

ミルスポー博士の関心はあくまでも家賃の上昇を抑えることにあった。商業地でのサルゴフリーと呼ばれる金銭の授受慣行についても漏れ聞いていたミルスポー博士は、多額のサルゴフリーを前の店子に支払って入居した新しい店子が、地主の恣意的な立ち退き要求、もしくはそれと引き換えの家賃値上げにさらされることがあると知って、地主たちに足かせをはめる目的でこの一文を挿入したのであろう。店舗の店子が退去するにあたって、店子が懸命に働いた結果その店舗に付加された固定客や店の評判といった無形財産の価値を、店舗の建物の所有者が店子にたいして補償する——これは、明らかに従来の店舗賃貸契約の慣行にはない要素を孕んだルールの導入を意味していた。

ミルスポー博士とそのミッションは、イラン政府との当初の契約期限である一九四五年十一月を待たずに、同年の春浅い時期に帰国した。物流統制や所得税の導入などの施策に対する反発が強くなり、この年の初めにミルスポー博士に与えられていた権限をイラン議会が剝奪したため、彼にはできることがなくなってしまった。ミッションを帰国させることについて、博士自身はかなり抵抗したようだ。良くも悪くもアメリカ流のリベラリズムと民主主義を信奉しイランの行政府の建て直しを真摯（しんし）に追求していた博士は、最後にはアメリカ政府の後援も得られず道半ばにしてイランを去った。

しかし、ミルスポー博士の導入した不動産賃貸借にかんする包括的規則はそのまま国内の重要なガイドラインとして残された。このミルスポー博士の「置き土産」が――もちろんそれとて博士その人は知る由もなかったであろうが――こののちのイランにおける地主と店子との攻防戦と制度の複雑な発展を招来することになったのである。

実際のところ、地主や店子をはじめとしてイラン社会はこの規則に少なからず当惑し、翻弄されることになった。ミルスポー博士によるあたらしいルールでは、成功した店子が去る際にはかならず地主がその信用・名声の金銭的価値を補償しなければならないとされた。成功した店子が次に入居する店子から受け取るちょっとした「場所代」のことをサルゴフリーと呼び習わしていた当時のイランのひとびとにとって、地主が店子の信用・名声の価値にたいして支払う補償金とはすなわちサルゴフリーのことにほかならず、したがってこれからは地主もサルゴフリーを支払わねばならなくなったものと理解されたのである。しかし一方で、退去しようとする店子が地主に補償金を請求し得るこのルールは、もっぱら店子どうしの金銭授受であったサルゴフリーの慣行に馴染(なじ)んできたひとびとには、いかにも腑に落ちないものであったに違いない。なぜサルゴフリーを、店子が（次の店子ではなく）地主に請求できるのか。一般のひとびとのみならず少なくないイスラーム法学者が、ほんらい店子たちの間でのみ行われた金銭の授受慣行に地主までもが巻き込まれていく発端となったこの法文とその後継法規に疑義を呈した。サルゴフリーとは、そもそも誰が、誰にたいして補償すべきものか。地主と店子との間で、繁盛する店舗の権利金を「誰が誰に払うのか」という大問題をめぐって、幾多の係争が引き起こされることになったのである。

サルゴフリーをめぐる地主と店子の係争は、第二次世界大戦期の国際関係やその当時イラン自身が抱えていた政治的な脆弱性といった時代の巡り合わせによって生じた社会的混乱であったというところに、その歴史的なユニークさがある。ミルスポー博士をはじめとする関係者はおそらく誰一人としてそうした顛末を予想してはいなかったであろう。それはいわば、アメリカとイランにおける法文化のギャップ——すなわち西欧近代法の世界における「所有者」あるいは「所有権」という概念とイラン社会で息づいていたそれとの間にある、表立たない、しかしけっして無視し得ない深刻な相違にも関係するものであったからだ。

とはいえこの相違が生んだ亀裂は、例えばアジアの植民地において「外来」の国家法と土着法とが矛盾をきたしたような例とは一線を画していた。[*3] というのもイランの場合、前述のとおり、法制度の「近代化」は同時代の後発諸外国に比してけっして著しく立ち遅れていたわけではなく、もとよりイラン自身によって西欧型の中央集権主義的な法制度が目指されたことに疑いの余地はないからである。

したがってミルスポー博士によるイランの商慣行の法制化が、それとイラン固有の法文化との間に潜む抜きがたい齟齬を体現する好事例となって現れることになったのは、イランの法制度そのものの問題に起因するというよりは、むしろイスラーム法を基礎に構成されたイラン独自の「近代的」法制度（すなわち西欧近代法的な外形を持つイスラーム法の体系）のなかへ、ひょんなことから異質な、外来の権利概念が混淆し、期せずして法の多元的な様態を招いてしまったことによる。ミルスポー博士の指揮によって、伝統的な商慣行を近代法的な体裁の条文へと整備する作業のなかで——作業それ自体は第二次世界大戦の混乱のなかで行われたのだが——それが表だって議論されることなく、あるいは議論のための時間的猶予を与えられず、条文とその社会的運用実態との乖離が固定化されてしまったのである。

同時にそれは、ほんらい商人の間の慣行であったものが「法」の領域に取り込まれる過程で起こった混乱でもあった。言い換えれば、ひとびとがひとつのルールとして認知し実践もしていたいわば「非国家的秩序」に、国家が新たなルールを挿入して干渉した形になったのだが、新旧のルールの齟齬は、第二次世界大戦中のミルスポー博士による規則の制定から、イラン革命を経て二十世紀末にサルゴフリー関連法制が改められるまでの五十年余りの間、不動産賃貸借に関わる条文のなかに温存された。ほんらいイスラーム法的秩序に照らしても整合性を持っていたはずのイランの法体系のなかに紛れ込んだ異質な要素を排除する目的で法律が改正されたのは、ようやく革命後の一九九七年になってからのことであった。

法律の条文によって地主と店子に与えられた権利の概念的定義を明らかにしたり、ミルスポー博士の導入した規則と既存の法体系との間にどのような法学上の不整合があると見なされたのかを分析したり、あるいは条文の変化が制度のフォーマルな枠組みをどう変えたかを考察したりすることは、本書の重要な課題である。とはいえ本書の狙いはそこにとどまるものではない。それらの作業をないがしろにしないことはもちろんだが、筆者の根源的な関心はむしろその先にある。

法律が改正されるまでの間、容易には変わりそうにない法の条文を尻目に、店舗の地主とそこで営業する店子という当事者たちは、無用な係争を避け自分たちにもたらされ得るダメージを最小限に抑えようと、旧来の金銭授受の方法を変更し、さらに新たな「非国家的秩序」を作り出した。

次章で詳しく述べるとおり、その新しい秩序のなかに立ち現れてきた今日の「サルゴフリー」は、商人がある場所に店を借りて商売を始めようとする場合、彼が店舗の所有者である地主から買い取る「その店で商売をする権利」、もしくはその代価のことを指すようになっている。

現在のイランでは多くの商人が、商売に最適な立地の店舗を確保するために、ときとして土地や建物の所有権価格に匹敵するほど高額なサルゴフリーを地主から買い取る。この権利は店子が市場価格で転売することも相続することも可能で、イランの商人たちにとって商売の初期費用としては非常に高額ではあるとはいえ、期待収益の大きい投資でもある。

このように今日「サルゴフリー」と呼ばれているものは、ミルスポー博士がイランへやって来た頃の伝統的なサルゴフリーとはその意味を大きく異にしている。すなわちそれは、ミルスポー博士による法制化ののち、新たな「非国家的秩序」を作り出さんとした当事者たちによる無数の調整を経て、複雑な変形を遂げたあとのサルゴフリー売買慣行なのである。

現在のテヘラン市内の名だたる商業地を回ると、ほとんどの店舗がサルゴフリーという権利の売買を伴う賃貸契約を地主と結んで営業している。繁盛店の評判や知名度といった無形財産に価格がつけられるとき、それはいったい地主と店子のいずれに帰属すべき利得か。この問題をめぐって、ミルスポー博士の執務以後に施行された法に体現された理念と、当時のひとびとの考え方とには隔たりがあったが、法の条文を変えることなく、長い時間をかけて当事者双方が納得のいくかたちにまで運用上の調整が繰りかえされた結果、今日見られる「サルゴフリーの売買を伴う賃貸契約」が漸次かたちづくられ、普及することになった。

本書は、この「サルゴフリーの売買を伴う賃貸契約」ができあがった制度形成の道筋とそののちの発展に光を当てるものである。その道筋には、異なる法文化間のギャップによって生じたボタンの掛け違いに、ひとびとがどのように対峙し日常生活に支障のない程度にまで克服したかという、法と実社会の関係性における歴史的なダイナミズムを見出すことができる。外国人が制定したある規則がいわば法の多元的な様態を作り出してしまった結果、伝統的な社会のなかでごく普通に行われていた経済活動に文字どおり「意図せざる」影響が及び、またその結果としてひとびとの経済行動パターンが大きく変化した。ここには、「書かれたもの」、「意図されたもの」としての法（それは条文による制度設計と言い換えてもよい）と、「それが解釈されたもの」、「それが運用されたもの」としての経済実態との絶え間ないインタラクションが、現実の制度を作り出しているという事実が現れている。

それが証拠に、一九九七年の不動産賃貸借の関連法制の改正のときにイスラーム法学者たちが施した修正は、もはやミルスポー博士がやって来る以前の昔ながらのサルゴフリーの授受慣行を条文として忠実に再現するものではなかった。それはむしろ齟齬を孕みながらもひとびとの間で実践されつづけた新たな秩序に沿うものであった。「近代化」されたイラン独自の法制度のなかに埋め込まれたイスラーム法もまた、現実の社会のニーズに促されることによって、時代とともに変容してきたのである。

* * * *

以下の各章ではそうした制度の個性について時代を追いながら、あるいは当事者たちの生々しい声を交えながら詳細な議論を施す。本書の構成は以下のとおりである。

第1章「サルゴフリー方式賃貸契約とはなにか」では、今日のイランで実践されているサルゴフリー売買を伴う店舗の賃貸契約の実態をフィールドワークに基づいて詳述し、かつその経済学的観点からの制度的特徴を指摘する。

第2章「歴史のなかのサルゴフリー」では、現在のサルゴフリーの原型（プロトタイプ）である商人たちの間の伝統的な慣行がどのようなものであったのか、またミルスポー博士の施策がそれにどのような影響を与えたのかを論じる。

第3章「サルゴフリーをめぐる法」では、不動産賃貸借に関するイラン最初の包括的な特別法である一九六〇年制定の「地主・賃借人関係法」（qānūn-e ravābet-e mālek o mostaʾjer）（以下、一九六〇年関係法）の立法の経緯に着目し、その時代背景と、サルゴフリーの授受慣行が法の領域に取り込まれていく過程を概観する。

第4章「制度の変容」では、ミルスポー博士の制定した規則の趣旨を継承するかたちで一九六〇年関係法に「営業権」が規定されたことにより、店舗の賃貸借をめぐって地主や店子たちの利害関係に不均衡が生じ、それを是正しようとした当事者たちの調整の結果として、伝統的なサルゴフリーの金銭授受慣行から今日見られるようなものへと制度全体が変容していったことを論じる。

第5章「イラン革命とサルゴフリー」では、一九七九年にイランで起こった革命がサルゴフリーをめぐる法制度の改変を促し、イスラーム法学者たちから問題視された「営業権」が廃止された結果、契約の当事者たちに資産運用上の新たな選択肢が用意されることになった経緯を論じる。

第6章「今日の地主の選択」では、革命後の法改正を経たのちの店舗の使用・占有状況の推移を検討し、サルゴフリーをめぐる制度全体に現れつつある今日的変化を論じる。

そこでは、中東で最初に石油を国有化し産油国イランの経済主権を主張したモサッデグ（Mosaddeq）首相や、パフラヴィー朝を倒し「イスラーム共和制」を樹立したイラン革命の指導者ホメイニー（Khomeini）師もがこの制度形成プロセスに影響を与えていたことが明らかになり、イランというイスラーム社会が辿った「近代化」期以降の歴史的歩みが浮かび上がるはずである。あるいはまた、イランにおける石油収入の増大や世界的な金融資本主義の発達がイランのひとびとの資産運用の定石を変え、伝統的社会関係の衰微をもたらしたことすら読み取れるであろう。そこにはいずれの社会にもある「生きた法」と「生きた制度」がある。それらは互いを制し合いながらも、しばしば創造性に満ちたインタラクションを生み、まったく新たなシステムを生み出してきたのである。

表1　主要なインフォーマントの一覧

インフォーマント	プロフィール	聞き取り調査年月日	備考（店舗・事業所所在地）
TG	店舗賃借人	2001/8/25	大バーザール内
MPG	店舗賃借人	2001/8/26, 2002/3/2, 2003/6/26, 2004/8/18, 2005/9/13, 2013/10/28	ジョムフーリー通り
MPF	店舗賃借人	2004/8/28, 2004/8/31, 2005/9/6, 2006/5/27, 2007/6/9, 2011/5/14, 2012/7/1	大バーザール内
MN	店舗賃借人	2006/5/27	大バーザール内
ITJ	店舗マーレキ	2002/2/27, 2004/8/18, 2005/8/31, 2006/5/24, 2007/5/30	大バーザール内
MS	店舗マーレキ	2003/6/26, 2003/6/30	ヴァナク広場
SSC	店舗マーレキ	2001/8/26, 2002/3/2, 2003/6/26, 2004/8/18, 2005/9/13, 2012/7/2	フェレスティーン通り
MAG	不動産業者	2002/3/5, 2004/8/24, 2007/5/31, 2011/5/5	ヴァリー・アスル広場
KHS	不動産業者	2002/3/7	シャフラケ・ガルブ地区
AK	不動産業者	2002/3/11	大バーザール内
MA	不動産業者	2002/3/12, 2007/5/31	タジュリーシュ地区
AS	不動産業者	2007/6/2, 2011/5/8	フェレスティーン通り
K	不動産業者	2004/8/18	ミール・ダーマード通り

MAN	不動産業者	2004/8/22	ペシヤーン通り
NZ	不動産業者	2011/5/8	シェミーラーン地区
AKH	不動産業者	2011/5/8	タジュリーシュ地区
MAK	不動産業者	2012/7/3	ペシヤーン通り
AG	不動産業者	2012/7/3	ジョルダン通り
Y	税理士	2003/7/7, 2004/8/23	
DKH	税理士	2004/8/22	
J	弁護士	2004/8/18, 2005/8/31, 2006/5/24, 2007/5/30, 2009/7/15	
G	弁護士	2004/8/31, 2005/9/7	
AS	弁護士	2006/5/30	
KV	弁護士	2005/9/5, 2006/6/7, 2007/6/9, 2011/5/16, 2012/7/7, 2013/11/2	
NY	弁護士	2005/9/7, 2013/11/2	
TVK	不動産鑑定士	2005/9/13	
EH	不動産鑑定士	2005/9/17, 2006/6/6	
DK	公証人	2004/9/1	シェミーラーン地区
SO	ワクフ機構	2009/9/16	

注：筆者が直接聞き取り調査をした者のみ（調査補助員による価格調査を除く）。

（データにかんする補足）

以下六章の論述にあたって、データの大いなる制約は筆者によるフィールドワークとさまざまな当事者たちからの聞き取りによって補った。サルゴフリー研究に利用できる数量的データはきわめて限られている。サルゴフリーの売買価格、契約の成立件数、テヘラン市内の店舗集積地ごとの商業施設の数、民間金融業者の金利水準などの、過去数十年にわたる推移が窺える（うかが）ようなまとまった統計やデータは管見のかぎり見出されない。制度のディテールを活写し、かつ数量的データの絶対的不足を補いながら制度の変容を窺うことができるデータとして筆者は聞き取り調査における質的データを利用した。本書における聞き取り調査の記録はすべて筆者によるフィールドワークにおいて得られたものであり、聞き手は筆者である。サルゴフリーにかんする聞き取り調査の期間は二〇〇一年から一五年（毎年一回当たりの調査は三週間程度）。このうち二〇〇九年から一一年にかけてはテヘランに長期滞在したため、より頻繁な調査が可能であった。データの史料価値を担保する意味から、インフォーマントとのやり取りは原則としてすべて（許可を得たうえで）録音して保存し、そのペルシア語でのやり取りを日本語に翻訳しながら書きおこして利用した（聞き取り記録からの引用部分はペルシア語の原文を音写し、巻末に付した）。また公刊されている法令集などの文献資料による確認作業や、異なるインフォーマントからの補足的な聞き取り調査をつうじて、得られた質的データの裏付けに努めた。主要なインフォーマントは表1の一覧を参照されたい。なお、本文および注において聞き取り調査の内容を引用・利用した部分には、インフォーマントの記号および聞き取り年月日を（　）内に記し、末尾に付した。

（年次表記についての補足）

本書では原則として西暦を用いている。ただしイラン歴（春分の日を起点とする太陽暦）の一年は西暦の二ヶ年にまたがるため、元のペルシア語史料・文献に月日がなくイラン暦の年だけが記されている場合、いずれの年かを特定できないことがある。その場合にはイラン暦の年に加え、それに該当する西暦の年（二ヶ年）を付した。また西暦の年月日が特定できる場合にも、必要と判断される場合にはイラン暦を付した。

第1章　サルゴフリー方式賃貸契約とはなにか

第1節　サルゴフリー方式の隆盛

パーサージの風景

二〇一〇年代後半の今日、テヘラン市内には夥しい数の店舗が建ち並んでいる。エキゾチックな丸天井や回廊を持つ伝統的スタイルの中東の常設市場はひろく知られているが、後の章でもいくたびか登場することになる「大バーザール（bāzār-e bozorg）」もそうした市場のひとつである。現在のテヘランの大バーザールは、市の南部に位置する約一キロメートル四方の、おおむね屋根で覆われた、常設店舗がぎっしりと隣接し合うアーケード街のような地区である。建物のほとんどは二、三階建てで、小さな単位ごとに分譲もしくは賃貸され、生鮮品を除くあらゆる物資の卸売商たちが軒を連ねている。事業所別の店舗数は、数千あるいは万の単位を下らない。この大バーザールは古くから知られているばかりでなく、ここを中心に周辺には市内随一のビジネスセンターが展開し、いまでも最も集客力のある商業地である。

大バーザールはいわばテヘランにおけるビジネスの象徴的存在だが、市内には伝統的なバーザール以外の商業地もたくさんある。富裕層が住む北の高台には、海外のフラッグショップが並ぶファッショナブルな通りがあり、南の下町には、安価で豊富な品揃えの日用雑貨や食料品が売られる商店街がある。テヘラン中心部に一戸建ての店舗は少なく、「パーサージ（pāsāzh）」[*1]と呼ばれるテナントビルが目立つ。数階建てのビルの正面入り口から入ると、中が吹き抜けになっており、中央の通路を取り囲むような形で店舗（あるいは事務所、工場など）が並んでいるようなビルがそう呼ばれるのである。そのまま反対側へ抜け出られるものもあれば、袋小路のようになっているものもあり、こうしたビルに「〇〇パーサージ」あるいは「××バーザール」という名が冠されている。このような建物が区割りされ、それぞれが一店舗として使用されているが、ひとつひとつの店舗がマンションの区分所有の居室のごとく独立した不動産である。

パーサージのなかに軒を連ねる店舗はしばしば同一業種で占められ、パーサージ全体がいわばひとつの集積地をかたちづくっていることが多い。ある特定のアイテムを売る店が数十軒も連なることで、全国に知られているようなパーサージもある。周辺の人通り、客層、地区の商業地としての知名度などが商売の明暗を分けるから、こうした場所に店を持てば商人は成功に一歩近づくことができる。

しかし今日のイラン商人が店舗を確保しようとする場合、彼がまず知らねばならないのは、日本におけるように目ぼしい物件の賃貸料や売買価格ではなく、その店の「サルゴフリーの価格」である。というのも先にふれたとおり、現在のイランにおけるサルゴフリーとは、店舗を借りようとする商人が契約の当初に地主、もしくは前の店子（この人物も商人である）から、大金を払って買い取る「その店で商売をする権利」のことだからである。

もっとも、商人が高額のサルゴフリーを買ったとしても、土地や建物はあいかわらず地主が所有しているため、店舗はあくまでも賃貸である。商店主たちは毎月地主にわずかながらも賃貸料を支払っている。

現在のサルゴフリーの価格は繁華な商業地であれば日本の地価並みに高額だが、ひとたびこれを購入しさえすれば、地主は店子を簡単に追い出すことはできない。店子は月々わずかな家賃を支払うだけで、事実上好きなだけそこに入居しつづけることができる。しかもサルゴフリーは転売が許されているため、あたかも店子に帰属する物権のように市場で取引されるのである。所有者である地主が貸した店舗を店子に明け渡してほしいときには、彼はサルゴフリーを「時価」で店子から買い戻して補償せねばならない。

イランの商業地に独特なこの権利については、イランをフィールドとして調査を行った地理学や社会学の研究のなかにも言及がある。[*2] しかしそれらはいずれも、本来のテーマを追究するなかでたまたまサルゴフリーの存在にもふれているに過ぎず、サルゴフリーの売買慣行の全体像を詳細に描いているわけではない。サルゴフリー関連の法規・判例集、また賃貸契約書の書き方などを示した実務書などは豊富に刊行されており、そのほかに不動産鑑定士がサルゴフリー価格（理論値）の計算方法について解説した専門書などもあるものの、いずれも巷間で実践されているサルゴフリーの制度そのものを具体的に解説したものではない。[*3] サルゴフリーに関する法学上の議論を詳述したケシャーヴァルズ（Keshāvarz）の著作が、ほぼ唯一のまとまった専門書と言えるが、やはり慣行の具体的記述は乏しい。[*4] したがって本書ではその運用上の実態についてフィールドワークの成果をもとに詳解するものとする。

テヘラン・大バーザールの内部。
上部の階も店舗や事務所として使われている。（筆者撮影）

ちなみに現代のイランでさかんに売買されているサルゴフリーは、店子の権利が非常に強いという意味で、日本における「借地権」などをイメージするといくらか分かりやすい。[*5] その場所を用益する権利を売買できるという点がサルゴフリーと類似しているからである。サルゴフリーはひとつの店舗をほぼ恒久的に賃借して使用できる店子の権利に、いわばその店舗が独自に持つプレミアムが付加されたものと考えることができる。サルゴフリーの価格にはときどきの経済活動水準や景況が反映され、地区によって、通りによって、あるいは個別のパーサージによってつねに明確な相場が立ち、刻々と変化する。その相場は商業地（あるいは個別の商業施設）の集客力を反映し、それをサルゴフリー価格というかたちで「格付け」する働きを持つ。そのため商売を志す者ばかりか一般の市民にとっても、我々が日本全国の公示地価に無関心でないように、サルゴフリー価格は少なからず注目すべき経済指標のひとつになっているのである。

店舗における三つの占有・使用形態

本章ではまず、筆者のフィールドワークの記録に拠りながら、今日のサルゴフリー売買にかんする慣行の実態、すなわち「法が運用されたもの」としてのサルゴフリー売買を伴う店舗の賃貸契約の現代における実態を、明らかにしていこう。

今日のテヘラン市内において店舗（あらゆるタイプの商業施設を含む）の占有・使用形態には、大別して次の三種類がある。

第一は、「エジャーレイェ・ハーリー（ejāre-ye khālī）」（以下、ハーリー方式）と呼ばれる形態である。これは一般的な賃貸契約と同じものと考えてよい。店子（商人）は貸し主である地主と契約を結んで、店舗を借り受け使用する。店子はけっして安くない月額賃貸料を払いながらそこで商売をする。ちなみにエジャーレイェ・ハーリーというのは「空の賃貸」という意味で、この契約がサルゴフリーの売買を伴わないことからその名がある。

第二の形態は、商人がメルク（melk, 土地・建物などの不動産の意）の所有権をまるごと購入するもので、「メルキー（melkī）」と呼ばれ（以下、メルキー方式）、これは売買と同じものである。商人は所有権を買い取った店舗で、自ら商売に勤しむ。*6

そして第三が、ひとびとが「サルゴフリー」と呼ぶ形態である（以下、サルゴフリー方式）。この契約では店舗の店子が（メルクの所有権は買わずに）サルゴフリーだけを地主から買い入れると、彼はその店舗に対するたいへん強固で、ほぼ恒久的な占有・使用の権利を得る。ただし彼は、そこでかならず商売をしなければならず、それ以外の用途での使用は認められない。例えばサルゴフリー方式賃貸契約の店子が第三者に店舗を賃貸（又貸し）することは法的に認められない。サルゴフリーの保有者はかならず自身がそこで営業する必要がある（KV, NY 2013/11/2）。また賃貸である以上、少額ながら毎月の家賃も発生する。

このように、店舗はこの三つの方式のいずれかの形態で占有・使用されている。ただし三つ目のサルゴフリー方式の選択肢は店舗などの商業施設以外にはない。*7 住宅や工場などには、賃貸あるいは売買のいずれかしかないのである。

今日のテヘランでは、この三方式のうちサルゴフリー方式が「もっともポピュラーな店舗の占有・使用形態」となっている。ハーリー方式、メルキー方式はともに全体の中で小さな割合しか占めておらず、とりわけハーリー方式はきわめて稀にしか採用されていない（その理由については、後の章であらためて論じる）。

三方式のシェア

ちなみにテヘランの商業施設の不動産市場においてこれら三方式がそれぞれどの程度のシェアを占めるのかにつ

いて公式統計には報告がないため、それに代わるデータを不動産業者への聞き取りに求めた。
　インフォーマントの不動産業者には、彼の取り扱い地区もしくはそのなかでも特によく知られた商業地区について、ハーリー方式、メルキー方式、サルゴフリー方式の店舗がそれぞれどのくらいの割合であるかを答えてもらった。彼らは、自社の営業守備範囲の地域での、日ごろの取引実績にもとづいておおよその割合を推定している（すべての店舗を対象とした精緻な数字ではないが、統計がまったく存在しない中で概況を推測する材料としては意味があると考えるべきである）。ここには二〇〇三年十月時点での結果を示した*8（表2）。

表2　テヘラン市内の商業地区における3方式の割合

街区（地区）名	サルゴフリー方式	ハーリー方式
バーザーレ・ザルギャルハー通り	70～80%	～3％
ダーラーネ・アミーノル・モルク通り	70～80%	～3％
パーサージェ・ホマーユーン	70～80%	～3％
フェレスティーン通り	70%	～3％
ボゾルグ・メフル通り	70～75%	15～20%
ペシヤーン通り	90%	1～1.5%
タジュリーシュ広場	60～70%	～3％
ヴァリー・アスル広場	70%	～3％
パールケ・メッラト前	40～50%	～20%
ジョルダン通り	70%	～3％
ファラフザーディー通り	80%	～2％
テヘラーン・パールス	80%	～2％
ダルヤー通り	80%	～2％
デラフティー通り	80%	～2％

出所：2003年（10月時点）の調査結果をもとに筆者作成。

注1：商業施設全体を1とした場合。残る割合がメルキー方式となる。
注2：バーザーレ・ザルギャルハー、ダーラーネ・アミーノル・モルクはともに大バーザール内の街区。
注3：テヘラーネ・パールスについては特定の街区ではなく、地区全体の数字。

表2から、不動産業者の把握する店舗の大部分においてサルゴフリー方式が圧倒的シェアを占めていることが分かる。「パールケ・メッラト（Pārk-e Mellat, 国民公園の意）前」という地点だけは、サルゴフリー方式が圧倒的とは

いえないものの、なお首位である。この場所は調査当時の市内有数の再開発地区のひとつで、既存の古い建物がかなり取り壊され、巨大な商業ビルが新築されたばかりだったため、他とは違う傾向が見られた。

このように目下、多くのイラン商人がサルゴフリー方式で店を借りている。巨額の金銭と引き換えに、商人が地主と取り交わすサルゴフリー方式賃貸契約とはいったいどのような契約なのであろうか。

以下では、今日の大部分のサルゴフリー方式賃貸契約に適用されている一九七七年制定の「賃貸人・賃借人関係法（qānūn-e ravābet-e mūjer o mostaʼjer）」（以下、一九七七年関係法。資料1）の諸規定とも照らし合わせながら、現代の店子がサルゴフリー方式によって店舗を賃借する際の具体的な手続きや、地主の役割などについて詳しく見ていこう。

第2節　地主との契約

サルゴフリーを買う

店舗に入居を希望する商人は、建物が新築である場合にはまず所有者である地主にかけあい、そのサルゴフリーの価格を尋ねる（ひとたびその物件のサルゴフリーが売られ賃貸されれば、それ以降は店子から店子へ延々とサルゴフリーが転売されていくことになるため、サルゴフリーの価格の交渉の相手は直前の店子となる）。

サルゴフリーはいわばその店舗の「利用収益（manāfeʻ）」に対する排他的な権利――その店で商売をする権利――であり、概して高額である。繁華な商業地の店のサルゴフリーの価格は、メルクそのものの所有権とサルゴフリーとを合わせたいわば「完全所有権」の価格にまで近似する水準に達する（例えば大バーザールのなかの目抜き通り

パーサージェ・ホマーユーン。子供服の卸売商が軒を連ねる。（筆者撮影）

であれば、ほんの数平方メートルのスペースにも日本円にして数千万の値がつくと言われている）。幸いにも何とか手が届きそうだと判断すれば、商人は地主からサルゴフリーを購入し、店子となって店舗に入居する。

地主との賃貸契約書には多くの場合、一年間から三年間ほどの契約期間が明記される。しかしこれには法的な拘束力がなく、ひとたびサルゴフリーの代価を支払って入居した店子は、事実上好きなだけその店舗で商売を続けることができる。というのも、一九七七年関係法では「契約期間の満了」が立ち退きの要件とされていないためである。

一方で地主にとって法的に義務づけられる負担は小さくない。店子が入居したあとに、建物の修理や改築、建て直しなどが必要になったときには、その費用は地主が負担することになっている。老朽化の進んだ建物をいったんすべて取り壊して新たなビルを建築しようという場合でも、店子のサルゴフリーの権利は消滅しない。すなわち、地主はまずビルの建て直しについて店子から同意を得、工事中はしかるべき場所に仮店舗を用意する。ビルが再建されたあと、地主はもといた店子を必ずそこへ優先的に入居させなければならない。これは一九七七関係法第十五条の「営業権」規定に拠っている（営業権については後の章で詳述する。資料1）。

このようにサルゴフリーは、店子にとってきわめて強力な権利である。とはいえサルゴフリー方式はあくまでも賃貸契約であるので、店子は毎月遅滞なく月額賃貸料を支払わねばならない。ところが一般に、サルゴフリーがきわめて高額であるのに対して、入居した店子が支払う月額賃貸料ははなはだしく少額であることが多い。

地図1　アパレル卸売業者の店舗集積地

出所：筆者作成。
注1：ペラースコー・ビルディングは2017年に火災によって倒壊した。

一例を挙げよう。テヘランのほぼ中央に、東西に延びるジョムフーリーイェ・エスラーミー（Jomhūrī-ye Eslāmī,「イスラーム共和国」の意）通りという道がある。この通り沿いにはアパレル製品の卸売業者の店舗が複数のパーサージにそれぞれ集積している（地図1）。そのひとつ、パーサージェ・ホマーユーン（Pāsāzh-e Homāyūn）のビルの上部階にはアパレル製造企業の工場、一階部分にはこぎれいなアパレル卸売商の店舗が並ぶ。これらひとつひとつの店舗にそれぞれ別個のサルゴフリーが設定されている。同パーサージの一階にある店舗（面積二十一平方メートル）では、そのサルゴフリーの時価はおよそ二十億トマーン（約六千七百万円）[9]にのぼるのに対して、その月額賃貸料はわずかに五万トマーン（約千七百円）であった（二〇一三年十月現在）。このとき、同じパーサージの同条件の店がもしハーリー方式で貸し出されたとすれば、その月額賃貸料はおおむね六百万トマーン（約二十万円）を下回らない（MPG, 2013/10/28）。すなわち、サルゴフリー方式の場合の月額賃貸料は、まさに「申し訳程度」であることが分かる。

退去の際にサルゴフリーを転売

長年商売に勤しんだのちに、店子が店舗をたたんで退去する場合は、彼は店のサルゴフリーを第三者に転売することができる。しかしたとえ高額で買い入れてくれるとしても投機目的の開発業者などに売ることはできない。サルゴフリーを買うことができるのは、その店舗で商売を始めたいという次の店子である。

おりよくサルゴフリーを買いたいという次の店子候補が現れたとする。それは親戚・友人であることも、不動産業者の紹介する他人であることもある。旧店子（サルゴフリー保有者）と新店子（新たな賃借希望者）とは交渉の末にサルゴフリーの売買価格について合意する。しかし話し合いはそこで終わりではなく、新旧の店子たちは、続いて賃貸契約書における賃借人の名義を書き替えることについて地主に伺いを立てなければならない。[10] これは一九七七年関係法第十四条の二の規定に拠る（資料1）。

聞き取り調査によれば、こうした場合地主はもとの店子と同業種の店子の入居しか認めず、新しい店子が前の店子とは異なる商売を始めたい場合は難色を示すことが多いという。ある店子の言葉を借りてみよう。

「……他の人にサルゴフリーを売る場合、どんな職業の者に売ってもよいわけではありません。これには地主から許可が要ります。地主はパーサージや表通りに五十軒、百軒の店を造ったら、ここにはこれこれの職業しか入れないよ、というふうに規制します。有名になって売り上げが上がらなければならないから。パーサージを造る人はそこに十種類もの職業が入るのをいやがります。……」（MPG, 2002/3/2）（ペルシア語原文音写資料1）

地主が店子の業種に口を挟むのは以下のような事情による。一般に、テヘラン市内の商業施設の多くは、くだんのパーサージのように複数の店舗を擁するテナントビルである場合が多い。地主にとっては巨額を投じて建設するビルである以上、このコストを首尾よく回収することが重要である。[*11] 当初の建設費用をサルゴフリーの売却によって埋め合わせ、さらにその後も恒常的な収入源とするためにはビルを適正に維持・管理する必要がある。そこで彼は、最初に店子を募るとき、なるべく同業種の業者を集めて「集積」を作り出し、それによってビル自体の集客力を高めようと考える。こうしておけばかりに店子の商才にさほど見るべきものがなかったとしても、ビル全体が荒廃する危険が最小限にとどめ

織物問屋やアパレル卸売商が集積するフェレスティーン通り。（筆者撮影）

られ、ひいては賃貸料収入の安全な確保に通じるためである。
どのようなコンセプトのパーサージにするか、どのような店子を入れればそのパーサージに客が来るか、など地主はさまざまに戦略を練り、店子（の業種）を選別する。そのパーサージの立地や、周辺の住民層などに鑑みて、最も利益の上がりそうな商売は何かを見極め、そればかりを誘致するケースも少なくない。単なる貸しビル業ではなく、いわばディベロッパーとして、家電、コンピューター、書籍など特定の分野に特化して店子を募るのである。ひとつのパーサージだけでも十数軒の店舗を囲い込むことができるため、業種をそろえれば一定程度の集積を作り出すことができる。
また地主が意図的に集積を作り出そうとせずとも、自然にこれが発生する場合がある。現在のジョムフーリーイェ・エスラーミー通りに交差するフェレスティーン（Felestīn）通りにはたくさんの織物問屋が軒を連ねているが、近所に店を構えるインフォーマントによれば次のような経緯だという。

「あの織物問屋の連中は、一軒一軒来たのです。そのうちブールス（būrs）になって、それを見た地主が「これは好都合」とあの辺りの他のメルクも買って、二十、三十軒の店舗を作り、それ（サルゴフリー）をみんな織物業者に売ったわけです。」（MPG, 2002/3/2）
（ペルシア語原文音写資料2）

ここでインフォーマントの語る「ブールス」とはフランス語のBourse（証券取引所の意）に由来する語である。現代のイランでは慣習的に「（何かの）価格が決まる場所」といった意味合いで用いられる。「何々のブールス」とはイラン商人が頻繁に使う慣用句で、「ピスタチオのブールスはラフサンジャーン地方、サフランのブールスはマシュハド市」といったように、ある特定の商品に関する需給情報が最も集中して、そこで値段がはっきりするような場所を意味している。

ただし、すべての地主がこのように積極的に集積を作り出すための戦略を持つとは限らず、「煙や臭いが出る飲食店は不可」「大きな音が近所迷惑になる商売は不可」といった程度の介入である場合もある。

店子の交代によって生じる地主の利得

新旧の店子の交代を地主が承諾すると、当事者たちは契約書にある賃借人の名義を書き替える段取りへと移る。このとき店子たちは地主の承諾にたいする返礼の趣旨で、「同意金（rezāyat）」として地主へ金銭を差し出す慣行がある。新旧店子の間でやり取りされるサルゴフリーの代金の何割かに相当する額が店子から地主に手渡されるのである。

ちなみに同意金を新旧どちらの店子が負担するか、あるいは折半するかは当事者たちの間の話し合いで決まる。

「わたしから（サルゴフリーを）買う相手に私がこう言う。わたしはここを、居抜きで売る、と。要は一億トマーンを受け取って明け渡すだけだと。そういう場合は（サルゴフリーを買った）当人が自分で、メルクの持ち主や、財務省や、市役所に手続きして回るのです。これらは全部（サルゴフリー売買の当事者同士の）取引の条件に拠るのです。」（MPF, 2005/9/6）

（ペルシア語原文音写資料3）

同意金の支払いは法的な義務ではなく、あくまでも慣行に過ぎない。しかし地主が賃借人の名義を新しい店子へと書き替えなければ最終的に新旧の店子は交代できないため、支払うのが穏当だと受けとめられている。

この同意金の額はたしてどの程度が実際の相場なのだろうか。インフォーマントからは次のような回答を得た。

「……(同意金をどのくらい取るかは)地主によります。良い人なら(サルゴフリーの代金の)一〇%、一五%ですむ。悪い奴なら二〇%、三〇%も要求することがあります。正確に決まっているわけではない。……」

(MAG, 2002/3/5)(ペルシア語原文音写資料4)

「……(同意金を)受け取る地主と受け取らない地主とがいます。ハラーム(harām 禁忌の意)だと言って、賃貸料をもらうからよいと言って(受け取らない地主もいます)。この金については政府が何か言っているわけではありません。ひとびとの間で決まっていることです。……」(TG, 2001/8/25)(ペルシア語原文音写資料5)

さまざまな店舗や不動産業者からの聞き取りの結果、調査期間中の同意金の一般的な水準はおおむねサルゴフリーの売却価格の一割程度であった。幸運にも金銭に淡白な地主に当たれば、同意金は少ないか、ことによっては払わずにすむ。物件の立地(つまりはサルゴフリーの価格)によっても、かなり大きな振幅がある。

この同意金は地主にとって大きな利得と言える。サルゴフリーが転売されれば、単に契約書の名義を書き替えるだけでまとまった金銭が手に入るからである。地主はわずかな月額賃貸料よりももっぱらこの同意金の受取を目的として地主業に就いている、という仮説も成り立つが、現実にはかなり定期的に店子の入れ替えが起こらないかぎり地主が同意金をあてにして経営戦略を立てることはできないのも事実である。

サルゴフリーの転売頻度については予想がきわめて難しいことが、聞き取り調査からも窺われた。サルゴフリーを購入した店子がいつまでそこにいるかはつねに不透明である。売り上げが伸びない、店子が亡くなって跡取りがない、そのほかさまざまな事情によってサルゴフリーの転売は任意の時期に起こり得るが、地主には店子を退去させてサルゴフリーの転売を促す権利はない。テヘラン大バーザールのように知名度と集客力に抜きん出ている商業地では、店子はなお容易には出て行かない。大バーザールの古参の商人によれば、目抜き通りに入居した店子の入居期間は数十年に及ぶことも珍しくない。

とはいえサルゴフリー方式の賃貸物件市場は硬直的ではなく、全体としてみれば売買の動きは活発である。テヘラン中心部に十四軒の店舗が入る商業ビルの事例では、三、四年の間に店子の二割くらいが入れ替わっている(SSC, 2004/8/18)。

このように同意金の発生については、地主がそれに依存できるほどには予想が容易でない。活況を呈して高い知名度を誇る商業地ほどサルゴフリーの転売頻度が間遠くなる傾向があるうえ、全体としては物件の個別事情によるばらつきが大きい。

ただし店子の入れ替わりがなくサルゴフリーが実際に売買されない間も、市場におけるその評価額が上がることは地主にとって歓迎すべき事態であるには相違ない。それは店子の商売が上手くいっていることの証左であると同時に、いつ手に入るとも知れない不確定な利得とはいえ将来の同意金の増額を意味するためである。

地主のアキレス腱

契約書の書き替えに際して、新参の店子がどうしても気に入らない場合には、地主は「あなたには貸さない」と拒否することもできる。しかし多くの場合、地主にとって次の店子が見つかるのはひじょうに都合の良いことと言える。

というのも、もし地主が次の店子を認めなければ、地主は出て行こうとする店子からサルゴフリーを買い取る義務を負っているからである。これは一九七七年関係法第十九条に拠る(資料1)。したがって理論上は、店子はサルゴフリーを転売する相手を見つけずに地主に直接かけあい、「出て行くから金を支払って欲しい」と請求することすらできる。

このように一九七七年関係法に定められた地主によるサルゴフリーの買い戻し義務は、地主にとってはいわばアキレス腱である。例えば地主が建物自体を取り壊す、地主自身がそこで商売を始める、本人もしくは親族がそこに居住するといった地主個人の都合による場合はサルゴフリーの代価の全額を、店子が地主に断りなく勝手にサルゴフリーを売ったというような契約違反の場合であってすら、店子がそこを立ち退く以上サルゴフリーの代価の半額を、地主は賃貸人・賃借人関係法の規定に基づき支払わねばならない。

翻って、かりに地主にサルゴフリーを買い戻す用意がなければ、彼は店子に立ち退きを迫ることはできない。しかも前述のように、サルゴフリー方式で貸し出されている店舗の多くは、賃貸物件でありながら契約期間の満了が立ち退きの要件になっていないため、店子は事実上好きなだけ入居していられるのである。

こうした法の縛りがあるために、現実の不動産市場では地主がサルゴフリーを買い戻したという話はほとんど聞かれない。その代わりに、旧店子から新店子へとサルゴフリーが次々と転売され、地主はその都度、賃貸契約の名義を書き替えていく。

ちなみに、店舗がワクフ（vaqf）されたものであっても、サルゴフリー方式賃貸契約は基本的にこれまでに述べたような手続きで結ばれる。「ワクフ」とは、土地や建物など永続性を帯びる物財の所有権を放棄してこれを神に託し、かかる物財からの収益をワクフの設定者が宗教的善行と信じる方途に支出する、という趣旨の、イスラーム圏に広く普及した寄進制度である。ワクフに設定されたメルクであっても、月額賃貸料をワクフの管財人（motavallī）もしくは所轄するワクフ機構（sāzmān-e ouqāf）に支払うことによりそこを賃借し、サルゴフリーを転売することが可能である。*[12]

第3節　変動するサルゴフリー価

市内のサルゴフリー価

このように、現実の不動産市場においてもサルゴフリーを買い取った店子にとってはきわめて強固な店舗の占有・使用の権利が認められていることが、フィールドワークの結果から明らかである。これに加えて以下では、法律の規定によって意図されたサルゴフリー方式にかかわる制度設計上のいまひとつの重要な部分が、システム全体の「価格構造」に与えている影響についても注目したい。

冒頭でもふれたとおり、サルゴフリーの価格とは店舗の賃貸市場における需給状況を反映して絶えず変動する性質の価格である。すなわち店子から次の店子へ転売（もしくは地主によって買い戻し）されるサルゴフリーの価格は、取引時点における「時価」なのである。まさにこれが、サルゴフリー方式賃貸契約のきわめて重要な特徴となっている。

一般にイランにおけるサルゴフリー価についての社会的関心は決して低くないが、その実勢を示すまとまったデータや公式統計は存在しない。*13 そこでこの点についても市内の各商業地区で不動産業者から聞き取り調査をおこなった。各地区のインフォーマントは、自身の営業範囲内にある物件のサルゴフリー価の動静をおおむね把握し、物件探しに訪れる客にその情報を提供している。

一例としてテヘラン市内のいくつかの商業地区における平均的サルゴフリー価を示すと図1のごとくである。インフォーマントによれば、一定の期間内に何件かのサルゴフリー売買が行われれば、それらの実績が集合的に吟味されて、地区全体（あるいは通りごと、ビルごとなどのより狭い単位で）の「相場」（一平方メートル当たりの単価）が成立

図1　テヘラン市内のサルゴフリー価

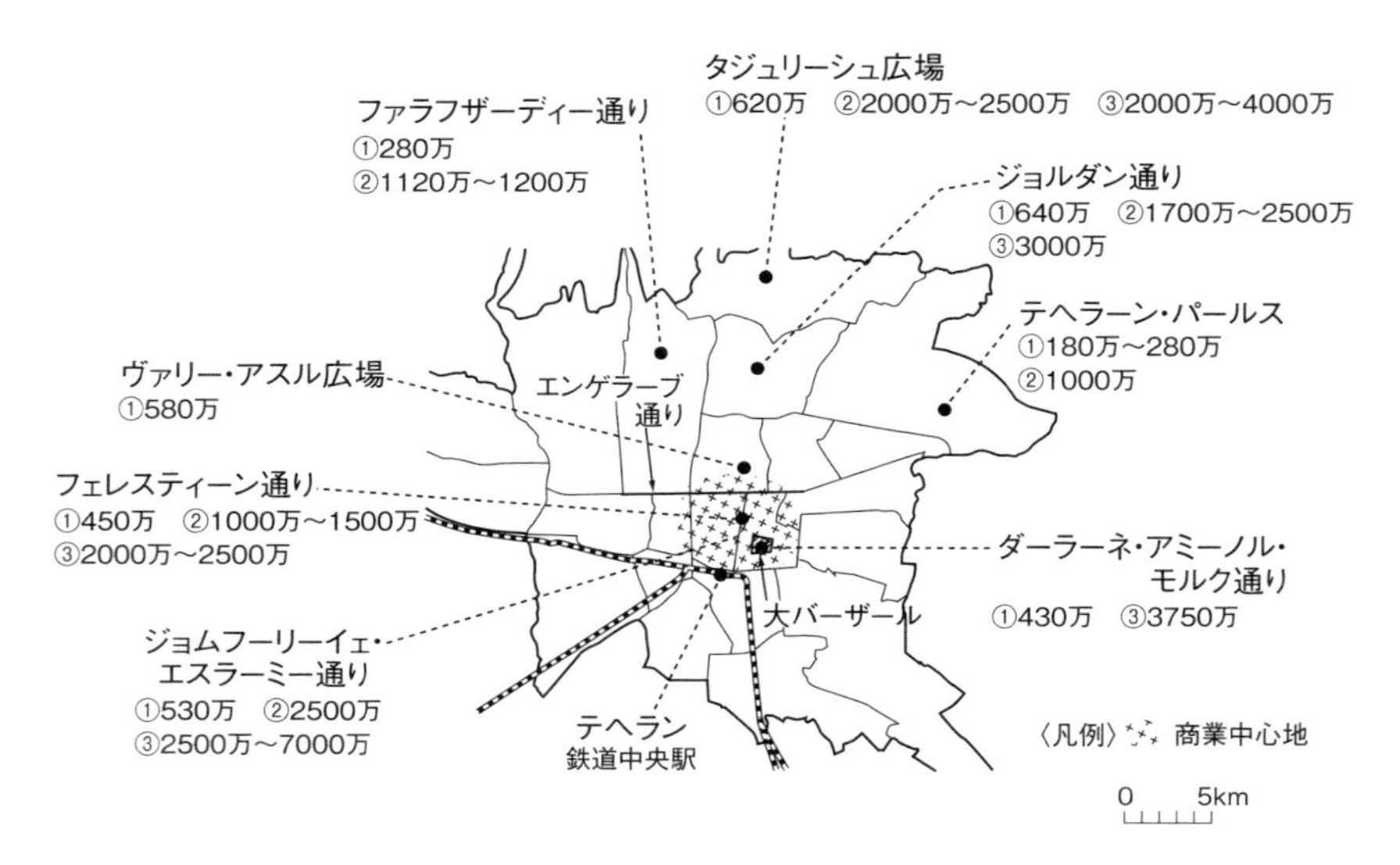

出所：調査結果をもとに筆者作成。
注1：価格は① 2003年10月時点、② 2007年6月時点、③ 2011年5月時点のもの。
注2：単位はすべてトマーン／㎡。

する。

図1にあるようにサルゴフリー価は絶えず変動する。例えば、二〇〇三年時点では北部の高級商業地区ジョルダン（Jordan）通り（正式名称はアーフリーガー（Āfrīqā）通り）よりも単価が安かった南部の下町にあるジョムフーリーイェ・エスラーミー通りは、二〇一一年の調査では場所によって五千万から七千万トマーンの値がついた。一方のジョルダン通りは一平方メートル当たりおよそ三千万トマーンとなっている。

価格変動の要因

不動産市場におけるサルゴフリー価は何によって変動するのか。この問いに対する当事者たちの答えは一様ではない。

大バーザールに一棟のパーサージを持つある地主は、サルゴフリー価とはその店に固有の信用と、それによって「得意客がついている」という事実が金銭に換算されている、という理解を示している。

「例えばわたしがある店舗を賃借するとします。まだ誰もその店を知らない。わたしは何年もそこで一生懸命働いて、店はある種の信用を獲得します。価値が出る。その店は……例えば焼肉料理店（chelou- kabābī）だったとします。開店したその日はどんな料理を出すか、誰にも分かりません。……だんだん客が増えてくる、「美味い」「清潔だ」と評判が立つ。それでますます客が増えていく。……つまりすでにその店はそういう個性を獲得したことになる。これはすべて店の主人が上手に経営したからです、こうなれば誰がやっても店は繁盛する。これをサルゴフリーといいます。要は、こういう店主の努力と、その結果得られた店の評判を、金で売るわけです。」（ITJ, 2002/2/27）

（ペルシア語原文音写資料6）

彼の主張の中心はすなわち、サルゴフリー価とは、その店ならではの信用があり、そのために常連の顧客がいることから得られる収益の価格である、という点にある。仮にそうだとすれば、隣接する二店舗では、立地条件がほとんど変わらなくてもより有能な経営者の店舗のサルゴフリー価のほうが必ず高額になるはずである。

実際にそのような事例を指摘するインフォーマントもいる。大バーザールのある商店主が通りを隔てた向かいの店を指して語った。

「（ひとつの通りの中でも）活動的な店ほど、やはりサルゴフリーは高い。値段は違うのです。……あのはす向かいの店をご覧なさい。あそこは商売がそれほど上手くない。というのも二人が共同で経営している。一人は下着や靴下を売り、共同経営者のほうはタオルを売っている。二人合わせても、本来あの店が持てるはずのサルゴフリー価格を持っていない。二人で経営しているせいだ。（もしサルゴフリーの買い手が現れれば）二人がたいして商売に精を出していないことを見抜くだろう。二人は資金繰りが苦しい。買い手はそれを悟り、それを利用して安く買う。しかし有能な商人で、商売が上手くいっていれば、買い手も違ってくる。ええ、だから店によってサルゴフリーが異なるというわけです。」（MPF, 2004/8/31）

（ペルシア語原文音写資料7）

このインフォーマントの話にあるように、じつはサルゴフリーは共有（moshāʻ）することができ、企業などの法人がサルゴフリーの保有者である場合もある。いずれにせよ複数の人間がひとつのサルゴフリーを共有すると、往々にして十分な営業努力が引き出されず、サルゴフリー価も上がらない場合があるという事実を、このインフォーマントは指摘している。このように多くのインフォーマントは、サルゴフリー価があくまでも、その店舗固有の信用と常連の顧客から得られる収益の価格である、と主張しているのである。したがって店主が商売上手であればサルゴフリー価も必ず上がるということになる。

ところが、そうではなくサルゴフリー価には店のほんらいの立地こそが影響すると主張する者もある。ある不動産業者の次のような言葉を引いてみよう。

「……ときとして、例えば五軒、十軒、十五軒と地主が（店舗の）数を集めて、そこに展開する職業が何らかのブールスを形成するようにでもなれば……（サルゴフリー価が）上がります。……ミール・ダーマード（Mir-dāmād）通りの入り口のところにあるテナントビル「パーイタフト」。ある人がビル（のメルク）を売らずに三年間、コンピューター関連商品を扱う店子だけを入れつづけた。今やすっかり、ビルはコンピューター用品のブールスになってしまった。もしわたしが（あそこのサルゴフリーを）買おうと思ったら、最初は四百万（トマ

コンピューター関連機器の店ばかりが入るビル「パーイタフト」。（筆者撮影）

ーン）だったのが今では二千万になっています。」（K, 2004/8/18）（ペルシア語原文音写資料8）

この事例は、地主の戦略が奏功してコンピューター機器を扱う店舗の集積がにわかに出現し、若者のニーズにも応えた結果ビルのサルゴフリー価が急上昇したという、いわばサクセスストーリーである。パーイタフト（pāy-takht,「首都」の意）という名で知られるそのビルに入居する小さな店々は、すべてコンピューター関連の店舗である。パソコンのみならずプリンターやインク、印刷用紙などの周辺機器・消耗品も充実しており、若い男性客で賑わっている。

この場合、それぞれの店子がきわだって商才がある、あるいはたゆまぬ営業努力を重ねているというよりも、むしろ店舗の立地が優れていると言える。同業種が集まっており客もそれがために来訪する。交通の便も良い。つまりサルゴフリー価は、商人としての店子の力量だけで決まるわけではなく、その種の立地条件によっても大いに上昇（あるいは下降）し得るものなのである。

サルゴフリー価の実態

ちなみに図1にあるように、市内有数のファッショナブルな通りといわれる北部のジョルダン通りや、大バーザールを含む商業中心地のサルゴフリー価は、その周縁部に比較してかなり高い。ジョルダン通りの場合は、顧客の絶対数が多いのではなく一人ひとりの買い物の単価が大きいことが影響している。一方で、類まれな集客力を持つ大バーザールのサルゴフリー価は平均すると他の優良商業地と同程度だが、不動産業者は大バーザールの特定の場所には桁違い（けたちがい）に高額なサルゴフリーがあると語った。

「バーザールにはひとつの店舗が二平方メートルもないような場所もあります。これをホジュレ（hojre,「小部屋」の意）といいます。こういう小さな店をバーザールではそう呼ぶのです。だいたい持ち主は外に倉庫を持っていて、店にはただサンプルを並べています。……こういうのは一平方メートル当たりいくら、とは計算しません。一平方メートル当たり一千万トマーンでも買えませんから。*14」（MAG, 2002/3/5）

（ペルシア語原文音写資料9）

人口や経済活動の一極集中が進むテヘランでは、個別の店舗によってはサルゴフリー価が下落した事例があっても、地区全体のサルゴフリー価の相場が下落することはほとんどない。もちろん理論上は、その地区の店子たちにまったく商才がない、あるいは店の前に幹線道路が通ったために人の流れが変わった、などの理由によって、集客力が低下して地区のサルゴフリー価が下落するという事態も起こり得る。しかし現実には、テヘランの不動産市場

大バーザールの目抜き通りのサルゴフリー価は、小さな店舗でも破格に高額である。（筆者撮影）

におけるサルゴフリー価はこれまでおおむね上昇（場所によっては急騰）傾向を示してきた。

したがって、地主にとって最初の店子に売った時より遥かに高騰したサルゴフリーを買い戻すことに大きなインセンティブはない。そればかりか契約を結んでから長い時間が経過したような物件では、地主の資金力に対してサルゴフリー価が膨らみすぎ、地主にはもはや物件を買い戻すような力がなくなってしまうことすらある。

大バーザール内のダーラーネ・アミーノル・モルク（Dālān-e Amīn-ol-molk）のように歴史の長い商業地には、こんな事例もある。

「ここの地主たちには、買い戻す必要がないか、あるいはサルゴフリーがあまりにも高くなってしまって買い戻す力などない。ほとんどが（メルクの所有権を）相続したものですから、この店にも三十七人の相続人がいました。（権利は）三十七に分割されている。一人ひとりの地主にサルゴフリーを買い戻すような財力はありません。」（MPF, 2004/8/28）（ペルシア語原文音写資料10）

これは、先祖が持っていたメルクの所有権を相続人たちが次々と分割相続したために、ひとつの店に何人も地主が存在するような事例である。店子がサルゴフリーを保有した状態であっても、地主はメルクの所有権を相続することが可能である。なかには契約書の更新はおろか、二十年近くも月額賃貸料が支払われていなかった事例まであるという。世代を経るごとに地主の数が増え、その店の地主たちは自分がメルクの所有権を保有している事実さえ知らなかった（MPF, 2004/8/31）。店子の支払う月額賃貸料も一人ひとりの地主にとってはきわめて少額にしかならないため、こうした事態が生じるのである。

このように事情はさまざまながら、地主によるサルゴフリーの買い戻しはほとんど耳にすることのない珍しい話であると言える。

地価理論とサルゴフリー

先に見た当事者たちのさまざまな持論はさておき、サルゴフリー価の変動要因についての経済学的な分析を少し試みたい。現実のサルゴフリー価には、店子の個人的技量や営業努力といった個別の店舗が持つ集客力と、店舗の立地条件に起因する集客力とが渾然一体となって反映すると理解するのが妥当であろう。というのもこのふたつを峻別して測ることは事実上不可能であり、サルゴフリー価はいわばその店の総合的な集客力を評価した価格だからである。

またこの価格は、経済学的観点からは店舗が建っている土地の「地価」の一部を構成していると考えることができる。地価とは一般的に、地代（すなわち土地の賃貸料）水準によって決まると考えられている。地代をもとにその土地から将来得られると予想される利用収益を、インフレ率や金利で割り引いたもの（利用収益の割引現在価値）が地価である。[*15] もちろん地代そのものはつねに同じ水準にあるわけではなく、条件が変わればそれに応じて変化する。例えば何らかの理由によって土地の生産性が改善すると、土地にたいする需要が増大して地代の水準が押し上げられる。あるいはそこを使いたいという人の数が増えれば、やはり上昇する。こうした変化が最終的に地価に反映すると考えられている。[*16]

イランの商業地の場合も、メルク（店舗のある建物・土地）の生産性（すなわち集客力）に応じて賃貸料水準が決まり、そこからメルクの完全所有権を買い取ったときの価格（右の理論では地価にあたる）が導き出される。商業地として繁華な場所ほど、高い値がつくことはいうまでもない。

ただしイランでは店子はメルクそのものを買うのではなく、サルゴフリーを買うのであるから、いわば店子はこの地価のうちかなり大きな部分をサルゴフリーとして買い取って地主にあらかじめ一括払いし、かつ残りの部分を月額賃貸料で継続的に支払うということになる。この一括払い部分がすなわち、最初の店子が地主に支払うサルゴフリーの価格に相当する。

地価のうちどのくらいをサルゴフリーで支払い、残りを月額賃貸料で支払うかは、物件によって異なる。そもそもサルゴフリー方式で貸し出される店の賃貸料は、最初の店子がサルゴフリーを買い取る際に地主と店子との話し合いで決定されるが、前述のとおりサルゴフリー方式の物件の月額賃貸料はハーリー方式の物件の賃貸料水準などに比してはなはだしく少額となるのが通例である。というのも、高額な初期投資（サルゴフリー）をしなければならない店子は毎月の家賃を少しでも安く抑えたいと希望し、一方の地主は手にしたサルゴフリーを投資に回すなどの運用に余念がないため月額賃貸料の多寡には強くこだわらないためである。

さて店子が入居し商売に励んでいる期間中に、例えば交通機関の整備によって店へのアクセスが改善する、周辺に同業種が集積する、あるいは店子の個人的技量や営業努力が顧客を獲得するといったさまざまな要因で集客力が増進したとしよう。こうした条件が変化すると現実のサルゴフリー価も必ず上昇するという事実は、すでに見たとおりである。当初は注目するほどの価格ではなかったサルゴフリーが、数年の間にみるみる高額になっていった、コンピューター機器専門店が集積するビルの例を想起されたい。

もちろん、サルゴフリー価の目安になる指標、すなわち個々の店の売り上げや客筋などの営業実績は商人にとってセンシティブな秘匿事項であるが、サルゴフリーの売り手と買い手の真剣な交渉の結果、おおむねそのメルクの生産性を反映したサルゴフリー価が決まっていく。バブル期の東京のような狂乱地価は別として、現実には収益の実態からはなはだしく乖離した価格がつくことは考えにくい。[*17] したがってこうした取引があちこちで行われることによって、不動産業者がそらんじる地区全体の相場が形成されていくことになる。

第4節　サルゴフリー方式の価格構造

残余の権利

ところで前に見たとおり、サルゴフリー価はあくまでも店舗が建っている土地の「地価」の全部ではないという点を忘れてはならない。というのもその土地には、用益権であるサルゴフリーのほかに、いまひとつの権利——すなわち地主の手元に残されているメルクの所有権——が設定されているからである。メルクの所有権は、いわばサルゴフリーを手放してしまった地主に残された残余の権利と言える。この権利が残っているからこそ、地主は月額賃貸料や同意金を店子から受け取ることができる。

地主はたとえサルゴフリーが店子のものになっていても（つまり店子が入居して営業を続けている状態で）、この残余の権利を売却（前述のとおり相続すら）することができる。サルゴフリー価に対して、この権利の価格はイランで一般に「メルク価（qeimat-e melk）」と呼ばれている。これらサルゴフリー価とメルク価を足しあげたものが、その土地の完全所有権の価格になる。この価格は「サルゴフリー付きのメルク価」（qeimat-e melk bā sar-qoflī）と表現されることが多い。

さて、サルゴフリー方式の価格構造のきわめて興味深い特徴は次のような点である。

サルゴフリー価に明確な相場があるのに対し、メルク価にかんしては、その実勢はおおよそ不明である。というのも聞き取り調査を行ったすべての地区において、メルクの所有権のみが取引の対象とされることは（たとえ法律上は売買が可能であっても）ほとんどないからである。

インフォーマントの不動産業者によれば、わずかに次のような事例が見られる。地主が亡くなり、しかしその相続人にはもはやメルクを管理する意思がない。そこで、サルゴフリーを買って以前からその店で商売を続けている店子に「メルクも買わないか」ともちかけ店子が応諾する、といった場合である。店子は期せずして自ら地主となり完全所有権を手に入れることになるが、こうした「メルクの所有権のみの売買」というケースはごく稀である。

メルク価を決めるもの

メルクの所有権は（土地の完全所有権の一部を構成する権利であるにも拘わらず）不動産市場では一顧だにされないという事実の背景は、次のように理解することができるだろう。

土地の生産性すなわちメルク（店舗）の集客力が何らかの事情で増進すると、サルゴフリー価が上昇の動きを示すことはすでに述べた。ところがサルゴフリー方式の賃貸物件の場合、集客力の増進とともに上がるのはサルゴフリー価だけであり、じつは月額賃貸料のほうはこれには追随しないのである。

というのも、賃貸料の改定の頻度や改定率の上限は法によって厳しく規制されており、サルゴフリー方式の月額賃貸料は最初こそ両者の話し合いで決まるものの、それ以後地主は自由にこれを変更できないためである。

一九七七年関係法の第四条は、月額賃貸料は、契約を結んでから三年ごとに「生活費の上昇や下落に応じて」改定してもよいと定めている（資料1）。ただし改定率については裁判所の任命する「不動産鑑定士（kār-shenās）の意見に鑑みつつ当該時点の適正な価格によって」改定するようにと命じているのみで、実際にどの程度改定できるのかは明示されていない。[*18] そこで、不動産業者や不動産鑑定士を対象に現場における法律の運用について聞き取り調査を実施した。

不動産鑑定士によれば、サルゴフリー方式の店舗の場合、サルゴフリー価がかりに大幅に上昇していても、賃貸料を同じような率で改定することはできない。それらは互いに無関係である（TVK, 2005/9/13, EH, 2005/9/17）。また、サルゴフリーが転売されると地主は新しい店子との間で新たに賃貸料を決めることができるが、このときも前の店子の賃貸料に比して、事実上その間のインフレ率を超えて増額することはできない。実際に認められる改定率は最も高くて三〇％程度と言われる（MA, 2002/3/12, SSC, 2004/8/18）。

「大事なのはいちばん最初の賃貸料なのです。どのくらいのところに決めたか……というのも（もしサルゴフリー価が上昇したとすればそれは）店子が頑張ったわけですから。良い品を売って、ハンバーガー屋だったら美味しいハンバーガーを出して。全部店子に関係するのであって、地主は何も関係ない。賃貸料を増やすような理由はない。」（TVK, 2005/9/13）

（ペルシア語原文音写資料11）

図2　サルゴフリー価とメルク価

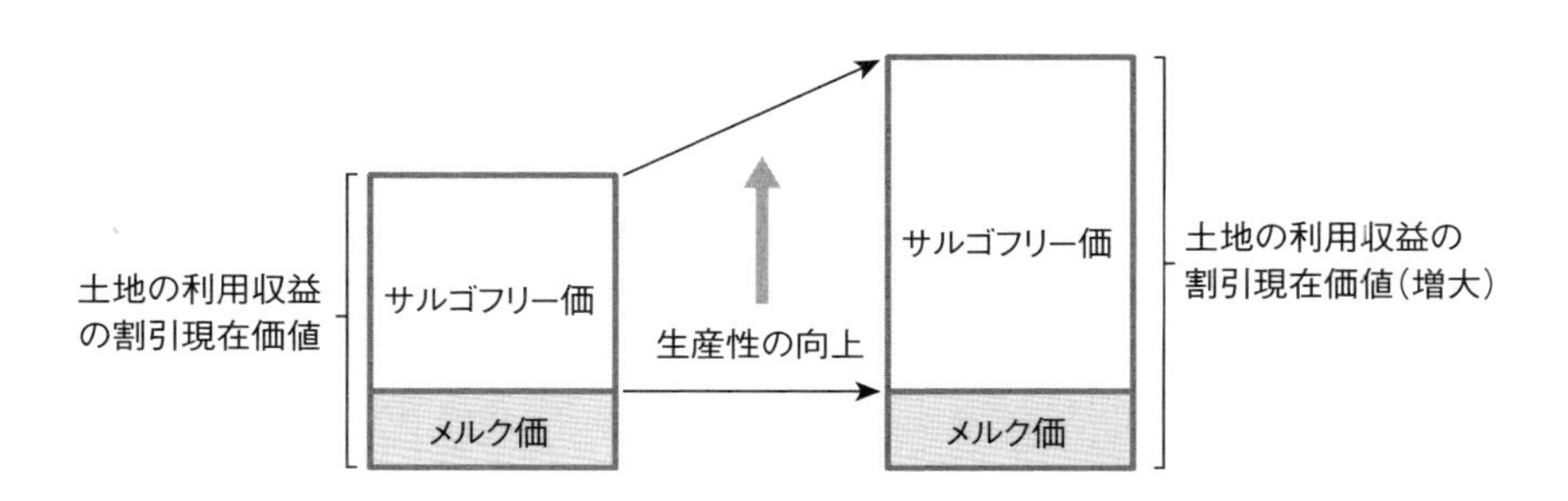

出所：筆者作成。

商業地の名声は何ゆえに高まるか。それはそこで商売を成功させた商人たちの努力によってである。次にそこで商売をする人物に地の利を与えたのは、それまでそこで商売をしてきた人物であって地主ではない——不動産鑑定士はこのように説明している。

結果として、契約が開始された時期が古く、かつ商業地区として活況を呈する場所にあるような物件では、サルゴフリー価だけがむやみに高騰し、かたやその賃貸料は驚くほど少額のまま取り残されてしまう。

実際にこんな事例を挙げることができる。二〇〇〇年に大バーザールのなかの店舗のサルゴフリーが約七千万トマーン（二〇〇〇年現在で約九百四十万円）で売買されたが、その時点の店舗の月額賃貸料はわずか百トマーン（約十三円）であった。これはサルゴフリーを売った前の店子が、非常に長期間にわたってそのメルクを借りていたためである。インフォーマントによれば、取引のあと地主と新しい店子との話し合いによって月額賃貸料は一万トマーン（約千三百円）に改められた（MPF, 2004/8/28）。

すなわち、地主の手元に残された残余の権利の価格であるところのメルク価は、メルクの集客力の増進に伴って上昇することはない。メルクの価格は、地主が将来に得る利用収益（月額賃貸料）の割引現在価値にほかならないから、規制によって賃貸料水準が実質的にほぼ固定されている以上、いかに店が流行ろうとも、メルク価はあらかじめ定められた月額賃貸料を取得する権利の価格以上のものにはならないのである（店子の交代によって地主に同意金が支払われる場合があるが、先に見たとおり同意金の発生頻度はきわめて不確実であるためこれを利用収益に組み入れることは難しい。図2を参照）。したがって、すでにサルゴフリー方式で貸し出されている物件のメルクの所有権だけを買い取って地主となることにはおよそ魅力がない。わずかな家賃をもらう権利を買ったところで意味はなく、しかも建物が損壊などすれば修繕費用の負担も生じる。そのためメルクの所有権の取引実績はほとんどないのである。

大バーザール内の不動産業者は以下のように語っている。

「（大バーザール内のメルクが売買の対象となることは）きわめて少ないです。というのも、地主はすでに店子にサルゴフリーを売ってしまっているので、（メルクのみの）買い手には旨味がないからです。」（AK, 2002/3/11）[19]

税制上の扱い

ちなみに、徴税当局もサルゴフリー価とメルク価とが「無関係」であると見なしている。

サルゴフリーの売却あるいは転売が行われると、サルゴフリーの代金を受け取った地主もしくは店子は、直接税法（qānūn-e māliyāt-hā-ye mostaqīm）第五十九条に基づきその二%を税として納める。[20] この場合のサルゴフリー価は、不動産鑑定士が市場の相場をみて個別に評価する。この価格は「不動産鑑定士価格」（qeimat-e kār-shenāsī）と呼ばれるが、あくまでも鑑定士が決める見なし価格である。したがって、時として実際の取引価格よりも高く評価されるような不利な物件もあるのだと、現場をよく知る税理士は述べる（Y, 2004/8/23）。またもし地主が店子からサルゴフリーの取引価格の一定割合を同意金として受け取っていることが明らかな場合には、地主からその二%が徴収される。

またかりにサルゴフリー方式で賃貸されている店舗の地主が、メルクの所有権のみを売ったとしよう。この場合は、経済財務省が毎年改定する公示メルク価に基づいて、直接税法第五十九条に拠りその五%が徴税される。[*21] テヘランでも市内のすべての地点について、面積と立地（表通りからの距離）に応じて公示メルク価が決められており、その評価額は一年間固定される[*22]（Y, 2004/8/23）。

このように、徴税当局までもがサルゴフリーの売却益とメルクの所有権の売却益とに対して、まったく別の課税基準を適用している。これは地主がサルゴフリーとメルクの所有権の両方を同時に手放した場合でも同じである。しかもメルクの公示価格は上のように機械的に決められ、かつ一定期間固定されるのに対し、サルゴフリー価のほうは取引成立時点での時価が見なし価格に採用されている点も見逃せない。

このように、ひとつの土地の上に設定された権利の価格でありながら、あくまでもサルゴフリー価とメルク価とは「無関係」と見なされていることに注目すべきである。一方で、例えば日本では、他人が借地権を持っている土地でも、土地の評価額が上がれば地主は地代の改定を要求し取り分を増やすことができる。土地の生産性の向上がまず完全所有権の評価額を押し上げ、その増加分は地主と借地権者との間でしかるべき率によって分けられるべきものと考えられているためだ。ところがサルゴフリー方式賃貸契約の場合は、土地の生産性（つまりメルクの集客力）の増進が反映されるのはサルゴフリー価だけなのである。

市場のメルク価

取引実績がほとんどないため、市場におけるメルク価のみの動きを直接的に追うことは難しいものの、土地の完全所有権価格であれば一定程度の相場が形成されているためそれを参考にできる。テヘランの不動産市場でもサル

表3　各商業地区におけるサルゴフリー価と近似メルク価

地区（調査年）	a サルゴフリー価（トマーン／㎡）	b 近似メルク価（トマーン／㎡）	b/a（%）
ダーラーネ・アミーノル・モルク通り（2004）	850万	50万	6%
ボゾルグ・メフル通り（2004）	1000万	100万～150万	10～15%
タジュリーシュ広場（2004）	1700万	300万	18%
サアーダト・アーバード（2002）	400万	400万	100%
テヘラーン・パールス（2003）	180万	20万	11%

出所：2002～04年の聞き取り調査をもとに筆者作成。

ゴフリーとメルクの所有権を一括して売買する事例（すなわちメルキー方式）は実績がある（表2を参照）。それぞれの地区の標準的な完全所有権価格から標準的なサルゴフリー価を差し引けば、標準的なメルク価のおおよその水準が導かれるはずである（これを「近似メルク価」とする）。

その結果が表3である。近似メルク価とともに、サルゴフリー価に対するその比率も示した。

このうち大バーザール内のダーラーネ・アミーノル・モルク通りは、文化財指定を受けた建物も含まれ市内でも最古の商業地区の部類に属する。もちろん卓抜した知名度と集客力を誇り、そのサルゴフリー価は市内でも最高水準にある。この地区の近似メルク価はサルゴフリー価の六％程度ときわめて小さい値であることが分かる。

一方、テヘラン市北西部に位置するサアーダト・アーバード（Sa'ādat Ābād）は、比較的近年開発の進んだ新開地である。少し前までは広漠とした荒地や富裕層が所有するバーグ（bāgh, 果樹園の意）が広がっていた場所に、ここ数十年の間に次々と幹線道路が敷かれ、マンションが建ち、町へと変貌した。この地区の店舗の平均的サルゴフリー価は、ボゾルグ・メフル通りやタジュリーシュ広場などの市内中心部の商業地に比較すると二分の一から四分の一程度である。一方その近似メルク価はサルゴフリー価にほぼ等しい。

サアーダト・アーバードはいわゆる中間層向けの新興住宅地だがいまだ建て込んでいない場所も残されており、サルゴフリー価の評価額は低い。一帯は将来の人口増加による住宅需要の伸びも予想されるため相対的に近似メルク価の割合が高くなる。一方で、古くて有名な商業地ほどサルゴフリー価と近似メルク価とが隔たっている傾向が見て取れ、集客力が高まるとサルゴフリー価だけが上昇していることが分かる。つまり前述したように両者はそれぞれ独立した価格であり、サルゴフリー価の水準が高ければそれに応じて近似メルク価の水準も高くなるわけではない。税理士のインフォーマントY氏はこう述べる。

「居住用地区や、非商業用地区などはメルクそのものが価値を持っている。……メルクとサルゴフリーのどちらに価値があるかは、場所によって違います。……大バーザールなどでは本質的にはサルゴフリーが価値を持っているのであって、メルクではない。」(Y, 2003/7/7)

(ペルシア語原文音写資料12)

分離する地価

このように、サルゴフリー方式賃貸契約が結ばれた商業施設の価格構造においてきわだつ特徴は、土地の生産性(集客力)水準の変動を反映するのは店子の持つサルゴフリーの価格のみである、という点にある。そこで商売を営み、店を繁盛させるのは店子であるから、のびしろはすべて店子の取り分となる(同意金は、こののびしろの一部を地主に還流させる働きを持つが、それを店子が支払うことについて法的な根拠のないことはすでに述べたとおりである)。一方のメルク価は「地価」の一部ではあるものの、これまでに明らかになったとおりそれは土地の生産性の変動に感応的でない部分である。サルゴフリー価とメルク価とは、それぞれ異なるメカニズムによって決まる。

したがって、ひとたび地主がサルゴフリーを手放してしまえば、たとえその後に状況が急変しそこが繁華街に変貌したとしても、地主の収益が増すことはない。経済学的な観点からすれば、分離した「地価」がそれぞれ別の市場で取引され、地主の取り分にはのびしろを認めないというこうした特徴こそが、今日のイラン商業地に広範に普及したサルゴフリー方式賃貸契約の制度設計における枢要なのである。

この方式が地主にとって大きな利点を持たないことの証左として、現実のテヘランの不動産市場では、メルクの所有権のみの取引実績はほとんどなく、その相場も知られていないことをすでに述べた。うなぎのぼりのサルゴフリー価に引き比べ、実質的に固定された少額の月額賃貸料を得るためだけに、まとまった投資をし、地主としての責任や義務を新たに引き受けることは資産運用上の意義があまりにも希薄だからである。メルク価は、理論上は月額賃貸料を規準とした利用収益の割引現在価値として存在しているが、サルゴフリーとメルクの所有権とがバラバラに取引されているかぎり、それは実体のない架空の価格に過ぎない。[*23]

しかしながら、ではなぜ、現実のイランの不動産市場ではこの一見珍奇なサルゴフリー方式賃貸契約を取り交わした物件が大部分を占めているのであろうか。

地主が自身の所有する商業用のメルクを資産として運用したければ、サルゴフリー方式ばかりでなく、ハーリー方式やメルキー方式などの別の選択肢も存在している。サルゴフリーの売買を伴わない賃貸や完全所有権の売買も可能であるにも拘わらず、なぜイランの商業地ではことさらにサルゴフリー方式が店舗賃貸借契約における趨勢を占め、あたかも侵しがたい商売上のしきたりのように踏襲されているのであろうか。

このイラン商業地に独特の慣行は、いったい何を背景として生まれてきたものなのだろうか。

この点にこそ、法の「近代化」をすでに果たしていたイランにおいて、お雇い外国人であったミルスポー博士がイランの法体系のなかに持ち込んだある異質な概念が、期せずしてイラン社会に呼び起こした波紋を、そしてそれが及ぼした長期にわたる甚大な影響を、見て取ることができるのである。サルゴフリー方式賃貸契約は、実際は古いしきたりなどではなく、国家の法に対してひとびとの間に「非国家的秩序」が形成されるプロセスから誕生したまったく新たな商慣行であり、それ以前のひとびとの習慣とは明確な一線を画していた。

以下の各章では、まず二十世紀初頭に立ち戻り、サルゴフリーの慣行を育んだ往時の社会状況を振り返りながら、その制度形成の道筋を辿ることにしたい。

第2章　歴史のなかのサルゴフリー

第1節　議会議事録のなかに

前章で詳解したように、サルゴフリーは今日のイランの景況を敏感に反映する重要な経済指標のひとつとなっている。しかしじつは歴史上のある時期までは、サルゴフリーは商人たちの間でひっそりとやり取りされる法的な裏付けのない「場所代」のことを指していた。それは、現在のものとは大きく異なる意味を持つ金銭の呼称であり、サルゴフリーの原型(プロトタイプ)とも言える。本章ではこの「プロト・サルゴフリー」とはいったいどのような姿であったのかを検討することから始めたい。

一般のひとびとの経済活動にかんする貴重な史料としては、我が国では例えば地方の名家に伝えられる先祖の日記、商家の大福帳など個人が書き遺した記録などが知られているが、その種の記録の発掘・利用が後れているイランにあって、これまでのところ筆者はサルゴフリーの授受慣行に関連する有用性の高い私文書史料を入手し得ていない。

しかしながら、今日から九十年ほど遡った時代の、イランの「国民議会（majles-e shourā-ye mellī）」の議事録のなかに、じつはプロト・サルゴフリーがすでにその姿を現しているのである。議会における法律の審議経過を詳細に辿ることのできる議事録のような公文書は高い史料価値を有する。旧時代のサルゴフリーについてはフィールドワークによる聞き取り調査は不可能だが、この議事録の発言のなかから事実を拾い出すことでこれに代えることができる。本章ではペルシア語の議事録を利用して、サルゴフリー授受慣行の歴史的な実像に迫ることとしたい。

パフラヴィー朝初期（一九二〇年代）のサルゴフリー

本書の冒頭で述べたとおり、イランは現在の中東諸国のなかではかなり早い時期から近代的な議会制度が導入された国のひとつであった。

ガージャール朝期の一九〇六年にイラン最初の議会が開設された。十九世紀の初頭からイギリスとロシアによる軍事的・経済的浸潤に脅かされていたイランは、一九〇七年の英露協商によってこの二国の勢力範囲の線引きが行われるなどした結果、名ばかりの独立国家となり果てるに至った。これに先立ち、英露に次々と国内利権を売り渡す買弁的な政府への批判が高まり、専制王朝に立憲主義の箍(たが)をはめるべく、イスラーム法学者が中心となって全国的運動が巻き起こった。[*2] これがイラン「立憲革命」(engelāb-e mashrūṭiyat) と呼ばれている。[*1]

一九〇六年十月の第一国民議会には全国から選挙で選ばれた百五十名余りの代議士が名を連ねた。[*3] 一九〇六年から翌年にかけて制定された憲法およびその補則では三権分立が明記され、国民議会と並んで元老院 (majles-e senā) が設置された。[*4]

速記録をもとにした国民議会の議事録には、議員たちが発した感嘆詞や「やれやれ」といったつぶやき、丁々(ちょうちょう)発止(はっし)のやり取りも残されており、臨場感にあふれている。[*5] 歴史上のサルゴフリーはこの議事録のなかにその姿を覗かせている。

一九二五年の第五国民議会においてガージャール朝が廃され、レザー＝ハーン（のちのレザー＝シャー）の暫定

過去の議会議事録を収蔵するイラン議会図書館の閲覧室。（筆者撮影）

政府が樹立、その年の暮れにはパフラヴィー朝が成立した。一九二七年十二月十一日（イラン暦一三〇六年アーザル月十九日）の第六国民議会で、ケルマーン選出のミールザー＝モルテザー（Mīrzā-mortezā）議員[6]が、ときの財務大臣[7]（vazīr-e māliye）にたたみかけた。彼は、財務省の職員が先頃ケルマーンで導入した「サルゴフリーに対する新税」に強く反対し、政府はこれを止めさせるべきだと主張した。ミールザー＝モルテザー議員は憤慨した口調で、この件で財務大臣に幾度も問い合わせたにも拘わらず返事がなかったことを追及している。

「財務大臣は一度、ケルマーンにあるサルゴフリーは他の地方のものとは違っているというようなことをおっしゃったが、わたしは承服しかねます。他の地方との違いとはいったい何だというのです。サルゴフリーというのは、あらゆる地方で慣習となっているやり方

20世紀初頭のイラン国民議会の議事録。（筆者撮影）

です。テヘランにもある。アゼルバイジャンにもある。他の地方にもあります。この場でお確かめになってください、テヘランや他の各州のすべての代表のみなさんはご存じですとも。これまでにどこかでサルゴフリーへの課税などといったものをご覧になりましたか？　それなのに、ケルマーンだけで始めたのです。[*8]」（傍点筆者）

この抗議に対して財務大臣は、財務省の出先機関の調査によるとどうやらケルマーンでは商店主たち（sāhebān-e dakākīn）の所得隠しのためにサルゴフリーという名目が使われている疑いがあるからだと説明した。すでに財務省出先機関と住民とは和解しているはずだとも付け加えている。するとミールザー＝モルテザー議員は、和解などはしていない、とさらに反論した。

「他の地方となんら変わるところはありません。まったく同じやり方です。優先権（haqq-e oulavīyat）です。その店に長いこと入居していた人物が、わたしはここに優先権を持っている、この自分の権利をひとに貸すまでだと言う。これはひとつの決まった言い回し（estelāh）であって、業者たちがやっていることは決して他の地方と異なりません。[*9]」

地元の不満を懸命に代弁するミールザー＝モルテザー議員は、結局このあとすぐに議事が次の議員の質問へと移ったため、先の財務大臣の答弁だけで引き下がらざるを得なかった。しかしながらこの短いやり取りからは図らずも、一九二〇年代末にはすでに、テヘランのみならずイラン各地で「サルゴフリー」と呼ばれる金銭の授受慣行があったこと、またそれはどうやら店舗の店子たちが次にその店を使う者から取った金銭であるらしいことが窺われる。

地図2　イランとその周辺諸国

出所：筆者作成

調整法の制定

さらに十年ほど時代を下ると、当時のサルゴフリーがより明らかな姿を現す議事録史料を見出すことができる。ミルスポー博士がイランへやって来る五年前の一九三八年、第十一国民議会において賃貸料調整に関する法（qānūn-e rājeʿ be taʿdīl-e māl-ol-ejāre，以下調整法）と呼ばれる法が制定された。*10

このときは第二次世界大戦の前夜であった。この年はナチス・ドイツがポーランドに侵攻する前年、そしてイラン自身が結局イギリスとソ連による南北からの進駐を招いてしまう年の三年前にあたる。北をソ連と接し（当時）南はペルシア湾に至る広大な国土を持つイランは（地図2）、ヨーロッパ、アジア、インドなどを結ぶ物流ルートを考慮すればその果たし得る役割は絶大

第11国民議会の代議士たち。（イラン議会図書館提供）

で、古くからイギリスやロシアが虎視眈々と影響力拡大を狙う戦略的な要衝地域であった。それればかりか国内に世界有数の埋蔵量を誇る油田が発見され、二十世紀初頭にはイギリスの石油資本によって採掘が始められており、当時のイランの地政学上の重要性は天井知らずであった。ガージャール朝を倒しクーデターによって王座に就いたパフラヴィー朝のレザー＝シャーは強権独裁で知られたが、英ソの執拗な干渉をかわそうと手を組む相手を探した挙句、一九三〇年代末にはナチス・ドイツに接近していたのである。

この時期イランでは急激なインフレが進行中で、一九三七年から四三年二月までの間に生計費はおよそ七・七八倍に膨らみ、ひとびとの生活をはなはだしく圧迫した。不安な世相を反映し物資退蔵や投機が横行するなど庶民の生活はきわめて危機的であったと伝えられている。[*11]

調整法は、当時すでに賃貸されていた不動産物件（居住用・営業用を問わず）の賃貸期間の延長や賃貸料の上限設定などを主たる眼目として、賃借人の保護のために導入された三年間有効の限時法であった。

この調整法自体には明示的にサルゴフリーに言及した規定は

ない。ところが、この法律の制定に伴って策定された規則「不動産賃貸料調整法の執行（以下、調整法規則）」（ejrā-ye qānūn-e ta'dīl-e māl-ol-ejāre-ye mostaghellāt）の第九条にはこんな条文が見えるのである（資料2を参照）。

「（賃貸契約書には）サルゴフリーやセンフィーなど賃借人のためのいかなる権利（haqqī barāye mosta'jer az qabīl-e sar-qoflī va senfī va gheire）も認められないことなどが明記されるものとする[12]」

ここでは物件が居住用か営業用かによる区別はないが、少なくとも一九三八年のこの当時、すでに「サルゴフリー」もしくは「センフィー」といった、ある種の賃借人の権利がイランに存在していたことが分かる。[13] もっとも調整法規則はこれを「認めない」という立場だから、法律上は権利ではない。条文からはこの当時のサルゴフリーが何を指し、それが店舗の賃貸借といかなる関係を持つものだったかは詳らかではないものの、少なくともこうした規則で言及される程度には一般に普及した語であったことは間違いない。

では条文に現れる「サルゴフリー」とは、はたしてどのようなものであったのだろうか。それは、調整法制定のための審議が行われた第十一国民議会の議事録をひもとくことで明らかとなる。

第2節　プロト・サルゴフリー

又貸しの常態化

一九三八年、政府は調整法の法案を第十一国民議会に提出した。先に見たような当時のイランの社会・経済事情に照らせば調整法は、すでに賃貸されている不動産物件の賃貸料が青天井に上がるのを防ぎ、追い出された店子が路頭に迷い社会不安が増大するのをくい止めようという趣旨を帯びていたものと推測される。

ちなみに一九三九年のテヘランの人口はおよそ五十四万である。[*14] 人口八百万超に達している今日からすればむしろ小さいと感じられなくもないが、その直前の十七年間で二・五倍に急膨張していることを考えると、[*15] 人が増え、みるみる町が拡大していくめまぐるしい様相を呈していたものと思われる。住居も店舗も不足している。そこへ先述したようなインフレの進行による投機熱が高まり、結果として不動産需要が大きく膨らんでいた。

社会的にはおそらく住宅問題がより深刻だったものと思われるが、店舗の問題もそれに劣らず看過できない様相を呈していたことが議事録から窺われる。インフレが激しく進行する状況下で、店舗不動産も格好の投機の対象として注目を集め、サルゴフリーのような店舗の権利金が膨れ上がる現象が見られたのであろう。したがって、先の調整法規則第九条には都市部の繁華街で商売する店子たちの間で「良い場所」だと認知されている店舗をめぐって、彼らがやり取りしたいわば「場所代」を、物価を吊り上げる要因であるからぜひとも排除したいという意図があったものと推測される。

この法案の審議の議事録によれば、このときの議論の中心は法案第一条の注に関してであった。法案第一条とは、法律の施行日に事実上の賃貸状態にあるすべての不動産についてむこう三年間の賃貸期間延長を認める、という趣旨の条文である。

その第一条の注にこんな一文がある。

「この条項に基づいて更新される賃貸は、マーレキ、もしくはその代理人の許可なくしては、他者へ移転できない」[*16]

同年十二月十八日（一三二七年アーザル月二十七日）の議会で、タバータバーイー（Tabātabā'ī）議員[17]がこれに異を唱えた。彼は、イラン民法第四百七十四条の「賃借人は賃借したモノを有償で転貸することができる」という原則を挙げ、地主が許可しなければ店子が用益権を移転できないというのは、民法で認められている賃借人の権利を侵害するものではないか、と質問した[18]（イラン民法については後の章に詳しく述べる）。

これに対してネガーバト[19]（Neqābat）司法委員会広報官（mokhber-e komīsyon-e dād-gostarī）は、この注を挿入すべき理由として次のように説明している。これが、なかなか興味深い。

「……現実に起こっている問題というのはこのようなことです。一人の賃借人が家や店舗、倉庫などを誰かから賃借して、今度はそれを他の者たちに貸し出す。二番手、三番手へと。事実上、建物を使用し、商売している者、あるいは居住している者、その家を占有している者というのは、二番手、三番手なのです。賃借人は、もっと儲けようとしてそこを貸し出した一種の商人や仲介業者にほかなりません。[20]」

この答弁から、次のようなことが読み取れる。すなわち、当時のイランでは店子がしばしば自身の賃借した不動産物件を他者へ「又貸し」していた。もちろん又貸し自体は、転貸を認めたイラン民法の精神に則れば別段非難されるべき話ではない。しかしこの当時の現実問題としてそれは不動産市場での投機を助長したのであろう。店子として借りた物件を高額で又貸しし利ざやを稼いでいる輩（やから）が目立ったということである。広報官は、さらにこのように続けている。

「この第一の賃借人は、第二の賃借人を追い出すために地主と共謀して、（地主が）もう契約を更新するのは嫌だと（言っていると）言うかも知れません。この第二の賃借人は仕方なく退去する、というのも法的には彼に契約更新のための何の権利もないからです。地主と第一の賃借人が共謀して、第二の賃借人を利用し得るわけです。[*21]」

すなわち彼は、又貸しの結果生まれた第二、第三の店子たちは、契約書上は当事者ではないため、かりに悪徳な地主と第一の店子とに理不尽な立ち退き要求を突きつけられても対抗できない。これは、いかにも不適切だと言っているのである。

こうした発言を通じて広報官は、賃貸人と賃貸契約を結んでいないせいで法の保護を受けない二番目以降の店子が不利益を被る可能性を排除するために、原則として店子による自由な又貸しを禁止し、契約書に又貸しについての地主の同意を明記しなければ、店子にはそれが行えないようにすべきだ、と主張している。

さまざまな名目の権利金

ところがタバータバーイー議員はこの説明に納得しなかったものと見え、十二月二十二日（一三一七年ディ月一日）の議会において引き続き法案第一条注の部分が不要である旨を主張した。これに対して今度はマティーンダフタリー[*22]（Matīndaftarī）司法大臣（vazīr-e 'adlīye）が、注は必要だという立場から答弁した。その発言のなかにはまさに、サルゴフリーが登場するのである。

「……賃貸借、とりわけ店舗の賃貸借ではじつに奇妙な状況が見出されました。例えばラーレザール（Lālezār）通りのような重要な中心地では、ある店舗が例えば六ヶ月や一年ほどで貸し出されるものとしましょう。するとその賃借人は、なにがしか通常そうだと考えられているもの——もっとも我々はその通常の額なるものを知りませんし、法もそれを定めてはいないが、ともかく通常とされている額ですが——をやり取りする。ある少なくない額を前の賃借人にサルゴフリーの名目で渡し、そこに入居します。この新しい賃借人はさらに店の準備のためにもかなりの額を支出する。一例では、サルゴフリーの名目でおおよそ五万リヤール[23]を前の賃借人に渡したある賃借人は、なお五万リヤールに近い額を店の準備のために使っていました。[24]」

1940年代のラーレザール通り。（©Mahmoud Pakzad）

答弁中に登場するラーレザール通りとは一九五〇年代頃までテヘラン市内の最も繁華な街区のひとつと言われた場所である。そこでは、ある店舗の店子が入れ替わる際に彼らの間でサルゴフリーという名目の金銭が授受される慣行が普及していた、と司法大臣は指摘している。店子から店子へ、少なくない額が支払われる。そのお金の名前がサルゴフリーだというのだ。しかも「通常そうだと考えられている」金額がやり取りされていたというくだりは、この頃すでにサルゴフリーにある程度の相場があったことを示唆している。

司法大臣は、賃借人の入れ替わりは賃貸人の明確な同意を伴うべきだという趣旨から、さらに次のように続けている。

「店舗を一年の約束で借りて、一年経つと賃貸人がやって来て明け渡せと言った。いいですか、一年間ではここではたいした額の商売もしていません。どうしてここを明け渡すことができましょうか。なかには公正証書や公式契約書を盾に立ち退きを要求するひとびともおりました。このようなやり口は、ひとびとの生活と商業の基本を不安定にするものです。賃貸人の意図をよくよく調べてみれば、賃借人にはなんら非はなく、賃貸人の立ち退き請求の目的がただ賃貸料の値上げにあったことが明らかとなったはずです。[*25]」

店舗に入居しようという人物が、自分の前に入居していた店子にサルゴフリーという名目で大金を支払う。ところが一年もしないうちに地主がやって来て出て行けと言う。それが嫌なら家賃をもっと払えと地主が迫る。……こうしたケースがあることを指摘する内容である。今日のサルゴフリーと違うのは、どうやら店子は地主に「それでは、わたしの持っているサルゴフリーを補償してください」と言える立場にはないように見えるところだ。

ちなみに司法大臣は、この答弁のなかでサルゴフリーそのものについて議論をしたのではない。議事録の数頁分にもおよぶ彼の長い発言の重点は、調整法の導入による都市部不動産の賃貸料の全般的な安定化が急務だというところにある。ところが図らずも、当時のサルゴフリーの実状についても言及されているのである。

当時のサルゴフリーのあり方の一端を垣間見ることができる発言はほかにも見出される。一九三八年十二月十八日（一三一七年アーザル月二十七日）の議会で、同じく法案第一条の注の挿入は不適切だとするカーシェフ（Kāshef）議員[*26]が次のように質問している。

「……わたしの考えでは、注はこの（商人や職人の職業上の）権利を奪い、地主を利し、賃借人の益を損なうものです。何となれば、法案の第四条では賃料を二五％も上げてよいことになっている。[*27]市場の動向に通じたほとんどのみなさんはご存じでしょう、バーザールの最上級の店舗やティームチェ（tīmche）やキャラヴァンサライ（kārvān-sarā）[28]、とくにまだ市当局による改定が行われていないような場所では、何年も賃貸料を上げていません。というのもサルゴフリーの問題があるからで、（サルゴフリーを）ハッゲ・アーボ・ゲル（haqq-e āb o gel）[29]の名目で移転しているところもあれば、ハッゲ・アードレス（haqq-e ādres）[30]の名目で移転しているところもあります。その他の場所でも事実上ある。賃貸料がまったく上がっていない店舗であっても、（サルゴフリーは）法外な値段になっているのをご覧になったことがあるでしょう。当然賃借人としては、どういう額の、どういう名目の金銭であれ、自分の払った分を地主の利益のために帳消しにするわけにはいきません。しかし地主は地主で直ちにこの注を利用するでしょう。この注によっていまあるサルゴフリーだのハッゲ・アーボ・ゲルだのさまざまな名前のついたこの権利は無効となり、同時に地主は賃料を二五％上げるでしょう。わたしはこれこそが法の精神に反していると思います[31]。」

ここでカーシェフ議員が「バーザールの最上級の店舗やティームチェやキャラヴァンサライ」と述べているのは、サルゴフリーの授受が行われていた場所が、テヘランの大バーザール内でもとりわけ優れた集客力を有する店舗であることの例として挙げているものと思われる。彼の主張の要点は二つある。第一に、法案第一条注によって店舗を地主の許可なくして他者に移転すなわち営業させることは違法であるとされたことから、店子間の合意に基づいてすでに高額の（サルゴフリーの）払い込みと引き換えに入居して営業している現在の店子の権利を不安定化させる結果になる、という点である。第二に、この規定で現在の店子が支払ったサルゴフリーが無駄になるうえに、さらに法案第四条とを組み合わせることによって、賃貸人である地主が賃貸料を二五％も上げるような事態が出来し、店子にとってははなはだしく不利となる、という点である。

カーシェフ議員の主張から次のようなことも読み取れる。当時のテヘランでは、優れた集客力を有する多くの店舗で、地主と契約を結びなおすことなしに店子が入れ替わり、さらに店子どうしの間である種の権利金の授受が行われていた。当時はこの種の権利金を指すものとして必ずしも「サルゴフリー」という語ばかりが用いられていたわけではなく、「ハッゲ・アーボ・ゲル」や「ハッゲ・アードレス」などさまざまな呼称が存在していた様子も窺われる。

第二次世界大戦直前（一九三八年頃）のサルゴフリー授受慣行

以上のように、第六国民議会、第十一国民議会の議事録にその姿をのぞかせている一九二〇、三〇年代における「サルゴフリー」と呼ばれる金銭は、ひじょうに有利な場所で商売をしていた店子が、次にその店舗を賃借したいという者から受け取るある種の権利金であったと理解できる。

この時代には、正規の店子は非正規の店子にしばしば店舗を（より高額で）又貸ししていた。また、サルゴフリーなどの名称で呼ばれる権利金の授受とともに、店舗の店子たちが入れ替わった。商人たちは地の利を十分に理解していたため、相場に基づいてこの金銭を授受した。その一方で、たとえ店子が入れ替わっても、当時は地主との新たな契約の結びなおしはほとんど行われていなかった。

地主はどうやら今日とは違ってサルゴフリーのやり取りの当事者とは見なされておらず、埒外（らちがい）に置かれている。あくまでも商人どうしの間で、その店舗で営業する店子としての立場そのものがサルゴフリーとして売買されたのである。これが、かつての伝統的なサルゴフリー、いわばプロト・サルゴフリーの姿であった。

こうした伝統的なサルゴフリー授受慣行を大きく変えることになる出来事が、この数年後に、ミルスポー博士のミッションとともにやって来た。

第3節　ミルスポー博士の足跡

財政再建ミッション

一九四一年、ナチス・ドイツに接近していた専制君主レザー＝シャーの政権は英ソの進駐によって崩壊し、シャーは退位を余儀なくされた。父の後継としてモハンマド＝レザー＝シャーが即位したことでパフラヴィー朝はかろうじて命脈を繋いだ。一方で、イランはもともと中央政府が相対的に脆弱で分権的性格の強い国であったため、ともすると地方勢力が台頭し内乱の危機を招きかねなかった。[*32] このときの連合国にとってイランはドイツと戦うソ連への重要な物資輸送ルートとして、また中東全域の物流の要として、きわめて重要な戦略的拠点であり、したがって彼らはイラン国内の安定と物資統制のために大いにテコ入れする必要があったものと考えられる。[*33]

そこで、アメリカが乗り出した。有能な行政官をイランへ派遣し、破綻しかけている財政を立て直し、債務を整理し、インフレを抑え、国民生活を安定させることが急務であるとして、アメリカ国務省が一九二〇年代にもイランで仕事をした経験のあるミルスポー博士に白羽の矢をたてイラン行きを促した。ミルスポー博士には、早急にイラン政府の債務を整理し、インフレを抑え、国民生活を安定させるという任務が課せられていた。それはいわば当時の戦局に照らした連合国側の都合と、またおそらくは戦後処理を視野に入れた関係各国のさまざまな計算があいまって導入された措置であった。

博士の受け入れはイランの議会が承認した話ではあったものの、イラン側からすればほんらい憂慮すべき屈辱的事態であったのも確かである。実際、ミルスポー博士は自身およびアメリカ人の同僚たちがいかに歓迎されなかったかを手記に記している。[*34] もっとも、このような外国人専門家の招聘はこのときが最初であったわけではない。アメリカからの財政使節団はこれ以前にも二度派遣されており（このうち一度目はミルスポー博士の使節団である。つまりこれが彼にとっては二度目のイラン赴任であった）、ほかにもベルギーやフランスの財政顧問が雇われていた時期があった。[*35]

とまれ一九四二年十一月十二日（一三二一年アーバーン月二十一日）に制定された「財務総監ミルスポー博士の雇用許可ならびにその権限範囲に関する法」（qānūn-e ejāze-ye estekhdām va hodūd-e ekhtiyārāt-e doktor Mīlspou ra'īs-e kolle dārā'ī）によって、博士はイラン政府と五年間の契約を結ぶ（ただし三年が過ぎた時点で契約を継続するか否かを判断できるというオプションが付いていた）。

アーサー・チェスター・ミルスポー博士。（筆者所蔵）

ミルスポー博士に課せられた任務は、いずれも財務大臣との協議やその承認を必要としたものの、予算の編成や財務省内の人事、財務行政機構の再編などかなり広範にわたった。翻ってイラン政府も財務に関わるかぎり、ミルスポー博士に話を通さずに事を進めてはならないものとされていた。またいかなる公金の支出や移動、政府資産の移動もしかるべき関連法規に則ること、財務大臣の署名とミルスポー博士の了解なしにイラン政府が、法に定められた税金や課徴金を減額・免除したり、あるいはまた借金したりすることはできないと念を押されていた。[*36]

イランに到着したミルスポー博士は、当面インフレ抑制と物資流通の改善が喫緊の課題と見定めた。一般の国民生活もかなり窮乏していたが、博士のような外国人にとっても決して楽ではなかった。アメリカから雇い入れる同僚たちにいくら高給を提示してもすぐに物価が上がって相殺されてしまう、とリクルートに苦労した様子が手記に残されている。*37

ミルスポー諸権限法規則

博士の財務総監就任から半年後の一九四三年五月四日（一三二二年オルディベヘシュト月十三日）、イランで「諸物価引き下げ・安定化に関するミルスポー博士の諸権限法」（qānūn-e ekhtiyārāt-e doktor Mīlspou dar moured-e tanazzol o tasbīt-e bahā-ye ajnās, 以下ミルスポー諸権限法）という名称の法律が制定された。*38

このミルスポー諸権限法によって、彼には時限的にではあるが物価統制上の実権が与えられた。同法の第一条には「現財務総監であるミルスポー博士は、非食糧品・すべての原材料と最終製品の調達、物資の輸出入・運輸・貯蔵・分配に関する統制権を与えられる。また同様に、博士は不動産の賃貸料およびその他のサービスに対する料金、賃金に関する統制権をも与えられる」とある。*39 財務総監は所轄の大臣との協議や、閣僚の参加する委員会（hei'at-e vazīrān）の了承をもって、こうした特権を行使できた。

この法律の制定は、プロト・サルゴフリーのその後の変容を招来したという意味できわめて重要な意味を持っていた。じつはミルスポー諸権限法そのものには、不動産の賃貸契約に関連する詳細な規定はない。第一条注一において「不動産の賃貸料の調整は、司法省および財務総監によって取り決められる諸規則に拠って行われる」ことが定められているのみである。

重要なのは、この法律の制定に伴って司法省が策定した運用上の規則（āyīn-nāme）のほうである。この規則は正式の名称を「物価の安定——一三二二年第七月二十三日付二十二号（Tasbīt-e Qeimat-hā: Shomāre-ye 22 movarrakh-e

23, 7, 22)」というが、分かりづらいため以下ではこれをミルスポー諸権限法規則と呼ぶ（資料3を参照）。全二十四ヶ条から成るミルスポー諸権限法規則は、都市部の不動産賃貸借について、法の適用範囲（対象）や契約書作成の義務、改築にまつわる賃貸人・賃借人それぞれの義務、賃借権の相続、契約解消の要件など、さまざまな細かい規定を定めていた。*40

　とりわけ注目せねばならないのは、この規則の第九条の規定である。そこには次のようなくだりがある。

「前の賃借人の過去の行いや名声が価値と信用とを勝ち得ており、その結果が賃貸人を利することになる場合には、賃貸人は前の賃借人の信用・名声の価値に対して、不動産鑑定士が定める額を前の賃借人に支払う義務を有する」

（ミルスポー諸権限法規則第九条）

　これは店舗を賃貸している地主が、店子を立ち退かせて自分がそこに入り、出て行った店子と同じような商売を始めようとする場合を想定した文言である。すなわち店子が努力して商売に精を出し、その結果として店が評判を呼び、まわりからの信用もあるような場合は、あとに入る地主は最初から商売に有利な条件を保証されたことになるわけだからその見返りに店子にいくばくかを支払うべし、という趣旨である。

　さらにこんなくだりもある。地主が建物の全面的な改築をするため店子に立ち退きを迫っている場合を想定されたい。

「マーレキは立ち退きのあと十五日以内に建物の改築を開始しなければならない。（建物の）変更後も、以前の賃借人らの状況と新しい建物の状況とに鑑みて建物が以前と同じように使用され得る限り、かかる者たち（以

前の賃借人）は新しい賃借人に対して優先権を持つ」（ミルスポー諸権限法規則第九条）

これが意味するところは、店舗の建物を改築する場合は迅速に行い、改築したあとも建物が引き続き店舗となり以前のように商売に使われる場合には、元いた店子たちを優先的に入居させるべし、ということである。商売をしていた店子の「信用」や「名声」はただではない。彼の営業努力の賜物である。したがってそれを利用する者はそれに見合う金銭的代償を店子に払わねばならない。また、ただではない「信用」や「名声」を勝ち得た場所であるから、店子はその場所の優先的な占有を認められるべきだ――第九条のエッセンスはこうした点にあろう。

今日の我々から見ると、この種の無形財産に金銭的、社会的価値があるという考え方そのものはごく普遍的なものであるように感じられる。しかしこれが法的な拘束力を持つ規則となると、話はそう単純ではない。というのもこの第九条の規定は、イスラーム法に基を持つイランの「法律の世界」では、いささか突飛な存在であったからである。

第4節　誰が誰に払うのか

紛れ込んだ外来の概念

サルゴフリーに関する法学上の議論を詳述したケシャーヴァルズは、この規則がイランにおいて「のちの賃貸人・賃借人関係を司る諸立法の基礎」となるものであったとして重視している。[*41] ケシャーヴァルズによれば、ミルスポー諸権限法規則第九条はイランの法制度の歴史のなかでひとつの画期を成している。この第九条によって、第一に、信用や名声といった無形財産にかんする店子の権利が認められ、第二に、立ち退き・建物の改築後における元の賃借人の優先的入居が受け入れられた。

それは賃貸契約期間における「利用収益の所有権」(mālekīyat-e manāfe')とは別に賃借人に対して特定の権利を認めた、イランで初めての公式かつ法的な文言にほかならない。[*42]

ケシャーヴァルズの示す利用収益の所有権とは、後の章でも述べるように、モノの賃貸借にかんするイスラーム法の考え方に立脚した概念であり、モノを使用することを通じて得られる利益に対する所有権と解される。彼によれば、従来イランの賃借人には、賃貸契約期間に限って、あるモノを使用して収益することが認められるに過ぎなかったものが、この第九条によってそれを超える権利が与えられることになった。

さらにケシャーヴァルズは、ミルスポー諸権限法規則のなかに現れた店子の信用・名声に対する代償という考え方についても、この種の価値概念はミルスポー諸権限法施行の時期以前には、イランの法体系のなかに認められていたわけではないと述べている。[*43] 彼は、これが英米法の世界において職業の種類・商売上の名声や信用に基づいた価値として知られる goodwill(暖簾)[*44] の考え方と通底していること、同時にそれが「場所」ではなく「個人」に属する価値であることを指摘し、[*45] 中心的な起草者であったミルスポー博士自身が英米法圏の出身であったことなどから、この規則が策定されたときにいわば外来の価値概念がイランの法律に紛れ込んだ可能性を示唆している。

確かに当時のミルスポー博士の手記には、必要な法規については博士を含むアメリカ人スタッフが草稿を準備しそれをペルシア語に翻訳させたあと、さらにチェックしたという述懐が見えるので、[*46] 規則がもともと英語で起草された可能性は非常に高い。この時期、博士の下にはイランでの苦楽をともにするジェームズ・G・ロビンソン(James G.Robinson)[*47] という部下がおり、この人物が財務省の物価安定化課(price stabilization section)の主任行政官であったので、[48]ことによると規則の草稿を書いたのはロビンソンであった可能性もある。ちなみに筆者はこの規則の草稿の所在についてケシャーヴァルズと意見交換をしたことがあるが、彼自身はそれを見たことはないという。[49]

この規則は、このときミルスポー博士が当時の司法大臣[50]と協議を重ねた結果ようやく不動産賃貸料の統制策を軌道に載せ、施行に漕ぎ着けた不動産の賃貸借に関する具体的なガイドラインであった。[51]しかしながら状況が状況だけに、さほど時間をかけて綿密に条文が練られたとは考えにくい。博士の手記からは、難問山積みのなか仕事はいくらでもあるというのに、容易に動かないイラン人の官僚や議会を相手にミッションが四苦八苦する様子が伝わってくる。「賃借人の信用や名声に基づく価値」という考え方がイランの法律の条文に紛れ込んだのは、そんな慌しい雰囲気の下でであったようだ。

買い取りの当事者

さらに、ミルスポー諸権限法規則がサルゴフリーの授受慣行にとって重大な意味を持った点は、じつはもうひとつあった。

ミルスポー諸権限法規則は、悪徳地主の押さえ込みの目的で「賃借人の信用・名声の価値」の代価は、あくまでも地主が店子に対して支払うべきものと規定している。したがって規則は店子どうしの支払いについては何ら言及していない。不動産の賃貸借契約にかんする規則であるから、賃貸人と賃借人との関係こそ扱うものの店子どうしの関係は顧慮しないということであろう。

しかしプロト・サルゴフリーは、地主と店子ではなく、店子どうしの間で授受された金銭であったことを見落としてはならない。ミルスポー諸権限法規則がサルゴフリーをめぐる制度全体に与えた真の影響は、じつはここにあった。

それまで店舗の店子は、自分の働きの結果得られた店舗の集客力を、後続の第二・第三の店子候補に買い取らせることを想定していた。地主に売却しようとは誰も考えていなかった。ところがミルスポー博士は、買い取りの当事者を地主にまで拡大してしまったのである。

司法省との協議のなかで、ミルスポー博士に対して「所有者が賃借人に金を払うというのはおかしいのではありませんか」と指摘した、あるいはまた「サルゴフリーとは地主が払うのではなく店子どうしの間でやり取りされる金銭のことです」と反駁したイラン人官僚がはたしていたのか、それは分からない。しかしプロト・サルゴフリーとミルスポー諸権限法規則との間に生じた真の齟齬は、「賃借人の信用・名声の価値」を誰が誰に支払うのかという点にあった。このことは、本書のこの後の議論にとってきわめて重要である。

ミルスポー博士の置き土産

結局、ミルスポー博士とその同僚たちは当初の契約期限である一九四五年十一月を待たずに同年二月にアメリカへ帰国した。物流統制や所得税の導入などミッションの繰り出す施策に対する反発が強まり、一九四五年の年頭に議会はミルスポー諸権限法を無効とする法案を可決した。[*52]

ミルスポー諸権限法は廃止されたものの、執行規則のほうは不動産賃貸借の重要なガイドラインとして残った。その後一九六〇年になってようやく、イランではじめての不動産賃貸借に関する包括的かつ恒久的な特別法である一九六〇年関係法[*53]（資料4）が制定されるまで、この規則が事実上イランで唯一の定めでありつづけたのである。

ただし、じつはミルスポー諸権限法規則はそのまま一九六〇年まで施行されていたわけではない。まだミルスポー博士がイランにいた一九四四年十月と、博士が帰国したあとの四五年の十月に規則はそれぞれ改正されている。そのうち二回目の改正では、問題の「賃貸人は賃借人の信用・名声の価値に対して一定の額を賃借人に支払う義務を有する」というくだりがいったん削除された。[*54] これは「地主に支払いを義務付けること」という規定にたいする反発がかなり強かった証左と言えよう。

とはいえ、この再改正執行規則においても、営業用物件の店子が死亡した場合には、その相続人が（被相続人と同じ職業に就くことを条件として）物件の使用権を持つことが認められるなど、店子の信用・名声の価値を担保する規定が盛り込まれており、ケシャーヴァルズが指摘するように、従来とは異なる「賃貸契約期間に限ったモノの使用・収益」を超えた権利が店子に与えられている。

さらに一九六〇年関係法では、この「賃貸人は賃借人の信用・名声の価値に対して一定の額を賃借人に支払う義務を有する」というくだり（の趣旨）が明らかに復活し、「営業権（haqq-e kasb yā pīshe yā tejārat）」[*55] と呼ばれる耳慣れない権利が規定された。次章で詳解するとおり、これこそがまさにミルスポー諸権限法規則第九条の考え方をもとにして商業施設の賃借人に認められた、あたらしい権利であった。

一九六〇年関係法とミルスポー諸権限法規則との条文を見比べると、細部こそあちこちに手が加えられ、条項が前後するなどしているものの、基本的には一九六〇年関係法がミルスポー諸権限法規則に定められた内容の重要な部分、すなわち賃貸契約書に記載されるべき事項、賃貸借の無効もしくは解消の要件、賃貸人による立ち退き請求が認められる要件とその場合の賃借人に与えられる権利、営業用物件における賃借人の権利などをほぼ踏襲していることが分かる（資料3および4を参照）。ケシャーヴァルズがミルスポー諸権限法規則を「のちの賃貸人・賃借人関係を司る諸立法の基礎」と指摘する所以である（ただしミルスポー諸権限法規則が賃貸料の上限を設定するなどして賃貸料水準そのものを厳しくコントロールしていたのに対し、一九六〇年関係法は賃貸料は当事者どうしの合意に基づいて決定することを促すにとどまっている）。

ミルスポー諸権限法規則第九条の趣旨を継承した、いわばミルスポー博士の置き土産とも言えるこの「営業権」

によって地主と店子との伝統的な関係は大きく変化し、図らずもプロト・サルゴフリーの時代が終焉を迎えることになるのである。

第3章　サルゴフリーをめぐる法

第1節　都市化と不動産賃貸借

第二次世界大戦後のイラン

一九六〇年、第十九国民議会においてイランで初めての不動産賃貸借に関する包括的特別法である一九六〇年関係法が制定された。前章で述べたように、同法の制定はプロト・サルゴフリーの時代に終わりを告げる画期となった。

第二次世界大戦終結から十五年を経て、世の中はだいぶ落ち着きを取り戻していた。大戦中には英ソによる進駐（一九四一年八月）という艱難を耐えたイランであったが、一九五一年にモハンマド・モサッデグ（Mohammad Mosaddeq）首相[*1]が中心となった「石油国有化」が断行されたことによって、二十世紀初頭から英系のアングロ・イラニアン石油会社（AIOC）の支配下に置かれていたイランの石油資源は国有化され、こののちの石油輸出国機構（OPEC）創設や石油公示価格決定権の掌握に繋がる産油国の発言力強化の端緒を開いていた。

一九五〇年代半ばから六〇年代にかけてイランの石油収入は着実に増加していった。パフラヴィー朝の第二代国王モハンマド＝レザー＝シャーはオイル・マネーを注ぎ込んで近代的な工業プラントを建て、インフラを整備し、

イラン革命前まで使われていた議会の建物。（イラン議会図書館提供）

公共サービスを拡大した。[*2] この結果、にわか経済成長が実現したがその恩恵は農村より都市部により厚くもたらされ、きらびやかな消費文化の魅力が都会から地方へ発信された。この時期のイランは人口が二千二百万超に達し、全国で都市化が進んでいたが、とりわけ首都テヘランは急速に農村人口を吸収した。[*3]

一九六〇年関係法の制定は、こうしたなか、テヘランなどイランの大都市部で恒常的に観察されていた深刻な借家不足とそれに伴う賃貸料の高騰に促されたものであった。従来はイランにおける不動産賃貸借の唯一のガイドラインとしてミルスポー諸権限法規則が機能していたが、ようやく詳細で包括的な法律が整備されることになったのである。一九五九年六月二十一日（一三三八年ホルダード月三十日）に開かれた議会では、一九五八年初頭からの一年間にテヘランにおける不動産賃貸料水準は三割余りも上昇したことが報告されている。[*4] こうした経済情勢にあって、とりわけ都市部の住宅の店子を法的に保護することが求められていた。[*5]

このため一九六〇年関係法の眼目は、家賃水準を適正に維持し、賃貸契約を解消する際の要件などを明確化して、家主と店子とのトラブルを防ぐことに置かれた。法律は全七節から成っており、賃貸料の決定の方法や賃貸契約書の様式、契約の解消などについての詳細を定めていた。

ちなみに、今日のイランで店舗を含む不動産の賃貸借を律する法律は、この一九六〇年関係法の後身法である「賃貸人・賃借人関係法」(qānūn-e ravābet-e mūjer o mosta'jer)である。後述するように、この法律は一九七七年と九七年に大きな改正を経た。[*6] 一九七七年の改正時に、名称が現行の「賃貸人・賃借人関係法」に改められた(以下、一九七七年関係法。資料1)。[*7] また革命後の一九九七年には名称こそそのまま残されたものの、法内容としてはかなり抜本的な改正が行われた(以下、一九九七年関係法。資料5)。[*8] 表4を参照されたい。[*9]

表4　サルゴフリー方式賃貸契約をめぐる法

法律の名称	制定年	留意点
調整法	1938年	司法省策定の運用上の規則第9条に「サルゴフリー」の語が登場
ミルスポー諸権限法	1943年	司法省策定の運用上の規則第9条で「用益の所有権」以外の賃借人の権利を認める
1960年関係法	1960年	「営業権」を定めた不動産賃貸借にかんする包括的法律
1977年関係法	1977年	1960年関係法を踏襲
1997年関係法	1997年	革命後の法制度見直しにより大幅改正

出所：筆者作成。

イラン民法における賃貸借

ところで、一九六〇年までイランには不動産賃貸借に関する包括的な法律は存在しなかったとはいえ、民法(qānūn-e madanī)には賃貸借(ejāre)に関わる一般原則が規定されている。サルゴフリーの制度を理解するうえでとりわけ重視すべき点として、イラン民法におけるイスラーム法の強い影響を指摘しておかねばならない。

イランの現行民法は、一九二五年にパフラヴィー朝（一九二五―七九年）が成立して本格的な近代化政策が始まった時期に定められた。一九二八年から三五年にかけて三期に分けて制定され、これまでに数次にわたる改正を経つつも、今日にいたるまで続いている。この時代（およびその少し前）には、欧米列強の攻勢に対抗するためにイランにかぎらずオスマン朝やトルコ共和国、日本などが西欧式の法体系導入や裁判制度の整備に乗り出した。イランでも刑法や商法、裁判法（訴訟法）などが一部にヨーロッパ人法学者の力を借りて相次いで制定された。

民法は後進諸国がとりわけ注意を払った領域である。ほんらい民法は婚姻や相続といった社会的ルールの基礎をなすたいへん重要な法領域をその範疇としており、いずれの国にも近代化以前からこれらの領域を律していた伝統法がある。それらを無視して外国から新奇の法律をやみくもに導入すれば混乱を招くことが必至であった。

イランの場合はフランス法、ベルギー法、スイス法などを参照しつつ民法典を編んだ。[*10] 伝統法であるイスラーム法は成文法ではないため、一九二八年初頭にイスラーム法学者を中心とする民法編纂委員会（heiʾat-e tadvīn-e qānūn-e madanī）が作られ、[*11] シャリーアに反する条項が挿入されることがないよう腐心されたという。したがってイラン民法はその構成や条文が部分的に外国法に似ているものの、[*12] 基本的に、とりわけ物権全般を定めた第一巻は十二イマーム派（emāmiye）の伝統的法理に拠っている。[*13]

イラン民法の賃貸借に関する章には、「モノの賃貸借（ejāre-ye ashyāʾ）」「動物の賃貸借（ejāre-ye heivānāt）」「ひとの賃貸借（ejāre-ye ashkhās）」などと題する節が並んでいる（「ひとの賃貸借」とは、労賃を支払って人を雇用することを指している）。本書が取り扱う不動産は、このうち「モノの賃貸借（ejāre-ye ashyāʾ）」として規定されている部分に含まれる。不動産に限らずモノ全般に適用されることは言うまでもない。

さてイラン民法では賃貸借契約は次のように定義されている。

「賃貸借とは、それによって賃借人が賃貸物の利用収益（manāfe'-e 'ein-e mosta'jare）の所有者となる契約である」

（イラン民法第四百六十六条）

「モノの賃貸借において賃貸期間を確定しない場合、その賃貸借は無効である」

（イラン民法第四百六十八条）

すなわち、誰かから何かを賃借するということは、期限を区切って借り主がそのモノの利用収益の所有者になることであるという意味だ（前章でふれたケシャーヴァルズの指摘は、まさに従来のイラン法体系において、賃借人にはこのような「賃貸契約期間に限った利用収益の所有権」が与えられるのみであったことがその前提となっている）。ただしモノ自体はあいかわらず貸し主が所有している。この場合、イスラーム法ではモノ自体とその利用収益[*14]とにそれぞれ所有権が成立すると考えられている。[*15] したがって賃貸契約の期間中に限っては、モノ自体の所有者と利用収益の所有者とがそのモノにたいする支配をめぐっていわば併存すると想定しても差し支えないということになる。これは本書の後の章における議論にとってきわめて重要な点である。

第2節　営業権の登場

「営業権」とは何か

さて前述のとおり、一九六〇年関係法の条項にはそれまでにはなかったあたらしい権利が登場した。

同法は、店舗の店子に与えられる権利として「営業権（haqq-e kasb o pīshe yā tejārat）」を明記し（第十七条）、また店子はこの権利を同じ業種の商人に有償で譲渡することができる、という内容が盛り込まれた（第十八条）。

また同法の第十一条によれば、この営業権[*16]とは次のような内容を含んだ価値を有するものであった。

「営業権の金額については、以下の諸点に鑑み裁判所が決定するものとする。1．営業用の場所の立地・地の利。2．賃貸契約書において賃貸人もしくは賃借人に与えられた諸特典の観点から見た賃貸借の条件と質。3．その賃貸物件で賃借人が営業に従事した期間と、上記の場所の有名性に影響していると考えられる彼の良き評判。4．建物の種類に鑑みた賃貸の場所の面積。5．賃借人が、戸棚の造作、必要な備品の調達、そのほか内部の装飾など、上記の場所の整備のために負担した費用。6．賃借人の営業の種類」

（一九六〇年関係法第十一条）

店舗の立地や、契約の条件などに加え、店子がそこで商売を行った期間や、その間に獲得した評判などが加味される。しかもそれを同業者に売ることができるとなれば、あたかも「良い場所」をめぐって商人たちの間でやり取りされたプロト・サルゴフリーを念頭に置いたかのような規定である。条文から、「営業権」とはまさにサルゴフリーのことである、と受け止める者がいても不思議はない。

ところが、同法の第十八条の注にはこんな規定もあった。

「賃貸契約書において他者への移転の権利が剝奪されている状態で、賃借人が賃貸物件の利用収益を他者へ移転したいと欲し、マーレキがこれに同意しない場合には、この法律の規定にしたがって、賃貸物件からの立ち退きの代償として賃借人に営業権が支払われなければならない」

（一九六〇年関係法第十八条注）

つまり、店子が営業権（サルゴフリー）を他者へ売ることに地主が同意しない場合（地主自身がそこで商売をする場合を含む）には、地主その人が店子に対して営業権を補償すべし、という趣旨である。

ここには、まさしくかのミルスポー諸権限法規則第九条の精神が、賃借人の権利「営業権」として体現されている。すなわち営業権はプロト・サルゴフリーとは異なり、店子が店舗を退去する際には土地・建物の所有者である地主がそれを彼に支払わねばならない金銭として規定されたのである。

これまで商人たちが「良い場所」の選定の際に勘案してきた「店の立地」「賃貸契約の条件」「店子がそこで商売をした期間と彼の名声」「店の面積」「店子が付けた収納や備品・装飾」「店子の職業の種類」などといった店のサルゴフリー価を構成する要素は、そのまま営業権へと継承されたが、さらにそれを、今度は地主が店子に補償しなければならなくなったのである。

このように見ればすなわち一九六〇年関係法の営業権とは、プロト・サルゴフリーとミルスポー諸権限法規則とが融合して生まれた、イランの商業不動産賃貸借契約におけるまったく新しい権利だったということが分かる。

議員たちの反応

この営業権というあたらしい賃借人の権利は、はたして議会ではどのように受け止められたのであろうか。一九六〇年関係法の法案が第十九国民議会で審議されたときの議事録には、次のようなやり取りが残されていた。[*17]

一九五九年六月二十一日（一三三八年ホルダード月三十日）の議会において、ダードファル（Dādfar）議員[*18]が法案の営業権条項について以下のように確認している。

「サルゴフリーの考え方というのは、この法律によると、賃借人がある場所を賃借して商売に勤しみ七、八年も苦労すれば、彼の労苦と資本投下の結果、その場所における彼の名声が確立し、これが評価と売買の対象になるということですね。[*19]」

これに対し司法委員会広報官アミーディーヌーリー（'Amīdī-nūrī）[*20]は次のように述べている。

「この法案においては、これまでサルゴフリーが認知されていなかったことが想定されております。この法案において、我が国における賃借人の権利というものを知らしめるために、これを認知したというわけです。[*21]」

ここで二人が、一九六〇年関係法法案には「サルゴフリー」の語はいっさい登場していないにも拘わらず、条文の「営業権」を「サルゴフリー」と言い換えて議論していることに注意されたい。司法委員会広報官はそれを「我が国における賃借人の権利」だと説明している。つまり店子の立場を擁護するという立法趣旨であることが分かる。

さて先に見たとおり、法案の第十一条では、営業権の金額は、（A）物件の立地、（B）賃貸条件、（C）賃借人の営業期間と彼の名声、（D）物件の面積、（E）備品や装飾の費用、（F）賃借人の業種の六つの要素を規準として決定されるものとしている。[*22]「賃借人の信用・名声の価値」というやや大雑把な表現だったミルスポー諸権限法規則よりも、かなり具体的である。

ところが、この規準に対し一九五九年十二月二十九日（一三三八年ディ月七日）の議会でサッラージヘジャーズィー（Sarrāj-hejāzī）議員[*23]は次のように批判している。

「……これらの（営業権の額を左右するとされる）要素はすべて賃借人の利益を引き上げるものです。営業施設のある場所の立地（規準A）とおっしゃいますが、ラーレザール通りでは街の南部に比べればサルゴフリーが高いのは当然です。また賃貸契約において賃貸人と賃借人に対して示されているさまざまな特典などの観点から見た賃貸条件（規準B）といっても、そうした特典はさほどの影響は持たないはずです。賃貸人と賃借人とは平等ではありませんか。……」

「……たいした費用ではないのに、十年二十年と経つうちに、賃借人がわたしから借りて、装飾を施したり棚を作ったりした店の値段は、メルクそのものよりも高くなっていることに、やがて賃借人は気づくでしょう。……」

「……国中に困窮している賃借人はたくさんいます、しかし困窮している地主もたくさんいるのです。」

「……結果としていま店舗に入居している一部の賃借人たちはおのずと地主になってしまうことでしょう。もうひとつの大きな問題もあります。もはや誰一人、建物を建てようとはしないでしょう。[*24]」

サッラージヘジャーズィー議員は、一九六〇年関係法法案における営業権条項が過度に店子寄りで、この法案にあるような規準が採用されれば、地主にとってははなはだしく不利益になると主張している。

サッラージヘジャーズィー議員の意を汲むとすれば、このような具合だろう。現時点ですでに賃借されている店舗の地主と店子との間では「店子の営業活動の結果としてサルゴフリーの額が大きくなり」かつ「それは地主が補償せねばならない」といった事態はまったく想定されていない。このような条項が挿入されれば、サルゴフリーがさらに膨張し今すでに入居している店子の既得権益が絶大になる。一方で地主は金輪際、賃貸用の店舗の建設には踏み切らないであろう。

このやり取りからも明らかなように、法案にある営業権とはサルゴフリーのことであり、サルゴフリーがいよいよ法律によって律されることになる、と議員たちは理解していた。前述したとおり、ダードファル議員は法案の「営業権とは何のことか」と問うことすらなく、それをサルゴフリーと置き換えて議論していた。ほかのいずれの議員も、法案にある営業権とはサルゴフリーのことだという前提の下で発言している。

また法案の趣旨説明にあたる司法委員会広報官アミーディーヌーリー氏はその発言のなかでしばしば、「サルゴフリーの権利は商売に結び付いたもの（haqq-e sar-qoflī marbūt be kasb）」、「（店子の）商売や仕事にたいするサルゴフリーの権利（haqq-e sar-qoflī nesbat be kasb o kār）」といった表現を用いているところを見ると、審議の当事者たちにとって用語としての haqq-e kasb（「商売の権利」の意）もけっして耳慣れないものではなかったと考えられる。[*25] アミーディーヌーリー氏は次のようなことも言っている。

「店子はサルゴフリーを自身の財産だと認識しているわけですが、そこにももちろんいくつかの考え方があります。サルゴフリーの権利は商売に結び付いたもの（haqq-e sar-qoflī marbūt be kasb）だと信じる人もいれば、場所が良いこと（marghūbiyat-e mahall）と関連があると考える人もおり、またその地点にたいして社会の関心があるか否かということと関連があると考える人もいる。[*26]」

つまり、審議に参加している議員たちが営業権条項を読み、店舗の立地や店子の名声といった営業権を構成する要素を確認し、なるほどこれはつね日頃慣れ親しんでいるサルゴフリーと同じものだと考えたのはごく自然なことであったように思われる。

一方で、この法案が彼らの重大な懸念を引き起こした背景には、当時のサルゴフリーをめぐる次のような社会状況があった。

第3節　一九六〇年関係法の時代背景

地主の関与

一九二七年時点のサルゴフリーは店子（商店主）たちの間で授受された金銭であったことは前章で見たとおりである。また一九三八年の議会議事録においても、店子どうしが随意にサルゴフリーをやり取りしている当時の様子が窺われた。すなわちプロト・サルゴフリーは、商人たちが自身の次にその店舗を使う商人たちから受け取った、法的な裏付けのない権利金に過ぎなかった。

じつは、一九六〇年関係法が制定される前夜の一九五九年時点においてすら、地主からきちんと許可をとることなく店子が入れ替わることはあいかわらず珍しいことではなかった。一九三八年の調整法第一条注において「この条項に基づいて更新される賃貸は、マーレキ、もしくはその代理人の許可なくしては、他者へ移転できない」と定められたにも拘わらず、[*27] 一九五〇年代末に至ってもこうした店子間のサルゴフリーのやり取りには大きな変化は起こっていなかった。

一九五九年十二月三十一日（一三三八年ディ月九日）の議会では、法案の第十七条に関する議論があった。第十七条（資料4を参照）は「（営業用の場所の）の移転は公正証書をもってすること」を条件づけている。[*28] この規定に疑点を見たサドルザーデ（Sadrzāde）議員[*29]は次のように述べている。

「……公正証書の作成をもってこの権利が移転可能となる、とおっしゃいますが、その場合次のような問題が起こるように思われるのです。すなわち、賃借人がサルゴフリーの権利が生じるような場所を第三者に移転すると、地主と賃借人ではなくて三人、つまり地主と、現在入居している賃借人と、そして自分はそこに収益と営業の権利（haqq-e bahre va kasb）を持っていると主張する被移転者とが関わることになり、頭痛の種が増えるでしょう。というのも、法案には、店舗に居る者はみな無条件にこの収益の権利を持つ、かつ彼は公正証書をもってそれを他者へ移転できると書いてあるからです。……しかし本人がそこに居座ってごらんなさい、あとになってきっと問題になる。[*30]」

サドルザーデ議員のこの指摘には鋭いものがあった。彼は次のような事態を想定していた。地主からある場所を賃借した店子が、公正証書をもってその場所の営業権を第三者に移転する。しかしあいかわらず元の店子がそこで営業を続ける。法案によれば実際の入居者には権利が生じるとあるから、ひとつの店舗における収益・営業の権利（要はサルゴフリーのことを指しているのだと思われる）を持つ者が二人となって混乱するのではないか、と危惧しているのである。地主の許可なく勝手に店子が入れ替わるなど、とかく融通無碍（ゆうずうむげ）なイランの流儀を知る者であればこの懸念は正当である。

この質問に対して提案者である司法省次官（moʻāven-e vezārat-e dād-gostarī）アーメリー（ʻĀmelī）博士[*31]は次のように答弁した。

「……申し上げたように賃借人はあくまでも次の賃借人にこれ（営業権）を移転できるのです。なぜなら移転は賃貸契約期間中にのみ可能だからです。移転は賃貸契約期間中に可能だという点に留意していただいて、また契約期間が終わった段階で賃借人が権利を移転したければ、まず契約を更新し、新しい賃貸料を設定し、それから移転すればよいわけです。[*32]」

アーメリー博士は、法案に規定されている営業権があくまでもそこで営業する店子に対して移転することのできる権利であると説明し、サドルザーデ議員の心配を一蹴している。さらに博士は以下のように続ける。

「したがってあなたがおっしゃるような、賃借人が収益と営業の権利（haqq-e bahre va kasb）を一人に移転し、メルクの利用収益を別の一人に移転する（別の一人がその店舗を使用するという意味）というような事態は、この規則の下では起こらないでしょう。この条項はもちろんなくてはなりません。というのもメルクを移転する者は必ず公正証書に拠らねばならない、なぜなら地主はつねに一人の賃借人と対峙し、それが誰かを知っていなければならないからです。……[*33]」

この二人のやり取りから次のようなことが分かる。質問したサドルザーデ議員は、店舗の店子が第三者に書面上は営業権を移転しても、あいかわらず元の店子が居座りつづける事態を想定している。アーメリー博士の説明は店子が別々の二人にそれぞれ書面上の営業権と店舗を実際に使用する権利とを譲渡するようなケースになっており、質問と答えとが若干食い違っているが、いずれにせよ話の焦点は同じところにある。すなわちサドルザーデ議員もアーメリー博士も「書面上で営業権を持っている者と実際に店舗に入居している者とが異なっている」というような事態について話しているのである。

これは当時の多くの店舗で、地主に連絡して賃貸契約当事者の名義を変更するなどという律儀な手続きを踏まずに店子が入れ替わっていたことを、この両者も知っていたからにほかならない。だからこそアーメリー博士は、営業権の移転は公正証書に拠るべしという規定を含んだこの関係法が施行されれば、賃貸人と賃借人との関係はつねに一対一であり、営業権の移転はすなわち賃貸契約の新たな結び直しとなるはずだ、と説明しているのである。ちなみにこの議論のなかでアーメリー博士が「営業権の移転は賃貸契約期間中にのみ可能」だと強調したのは、言うまでもなく前述したイラン民法第四百六十八条に定められた「賃貸借」の原則にのっとってのことである。すなわち、期限を区切らない賃貸借は無効であるからだ（もっとも、このとき制定された一九六〇年関係法および一九七七年関係法ではともに、この点に関連して重大な法的不備が残され、のちにそれがイスラーム法学者たちの批判を浴びることになる）。

こうしたやり取りからは、一九五九年時点でもあいかわらず店舗の店子が、地主の許可なしに次の店子に店舗を引き渡すケースがよくあったこと、また地主と店子との契約関係は今日のように書面をもって随時更新されてはいなかったことが窺われる。

賃貸契約書が形骸化してしまい名義変更がきちんと行われていなかったということは、契約期間も同様に等閑に付されていたであろうことが推測される。同法案の第十八条（資料4を参照）には、営業権移転は新しい契約期間が元の契約期間と重なっていないことを条件とする、という規定があるが、[*34] これについて同日（一九五九年十二月三十一日）の審議でヘダーヤト（Hedāyat）議員[*35]は図らずも次のような発言を残している。

「目下のところ、テヘランにある店舗の大部分は、賃貸契約期間が過ぎている。法案によれば、契約が満了すれば賃貸契約の更新は法律に基づいた手続きによって行われなければならない。そうすると賃借人はすでに過ぎてしまった期間についてはサルゴフリーの権利を行使できなかったということになります。したがって、サルゴフリーの権利の認知とその条件付けは、わたしから見ると正しくないように思えます。実際、権利を与えながらもそれを妨げている。……」[*36]

ヘダーヤト議員は、賃貸契約期間が切れてしまった店舗で店子がそのまま営業を続けることが常態化している実態に鑑みれば、この法案が、あたかも契約更新が几帳面に行われていることを前提としているのはおかしいのではないかと言っているのである。巷の現実から法案の内容があまりにも乖離していることに、懸念を表明したものと言える。

往時の地主

このように、一九五〇年代末に至っても地主の許可なく店子が入れ替わることはいまだ珍しいことではなかった。商人たちの間ではいまだ前時代の慣行がその残照を宿していたこの時期についての、ひじょうに興味深い聞き取り調査の記録がある。終わりつつあるプロト・サルゴフリーの時代を、自分の目で見ていたある商人の思い出――それは一九五〇年代半ば頃のこと――である。

アゼルバイジャン地方ホイの出身であるインフォーマントFF氏は、一九四〇年生まれである。[*37] 一九五〇年代半ばにテヘランへ移住し、大バーザール内で見習いとして働き始めた。一九六〇年代から繊維、電化製品などの卸売業者として大バーザールを拠点に活躍した。

「五十年前には、最初は、サルゴフリーはこんなふうではなかった。とても少なかったのです。この辺りなんてまったくサルゴフリーはありませんでした。ただ貸していたんです。五十年前にはイランの人口は、おそらく千四百万くらいだったでしょう。[*38] その当時は今ごらんになっているこれらの店は、みんなただの賃貸でした。

一人が出ると次が来る。商売も現在のようではなかったですから、サルゴフリーだって価値はなかった。……今あなたが例えばアパートを借りようとすると、その周辺を見て、みなどんなふうか、暮らしやすそうかを見て、暮らしにくそうなら他へ行って借りるでしょう？　当時はそんなふうでした。」

「ある特定の場所にだけ、サルゴフリーが生じていました。数が限られていて、すごく良い場所だった場合にだけ、人がその店子のところに来て、「ここを百トマーンで空けてくれないか、俺が借りるから」と。」

「五十年前は、地主は全然関係がありませんでした。というのも、（サルゴフリーの）額が注目するほどでなかったからです。地主はそんなものを重視しなかった。例えば今あなたが日本で、道を歩いている。道に一セント落ちているのを見る。誰もこれに注意しません。誰も拾いません。価値がないでしょう、一セントには。しかし少し先へ歩くと百ドルが落ちている。どうする？　拾うでしょう！　良い例でしょう？　当時（のサルゴフリー）もこの一セントと同じだった。」

「もちろん当時もここは商業地区でした。客も来たし、駱駝で荷を運んできたものです。（店の）価値はそれなりにありましたが、今のサルゴフリーのようではなかった。ひとびとはどんどん借りる場所を替えたものです。店はたくさんあって、人口は少なかったですから。[39]」

「当時、地主と店子との間でサルゴフリーの受け渡しはされませんでした。」

「……あの頃ここで一、二軒の店が売りに出て、そのサルゴフリーは百トマーン[40]でした。（当時のサルゴフリーは）意味はなかったんですよ。ただ一番目の店子と二番目とで話し合ったんです。地主も何も取りませんでしたよ。額が何しろ少なかったですから。」

「このことも言っておきましょうか。当時のメルクの持ち主という人たちは、育ちの良い人たちでした。当時の慣習では、地主が店子に「これだけしてやった」などと恥ずかしくて言えたものではありませんでした。例えば店を貸して、ところがこの店子が（何かの事情で）商売をしないとなると、家賃も一年間取らなかった。当時の関係はそんなふうでした。」（ペルシア語原文音写資料14）

店子が地主に断りなく店舗を譲り渡し、その見返りにサルゴフリーの名目でいくばくかの金銭を受け取るのが当時の慣例であった。FF氏の話から、店子たちの間でそうした金銭のやり取りがあることを地主は知っていたこと、それにも拘わらず地主はそれを黙認し、さしたる関与もしなかったことが窺われる。

またFF氏は、一部の店舗を除いてサルゴフリーは生じなかったと語っている。店はたくさんあり、人口は少ない時代であった。まさしくサルゴフリーは特別に良い場所だけにあるプレミアムだったのである。いまだサルゴフリーが地主にとって「取るに足らない」ものであり、地主と店子との間にはどこか余裕のある関係が残されていた。

1950年代のテヘラン・大バーザール。（©Mahmoud Pakzad）

第4節　プロト・サルゴフリー時代の終わり

上昇するサルゴフリー

ところがその一方で一九五〇年代も末にさしかかると、その直前の二、三十年間に比べ現実のサルゴフリーの存在感は大きく変化しつつあったことを、一九六〇年関係法案が取り上げられた同じ議会の議事録の他の箇所から読み取ることができる。町には人が増え、景気は右肩上がりであった。商売には好条件がそろっていた。人口増や急速な都市化の波に押し上げられるように、サルゴフリーの経済的価値（すなわち市場価格）が年を追うごとに膨らんでいった。

以下に見る一九五九年の六月二十一日（一三三八年ホルダード月三十日）の議会における前出のダードファル議員の発言は、この当時すでにサルゴフリー価の高騰が始まりつつあったことを示している。

「……往々にして、サルゴフリーの額がメルクの価格よりもかなり大きいという事態が見出されます。わたくしはこれを不公正であると考えます。このサルゴフリーを規制すべきです。例えば、サルゴフリーの額は少なくともメルクの額を超えてはならない、というように。[*41]」

農村からの人口流入や好景気を背景に、テヘランの賃貸不動産一般の家賃水準は急激に上昇していた。そうしたなかダードファル議員の指摘するように、店舗のサルゴフリーの価格もまた高騰し、店舗の土地・建物そのものの価格を超えるほどの高額で取引されていたケースが出始めていたことが分かる。

もっとも、議員の言葉からは当時はそれが異常事態と考えられていたことも窺われる。今日ではサルゴフリーの価格がメルクのそれに比べてきわだって高額なのは当たり前のことであるが、この頃には、サルゴフリーの価格はメルクの価格よりも安いものだとする認識がいまだ一般的だったのである。

サルゴフリーに介入する地主の出現

ところで前章の最後に、ミルスポー諸権限法規則からはミルスポー博士が去ったあと「賃貸人は賃借人の信用・名声の価値に対して一定の額を賃借人に支払う義務を有する」というくだりがいったんは削除されたことを述べた。これは、従来のイランの賃貸人・賃借人関係のあり方から見て「地主に支払いを義務付けること」という規定にたいする反発が強かったことを示していると考えられるが、これがなぜ再び営業権として一九六〇年関係法に復活することになったのであろうか。イスラーム法の原則を超えて、賃借人に特定の権利――しかも金銭的価値に代替され得るような――を認めるような法文が挿入されることになったのは、なぜなのだろうか。

ここにひとつの興味深い史料がある。一九六〇年関係法の制定に先立つ一九五五年、第十八国民議会でのことである。一九五五年十二月二十日（一三三四年アーザル月二十八日）の議会の冒頭に、ハッラーズィー（Kharrāzī）議員が、[*42]議会が早急に取り組むべき課題について述べた。そのうちのひとつがサルゴフリーに関する問題であった。

彼は「サルゴフリー問題」が賃貸人と賃借人との間で紛争を生んでいるとし、政府も事実上これを認めているにも拘わらずきちんとした法律が制定されていないことが不適切だと主張している。この時期は、一九四五年十月に再改正されたミルスポー諸権限法規則が不動産賃貸借に関する唯一のガイドラインであったことは上述のとおりである。ハッラーズィー議員はこのように述べている。

「いまではこんなことも慣例になっています。もし誰かが彼の持つサルゴフリーを売れば、多くの地主たちは彼からちょっとした報酬を取ります。また、商売のために新しく建設される建物ですと、しばしば地主自身が店舗や商館の賃貸のためにサルゴフリーを取り、それから貸すのです。……場所によってはしばしばメルクの価格よりも高くなっているサルゴフリーの問題についてぜひお調べいただき、規則を定め、議会でも法律のリストに載せるべきです。[*43]」

ここでいま一度、大バーザールのインフォーマントFF氏の話を思い起こされたい。彼の述懐では、一九五〇年代半ばのサルゴフリーは店子どうしの間でだけやり取りされた金銭であったとされている。しかし上に見るとおり、ハッラーズィー議員が入手していた情報では一九五五年末の時期には早くも地主が店子間のサルゴフリー授受に介入し、報酬めいたものを受け取っていたこと、また契約の当初に第一の店子からサルゴフリーの代価を得ていた事例があることが窺われる。

国民議会の代議士であるバーザール商人ハッラーズィー議員のもとに持ち込まれる情報であることを考慮すれば、ここはとりわけ先進的な（すなわち突出してサルゴフリーが高い）場所であったものと推測される。サルゴフリー価がどんどん上昇していく過程で、地主たちは自身の持つメルクの価値に気づき始めていた。FF氏は「（サルゴフリーの）額が注目するほどでなく地主はそれを重視しなかった」と語ったが、この頃にはそうした時代はすでに終わりを告げつつあったようである。

また一部にこうした地主たちが登場するのには、いまひとつの背景もあった。

一九四五年に再改正されたミルスポー諸権限法規則の第六条には、次のような規定がある。

「この規則が適用される不動産の賃貸料（mail-ol-ejāre）の最高額はいかなる場合においても、一三二一年エスファンド月一日（一九四三年二月二十日）時点で賃貸されていた類似のメルクの実際の賃貸料（ejāre-ye haqiqī）を超えてはならない」[*44]

つまりこの当時（一九四〇年代半ばから五〇年代）の月額賃貸料は、インフレ抑制を至上命令とするミルスポー諸権限法規則によって、一九四三年時点での固定額とされていたのである。後述するように、一九六〇年関係法がインフレ率を勘案した月額賃貸料の改正を可能にするまで、地主は賃料を上げることがいっさいできなかった。こうした状況に鑑みれば、地主が、かたや上昇していくサルゴフリー価を眺めつつその一定割合を店子に要求する、あるいは月額賃貸料を増額することができないためインフレ対策として最初にまとまった金額を（サルゴフリーという名目で）受け取っておく、といった対策をとることは十分に考えられる。

サルゴフリーの経済的価値の膨張に目をみはった地主たちが、次第に介入の度合いを強めていく過程は想像に易い。ほんらいは店子どうしの間での金銭であったサルゴフリーに地主が口を出しはじめ、そればかりかサルゴフリーの名目で第一の店子から（月額賃貸料以外の）金を取るようになってきたのである。ハッラーズィー議員が指摘していた「サルゴフリー問題」というのは、サルゴフリー価の上昇に伴って、すでに地主と店子の伝統的な関係に変化が起こりつつあり、とりわけ地主がサルゴフリーの授受に介入するようになったことを示唆している。

かつてであれば、サルゴフリーをめぐる金銭授受には地主が関与していない場合が多かったため、例の「賃借人の信用・名声の価値に対して一定の額を賃借人に支払う義務を有する」というくだりは地主にとって不当に過ぎるという反発があったとしてもおかしくはない。しかし次第に、店舗の入居の際にまとまった金額を店子から地主が取り始めたのだとすれば、その退去にあたって地主からなんらかの補償が店子に与えられてしかるべきであると考えられたのではなかろうか。ミルスポー諸権限法規則からいったんは削除された「賃借人の信用・名声の価値に対して一定の額を賃借人に支払う義務を有する」というくだりが、一九六〇年関係法において営業権として復活することになったのは、こうした事情を背景としていると思われる。

一九六〇年関係法の法案趣旨説明にあたる司法委員会広報官アミーディーヌーリー氏は議会で図らずもこのように述べている。

「地主だけが、いつでも店子を追い出し、そのあと誰かにサルゴフリーを売って店を貸し、月額賃貸料まで上げることができるような権利を持つべきだというのなら、それは店子にたいする暴虐です。今日の世界では、社会の関心はひとびとの諸権利がいかに認められるかという点にあるのですよ。[*45]」

社会的公正（‘edālat-e ejtemā‘ī）の実現を期してこの法を施行すべきだと広報官は強調している。結果として一九六〇年関係法では地主にたいし、一方で月額賃貸料の適正な変更が認められ、他方では賃借人の持つ営業権の補償義務が課されることになった。そしてこの規定こそが、サルゴフリーはもはや昔のようではなくなったという事実を決定的なものにしたのである。

第4章　制度の変容

第1節　サルゴフリー授受をめぐる法制度の確立

関係法の諸規定

一九六〇関係法の制定は、プロト・サルゴフリーの時代を終焉へと導きそれ以前の時代との間に一線を画した。営業権の登場が、イランにおける店舗の地主と店子との関係をどのように変えていったのであろうか。それはまさしく、ほんらい商人の間の慣行であったものが「法」の領域に取り込まれる過程であり、ひとびとがひとつのルールとして認知し実践もしていたいわば「非国家的秩序」に国家が干渉して作り出した新ルールが、軋(きし)みながらも定着していく過程であった。本章では、サルゴフリーをめぐるひとびとの行動様式の変化に焦点を当て、制度全体の変容の軌跡を追うことにしたい。

関係法の条文には、「サルゴフリー」という語はいっさい出てこないものの、現実の賃貸借契約では、条文にある営業権をサルゴフリーと読み替えて、制度が運用されていくことになった。今日でも多くのイラン人は、この二つは同じものであって、サルゴフリーの法律上の呼称が営業権であると考えている。この営業権規定を前提として、プロト・サルゴフリーは、（幾多の係争を引き起こしながらも）新しいサルゴフリーへと変容していった。

その変容のプロセスを論じる前に、以下では、ひとまず関係法の営業権規定を詳しく見ることによって立法者の意図と制度設計とを考えてみることにしたい。

一九六〇年以後、関係法は幾度か改正されていることはすでに述べた。一九七七年関係法では、一九六〇年関係法の趣旨をおおむね踏襲しながら、それぞれの条項がより具体的で、詳細なものになっている。

またイラン革命後の法制度見直し気運の下で行われた一九九七年の改正では、営業用物件の賃貸契約に関わる諸規定をはじめ大きな変更が加えられた。これはサルゴフリーの制度にも甚大な影響を及ぼすものであった（これについては次章で詳しく論じる）。

今日のイランで結ばれるサルゴフリー売買を伴う店舗の賃貸契約の多くには、じつは最後に改正された一九九七年関係法ではなく一九七七年関係法における諸規定が適用されている。これは一九九七年の改正時に、社会的混乱を避ける目的で改正条項の適用範囲が、同法施行以後に初めての契約を結ぶ物件に限られたためである。

すなわち第1章で詳解したような、制度の変容の**のち**に現れた今日のサルゴフリーの制度は、その法的な枠組みを一九七七年関係法に拠っていると言える。したがって、ここでは一九七七年関係法の規定を取り上げることとしよう。

一九七七年関係法は六節三十二ヶ条から成る（資料1を参照）。一九七七年関係法の条文には「営業権とは何か」という定義は見当たらない。前章に見た一九六〇年関係法第十一条にあるようなサルゴフリーの価格に影響しそうなさまざまな要素を羅列した条文はなく、係争時の価格決定は不動産鑑定士に任せることになっている（一九七七年関係法第十八条[*1]）。

一九七七年関係法においてサルゴフリー方式賃貸契約に関わる規定は、主として第四節の「賃貸借の解消および賃貸物からの立ち退きにかんする諸事項」および第五節の「営業権」に含まれている。

このうち、第1章で明らかにした、目下さかんに取り結ばれているサルゴフリー方式賃貸契約の運用実態を考える上で重要不可欠と考えられる条文に着目していこう。

店舗の用益権の転売

第十九条は、店子が店舗の用益権を転売することを以下のように認めている。

「営業用の場所の賃借人は、賃貸契約書に賃借人が他者への移転権（haqq-e enteqāl）を有することが記されていれば、同種もしくは類似の職業に従事する他者へ公正証書をもって賃貸物件の利用収益（manāfe'）を移転することができる」

（一九七七年関係法第十九条）

条文中の移転権とは、民法第四百七十四条によって店子に認められる利用収益移転のための権利のことである。第2章でふれたとおり、イラン民法第四百七十四条には、不動産にかぎらずあらゆるモノの賃貸借に関して「賃借人はそれを有償で転貸することができる」という規定がある。店舗の店子も、このような不動産の転貸権を法的拠り所にして、店舗を用益するための独占的権利を有償で他人に譲渡することができる。いわば、「利用収益の所有権」を移転し、その店で商売をするという条件で店を借りた店子の立場そのものを売却することができると解されているわけである。すでに見たように、商売をしていた店子がその店舗から撤退するときには、店子はサルゴフリーを次の店子に転売することができる。賃借人は店舗の利用収益を有償で他人に譲渡することができるとしたこの第十九条の規定が、事実上サルゴフリーの転売を認めた条文である。

地主の了解

また、第十四条には次のような規定がある。

「（賃借人が）定められた方法で次の賃借人と契約書を取り交わすことなく、仲介するかたちで事実上それを他者へ引き渡した場合」には「賃貸人は賃貸借の解消命令もしくは立ち退き命令の発令を裁判所に求めることができる」

（一九七七年関係法第十四条）

つまり関係法は、店子が入れ替わる場合には必ず、地主の了解を得て新たに賃貸契約書を取り交わすことを義務付けている。プロト・サルゴフリー時代のような地主と店子（たち）とのいい加減な関係は、許されていない。一九六〇年関係法にも存在するこの条項のほんらいの立法意図は、店舗の賃貸人と賃借人との関係を一対一にすることによって、「又貸し」された第二、第三の賃借人の不利益を予防することにあったことは、前章での議事録のやり取りからも容易に推察される。

しかしこの条項が店舗の賃貸契約に及ぼしたもうひとつの興味深い効果があった。それは、店子どうしの間で勝手に行われていた交代とサルゴフリーの授受行為に、かならず地主が介在せざるを得なくなったために、ある新しい慣行が定着したことであった。それは地主に店子の交代を認めてもらい、新たな賃貸契約書を取り交わすプロセスを円滑かつ迅速にとりおこなうために、新旧の店子たちが地主に「同意金」なる金銭を支払うという慣行である。一九六〇年関係法の施行前にも、一部の地主がこうした金銭を要求していたことは前章でふれたが、それがすでに見たとおり広範に普及するしきたりへと変化したのである。

地主の義務

この同意金の支払いに法的な拘束力はないものの、それがどれほどの実際的な強制力を伴うものかを考える上で、第十九条の規定（抜粋）も注目に値する。

「賃貸契約書において他者への移転権が剝奪されているような場合、または賃貸契約書をまったく取り交わしておらずマーレキが他者への移転に不同意であるような場合には、（マーレキは）賃貸物件からの立ち退きの見返りとして、賃借人の営業権（の代価）[*2]を支払わねばならない」（一九七七年関係法第十九条）

つまり、地主が新しい店子に貸すことを拒否するのであれば、地主自身が営業権（の代価）を元の店子に支払わねばならないとする規定である。地主は店子の交代について「わたしは気に入らないから契約の結びなおしはしない」とごねつづけることはできない。もし決して新しい店子を認めないというのであれば、彼はみずから営業権（の代価）を支払わねばならないと法が定めているからである。すなわち地主は元の店子からサルゴフリーを買ってやり、彼に補償を与えねばならない。この規定がある以上、地主は同意金の支払いを店子に強要できるほど強い立場にはなさそうである。

営業権の縛り

このほかにも営業権にかんして地主に課せられた法的義務はきわめて重い。例えば地主は、建物を取り壊したり、自身がその場所で商売を始めたり、あるいは彼や親族がその場所に居住するというときには、裁判所を通じて店子に立ち退きを請求できる。しかしこれらいずれの場合であっても地主は営業権の支払いを免れない（一九七七年関係法第十五条)。

それどころか、店子が法律を無視して勝手に賃貸物件を誰かに引き渡し、地主がこれを裁判所を通じて立ち退かせる場合ですら、「賃借人もしくは占有者は、営業権(の代価)の半分を受領する権利を有する」(一九七七年関係法第十九条注一)のである。この占有者というのは、契約を交わした当事者ではなく、地主のあずかり知らぬうちにそこに入り込んで商売をしているような輩を指している。

これらの条項がある以上、店子と店舗の賃貸契約を結んだ地主は、サルゴフリーを買い戻す金銭的準備がなければ、店子においそれと立ち退きを請求できないことが分かる。

月額賃貸料

このほかに、月額賃貸料にかんして定めた第四条も注目に値する。

「賃貸人および賃借人は、生活費の上昇や下落に応じて、賃貸料の見直しを求めることができる。ただし、賃貸契約期間が切れ、賃借人が賃貸物を使い始めた日もしくは賃貸料の決定・改定に関する判決が確定した日から、満三年が経過しているものとする。裁判所は、不動産鑑定士の意見に鑑みつつ当該時点の適正な価格によって賃貸料を改定する」

(一九七七年関係法第四条)

この条文に基づけば月額賃貸料は三年に一回だけ変更が認められ、かつ改定の幅にも「当該時点の適正な価格」として事実上限度が決められている。

第2節　新時代のサルゴフリー授受慣行

営業権登場後（一九六〇年代半ば）のサルゴフリー

これらの条文が今日のサルゴフリー方式賃貸契約の制度が成り立つ上での法的な根拠となっている。あとに見るように、何よりも現実の制度に影響を与えたのは、法律の制定によってサルゴフリーの授受慣行のなかに地主までもが当事者として巻き込まれる可能性が生じたという点であった。

ここに一九六〇年関係法が施行されたあとに地主と店子との関係がどのように変化しはじめたのかを、より具体的に示す聞き取り調査の記録を付そう。

まだのどかな雰囲気の残る1940年代末のテヘラン市内。（©Mahmoud Pakzad）

インフォーマントのAM氏は一九五一年生まれ、アゼルバイジャン地方出身の絨毯商である。[*3] 一九五〇年代に父親とともにテヘランに移住し、十代半ばから家業の手伝いを始めた。故郷タブリーズに絨毯工場を持ち、いわば製造卸として事業を営む伝統的なタイプの絨毯商人である。彼は一九六

○年代半ばの思い出を次のように語っている。

「(大バーザールには) 五歳の頃からおります。父がおりましたから、わたしも一緒に。私自身が働くようになってからは四十年か、四十一年というところです。(当時について) けっこういろんなことを覚えていますよ。」

「当時は、店子は通常地主に断りなくサルゴフリーを売っていました。(サルゴフリーは) 金銭的な価値がなかったですから。つまり、この店舗は、今のような価値を持っていなかったのです。ええ、大バーザールであってすら。あとになって建物を建て、ひとびとがここへ来て商売をやりはじめ、仕事が増えて、だんだんに、あなたの言うようなことが起こるようになりました。」

「昔は、わたしがあなたに一筆書いて、「この店はあなたのものです」と。その頃は法律に力がなかったですから。ええ、一番目の店子が二番目 (の店子) に売っていました。……(地主はそれを) 知ってはいましたよ、ただ、金銭的な価値はなかったですから、(地主は) 特に言わなかったんでしょう。例えばひとつの店が千トマーン[*4]です。このうちの五トマーンよこせだの十トマーンよこせだのというほどの価値はなかった。店子が勝手に一筆書いて、入れ替わったものです。……今は私が店を売れば、地主から許可を取らねばならない。地主も自分の取る金に対して税金を支払う。サルゴフリーにも課税、地主が私から取る金にも課税です。法律はこうなったのです。」

「(当時の地主は最初の店子に) サルゴフリーを売っていました、少額ですが。月額の賃貸料も取っていました。サルゴフリーも取り、賃貸料も取る。」

「(当時は) わたしがあなたに店 (のサルゴフリー) を売って、それで終わりでした。(地主には) 何も払いませんでした。……(地主は) 知っていましたよ。というのも (店子の) 領収証には、毎月一トマーン (の賃貸料) を、次からはこの人が払いますと書かれている。その時にはもう一番目（の店子）はいなくなっている。しかし二番目（店子）がメルクの持ち主のところへ行って、一番目との契約を無効にし、二番目、三番目となったのです。」

「私が覚えている四十年前までは、店子が二番目の店子に一筆書いて、「私はこの店を千トマーンで某に売りました」と。この書き付けを地主（arbāb）のところへ持っていって、そのあとは二番目の店子が賃貸料を地主に払ったものです。これは昔からありましたよ。覚えています。わたしたち一家はタブリーズにも店を持っていましたが、これ（サルゴフリー）を他の人に売って、一筆書きました。二人が署名すれば、それで受け入れられたものです。簡単なものでした。」

（ペルシア語原文音写資料15）

AM氏も当時のサルゴフリーが少額だったことを強調している。彼は物価水準を反映させた厳密な比較を行っているわけではないが、少なくとも地主にとって顧慮すべきような高額には達していなかった、と主張している点が興味深い。前章の一九五九年六月二十一日の議会でダードファル議員が指摘したような、サルゴフリーの価格がメルクのそれを上回るような事例は、一九五〇年代はもちろんのこと六〇年代にもまだかなり限られていたと考えることができそうである。

ところが、事情が大きく変わってきている部分もある。前章に挙げたFF氏からの聞き取り調査では、一九五〇年代半ばには、サルゴフリーはあくまでも店子どうしの間でのみやり取りされるべき金銭であったことが語られていた。これに対しAM氏は、一九六〇年代半ばにはすでに地主は契約の当初に第一の店子から（少額ではあるもの）サルゴフリーの代価を得ていたと語っている。これは前章で引用したハッラーズィー議員の発言中にも指摘のあったこの時期のあたらしい現象であった。

この違いが、制度形成プロセスを解き明かす大きな鍵となる。場所によってはサルゴフフリーがメルクを価格の上で凌駕しはじめていたという事実ともあわせ、サルゴフフリー授受慣行の緩やかな変質の過程について考えてみよう。

地主の方針転換

前述のように一九六〇年関係法では、ミルスポー諸権限法規則第九条の「賃貸人は賃借人の信用・名声の価値に対して一定の額を賃借人に支払う義務を有する」というくだり（の趣旨）が再び盛り込まれ、賃貸人に営業権の補償義務が課された。すなわち地主はこれ以降、契約を解消するときはサルゴフフリーを時価で買い取るよう店子から要求される可能性を排除できなくなったのである。

地主にとっては青天の霹靂(へきれき)であったことだろう。従来は店子たちが勝手にやっていたことに自身も巻き込まれる。もしそのメルクがひじょうな繁盛店であれば、不動産鑑定士は巨額のサルゴフフリー価をはじき出す可能性がある。サルゴフリー価が恒常的に上昇することが予想されるなかにあってこの事態は、地主にとって、ひとたび店舗を貸せばそれを取り戻すことはもはや随意でなくなったことを意味するものであった。

一九六〇年関係法第十一条の規定によれば、営業権の金額には、店子が商売に励んだ結果生じる価値が加算される。かりに店子がさほど事業に励まずとも、彼がそこで商売をしていた期間も勘案されるため、いずれ黙っていても店子の手にはいくばくかの価値が付加された営業権が残される仕組みであった。

そうであるならば、これまでのように漫然とメルクを貸して月額賃貸料を取るだけでは地主にとってむしろ持ち出しとなる可能性さえあることは言うまでもない。したがって抜本的に資産運用の方針を見直し、契約に際してその分をあらかじめ受け取っておこうと考える地主がいたとしても不思議はない。これは例えば店子が退去する際に、「営業権の支払い」を請求された場合の備えになる。ある程度まとまった金額であれば他所で運用することすら可能である。

すなわち営業権によって地主の立ち退き請求の要件が厳しくなり、彼の所有権が従来に比して実質的に大きく制限されるようになった。メルクを自由に取り戻せなくなってしまう以上は、あらかじめ店舗の予想利用収益の大きな部分をサルゴフリーの名目で受け取り、賃貸契約ではありながら、売却した場合と同等の経済効果を持つよう対策をとる必要がある。これが、今日のイランでひとびとが実践しているサルゴフリー売買を伴う賃貸契約へと繋がった、地主の重大な「方針転換」であったと考えられる。

一九六〇年代から七〇年代にかけては、イランを含む産油国が国際エネルギー市場における発言権を強めた時代であった。石油国有化を経てイランの石油収入は増加しつづけていたが、一九七三年の第四次中東戦争勃発時には、アラブ産油諸国の禁輸措置と石油価格高騰によってイランは未曾有のオイル・ブームを迎えることになった。[*5] この間、潤沢な財源を背景として政府は莫大な公共投資を行い、同時に公共サービスも拡大した。[*6] 都市部と農村部との格差が広がりつつも国民の生活水準全般は向上し、一九七七年の一人当たりGDPは六〇年のそれのおよそ三倍近くに達した。[*7] 人口の増えつづけていた都市部では先進工業諸国の製品が溢れ、モノが飛ぶように売れる商売繁盛期を迎えた。

上昇しつづけるサルゴフリー価を目の当たりにし、一部の地主たちには容易に理解できたはずである。もはや店舗の賃貸は一昔前のようではなくなり、今後はどんな法外な立ち退き料（すなわち営業権）を請求されないともかぎらない。貸せばもはや取り戻すことはきわめて困難である。そうである以上、契約時に店舗を売却したのと同程度の金額を取っておかねば大損害である。

このようにして、地主が契約当初に店舗の完全所有権価格に近い額のサルゴフリーを売却したうえ、その後も恒久的に少額の月額賃貸料を得つづけるという一見珍奇な賃貸契約が、徐々に形成されてきたものと考えられる。その過程では、ほんらいは店舗の店子が、次にその店舗を使いたいと希望する店子候補から受け取る権利金の単なる呼称であったサルゴフリーの語は「ある場所を用益する権利」へとその意味を変え、ひいては「サルゴフリーを売る」あるいは「サルゴフリーを買う」といった今日のイランではすでに一般的となった表現が使われるようになったものであろう。

もちろん、制度全体の変化はごく漸進的に生じたであろうことは想像に難くない。二人のインフォーマントがそれぞれ語ったように、一九五〇年代から六〇年代にかけてのサルゴフリーは今日から見ればまだ少額なものであった。これはプロト・サルゴフリーが店子どうしの間で授受された法的な裏付けのない権利金であったことや、法律としての営業権の導入が一九六〇年であることを考えればごく自然と言えよう。

第3節　地主と店子の攻防

暢気(のんき)な地主

制度形成のプロセスがそうすんなりと進んだわけではなかったことは、そうした法改正のあったことすら知らないたくさんの地主や店子の間で生じた、その後の係争の記録を辿ればなお明らかである。

一九九二年のある訴訟記録には次のような事例が見える。一九八〇年にある店舗の地主は店子からサルゴフリーを取らずに（すなわちハーリー方式のつもりで）入居させた。そののち契約解消にあたって、店子は賃貸人に対して自身の入居期間中に生じたサルゴフリーの買い取りを求めたが、賃貸人は契約当初にサルゴフリーの譲渡がなかったことを理由にこれを拒否した。

この地主は、巷では契約当初にサルゴフリーを売る地主がいることを耳にしていたが、自分の店は特に有名な場所にあるわけではないからと気にとめなかった。また、最初にサルゴフリーを売らなければその後もサルゴフリーは生じないものと勘違いしていた。ところが店子がサルゴフリー（営業権）を支払うよう請求してきた。

この係争に対し、テヘラン第二民事裁判所（dādgāh-e hoqūqī-ye dovvom-e Tehrān）は店子の主張を認めている。この判決は、「賃貸人・賃借人関係法第十九条に拠れば、メルクからの立ち退きの際には、いかなる場合にも、賃借人の営業権は支払われねばならない。またその大部分は、賃借人自身の名声や……その場所における名声の確立……から成る」ため、契約開始時に地主と店子との間でサルゴフリーのやり取りがあったか否かに拘わらず、地主は明け渡し時点での営業権評価額を店子に支払う義務があるという見解を示したものである。[*8]

店舗の営業権（の金額）というのは店子が入居した当初はゼロであったとしても時間の経過とともに発生・上昇し得る、またそれは多くの場合店子の働きの結果であるから、店子はその補償を地主に求めることが可能だというのである。その結果、地主は敗訴してしまったのである。

プロト・サルゴフリーと営業権とは、あとで論じるように、店舗の集客力に金銭的な価値があるという考え方に基づいているという点では通底していた。相違は「それを支払うのは誰か」という点にあった。プロト・サルゴフリーは新たに入居する店子が元の店子に支払うべきものであったのに対し、営業権は地主が退去する店子に支払うべきものとして規定されている。換言すれば地主には、商売上手な店子が店舗に付け加えたプレミアムの補償責任が課されてしまったことになる。

しかしひとびとの間では営業権とはすなわちサルゴフリーのことであると考えられているため、プロト・サルゴフリーと同様に地主には関係のない話だと軽視していた地主もいた。また多くの地主は、逐一最新の法律を確かめたりせずこれまでの慣例に則って手続きを踏んでいたため、「営業権」などという規定はあずかり知らなかったはずである。地主が営業権の支払いを命令される事例が増えるにつけ、地主にとっては店舗を貸す際の不安材料が大いに増した。月額賃貸料以外の金銭を受け取っていないにも拘わらず、店子から高額の立ち退き料を請求されるという事態がつねに起こり得るようになったからである。

迂闊な店子

一方で、きわめて狡猾に立ち回る地主も出現した。一九九五年、テヘラン州司法再審裁判所(dādgāh-e tajdīd-e nazar-e dād-gostarī-ye ostān-e Tehrān)における訴訟を取り上げてみよう。

一九九〇年、地主は契約書に「これは居住用物件である」と書き、事実上はオフィスビルであるところの一室を賃貸し、サルゴフリーとは別の名目で前金も受領した。店子は一年契約でそこを借り、コンピューターサービスの会社として使用していた。室内もオフィス用に作り替え、月々の家賃は会社名義で支払っていた。一年後、地主は期限が切れたからという理由で明け渡しを求めた。店子は「ここは、実態は営業用であり、自分は入居時にサルゴフリーを払っている」と主張したが、裁判官は契約書に居住用と書かれている事実を重視して店子の主張を退けた。*9

この判決は、当該物件が商業施設として使用されていることについては賃貸人・賃借人の双方が了解していたことを認めながらも、あくまでも契約書に商業施設の記載がないことをもって営業権の発生については否定している。この係争では、敗訴したのは店子の方であった。

世の中の地主がみな、このような計算ができるようになるまでには多少なりとも時間が必要であった。サルゴフリー売買を伴う賃貸契約は「営業権」の規定にかんする社会的認知を欠いた状態から出発し、混乱を生みながらも、次第に今日の形に変容していったのである。

したがって地主にとっては事実上、サルゴフリーの代価を取らずに月額賃貸料だけを請求する賃貸すなわちハーリー方式では、貸したくとも貸せない時代がしばらく続いたということである。

「（ハーリー方式の割合は）とても少ないですね。……というのも、（地主が）貸すのを怖がりますからね。イランには特別な法がありますから。」（K, 2004/8/18）

（ペルシア語原文音写資料16）

これは二〇〇四年に行った聞き取り調査での不動産業者の言葉である。後の章で論じるように、一九九七年の法改正後にあたるこの時期には、すでにこの不動産業者が指摘するような地主にとってのリスクは解消されていたが、彼はそれを十分に理解していなかった。そして店舗の賃貸には「営業権の発生」という大きなリスクが伴うものだという理解を、あいかわらず持ち続けていたのである。*10

店子の信用・名声の価値という概念

これまで見てきたようにサルゴフリーの制度にとってきわめて重要な営業権という概念は「賃借人の信用・名声の価値」を権利として認めたミルスポー諸権限法規則をその直接的な起源としている。ケシャーヴァルズはミルスポー諸権限法規則によって初めて「賃借人の信用や名声に基づく価値」という概念がイランへ導入された可能性を論じている。またそれが「場所」ではなく「個人」に属する価値である点が注目に値するとも述べている。

確かに、法律・規則の文言としてはそれが最初であった。第3章でも述べたとおり、イスラーム法に基づくイラン民法では店子には賃貸期間中の「利用収益の所有権」が認められるのみである。したがって貸し借りされるモノから離れて、店子に独自の権利が生じることを認めるようなこうした価値概念は、ケシャーヴァルズが指摘するように、イランの法律のなかでは異質な存在であったと言える。

しかしながらこの価値概念も、じつはイラン社会におけるひとびとの慣行のなかでは珍しいものではなかったことに、注意を払う必要がある。

なぜなら、店舗の店子どうしの間でやり取りされていたプロト・サルゴフリーは、人気のある店舗で商売を営んできた店子の投資や労力に鑑みて、そこを譲ってもらう代価として（かつては比較的少額であったとはいえ）支払われていたはずだからである。そこにはもちろん地の利のみならず店子個人の功績も反映されていた。したがって「賃借人の信用・名声の価値」という概念はイラン社会にとってけっして未知ではなかったのである。一九二〇年代、三〇年代の記録に照らしてすら、もはやそれはプロト・サルゴフリーの授受慣行の中にひとつの考え方として織り込み済みであった可能性は高い。

そもそもなぜ次の店子候補が、月額賃貸料のみならずエキストラの代金を支払ってまでその店舗に入居したいかといえば、そこが投資を補って余りある売り上げが見込まれる場所だからである。彼は店舗やその周辺を観察し、まわりの評判を聞き、店がどの程度繁盛しているか、どのくらい常連の顧客を持っているかなどについて見当をつける。その店舗がすでに獲得している「集客力」を総合的に判断して、この程度のサルゴフリーなら支払っても損はないという計算をしているはずである。そこはサルゴフリーを支払ってでも入居したい集客力に優れた場所なのである。

法律の上では店子の営業努力に報いるような独自の「権利」が認知されていなかったにせよ、ひとびとの慣行のなかでは認められていた。プロト・サルゴフリーは、人気のある店舗で商売を営んできた店子の投資や労力に鑑みて、そこを譲ってもらうことの代価として支払われたのである。その場所を明け渡す商人の営業力に見合うだけの、あるいはそれ以上のものを支払わないかぎり、彼は譲ってはくれないであろう。この事実は、ミルスポー博士がやって来る前に「賃借人の信用や名声に基づく価値」がすでにイランに存在していたことを示している。*11

ケシャーヴァルズはこの点に関心を寄せつつも「敷地・建物の所有権（mālekiyat-e ʻarse va aʻyān）や利用収益の所有権（mālekiyat-e manfeʻat）から分離した独立の権利が、その賃借人に帰属するものとして存在するという考えが、どのようにイラン社会に確立したのかは分からない」[*12]と述べるにとどめ、これらを深く追究することはしていない。[*13]前章でも述べたとおりイスラーム法では、賃借するということは期限を区切って借り主がそのモノの利用収益の所有者になることであると考える。したがって賃借人にはあくまでも「利用収益の所有権」が与えられるに過ぎない。しかしミルスポー博士を待つまでもなく、じつはイラン社会にも「サルゴフリー」や「センフィー」などという呼称による「賃借人に帰属する独立した権利」らしきものがあった可能性が高いことを一九三八年の調整法規則は物語っている。

ケシャーヴァルズは、こうした価値概念が受容される何らかの社会的素地があった可能性を指摘しながらも明言を避けている。法律家である彼は、あくまでも何らかの経済現象が制定法の文言として表れることによって法制度そのものがどのように発展したかを論じることに関心があり、経済現象そのものにはあまり立ち入っていない。もちろん現実には「賃借人に帰属する独立した権利」らしきものがすでにあったからこそ、イランの法体系のなかではいささか整合性を欠く異質な概念を含みながらも、ミルスポー諸権限法規則が存外容易に導入されたのではなかっただろうか。

第4節　所有者とは誰か

融通無碍な用益権

したがって、ミルスポー諸権限法規則が制度全体に与えた真のインパクトは別のところにあった。それまでイランの店子は、自分の働きの結果得られた店舗の集客力を、サルゴフリーという名目で後続の第二・第三の店子候補に買い取らせることを想定していた。不動産のほんらいの所有者である地主があずかり知らないうちに店舗のサルゴフリーが自由に店子の間で売買され、一方でこれを地主に買ってもらおうとは店子たちは考えていなかった。サルゴフリーが取るに足らない額だったとはいえ、鷹揚な所有者はこれといって頓着しなかったとも述懐されている。この事実は、前述した「モノ」と「その利用収益」とにそれぞれ設定されると考えるイスラーム法的な所有権のあり方が、ひとびとの行動に深く埋め込まれている可能性を示唆しているように思われる。

西欧近代法の枠組みにおいては、所有権はつねに「物に対する直接完全な支配権」であると位置づけられ、所有権者は物の使用・収益・処分を自由に行うことができる。所有権は、権利の濫用の防止や社会的公正を導く目的で現実にはさまざまな制限を受けるものの、原則としてあるひとつの物に対する完全な支配権（物権）であるという点では揺るぎない。[*14]

この枠組みの下では「使用・収益・処分」の権能を十全に有する人物こそが、あたかも最も典型的かつ完全な所有権者であるかのように捉えられがちである。近代法的な発想に照らせば、店子たちのサルゴフリー売買を黙認していたかつての地主たちは、不当に脆弱な所有権者であり、同時に店子たちは法の枠組みを超えた権能の持ち主として立ち現れる。

しかしそうした枠組みは、地域的にもそして歴史的にも、必ずしも普遍的なものとは言えない。柳橋博之によれば、イスラーム法では「物を観念的に二つの部分、すなわちアイン（「物自体」の意）とマンファア（「使用によって物から引き出される一時的な利益」の意）に分け、その各々に対して所有権が成立する」と考える。しかも「物自体と使用価値はそれぞれ別個の客体として所有権の目的となると解することによって、所有権に関する具体的な規定をかなりの程度まで整合的に説明することが可能となる」[*15]。

また堀井聡江は、マンファアの所有権つまりイスラーム法における用益権は、あくまでも一定の契約上の権利としてのみ成立すると指摘する。その範囲は、当該契約の性質や、当事者の合意によって異なる（物権でも債権でも、その中間的形態でもあり得る）[*16]。すなわち「利用収益の所有権」の中身は、かなり融通無碍だということである。

プロト・サルゴフリーのやり取りは、厳密に法的な正当性を与えられていたわけではなく、あくまでもひとびととの間の慣行に過ぎなかった。しかしそれは、ひとりイスラーム法に由来するものと断言できないまでも、ほんらい用益権のあり方がすこぶる柔軟である社会だからこそ、自然と生まれ得た慣行であったのではなかろうか。

ところがミルスポー諸権限法規則は、サルゴフリーを買い取るべき当事者の範囲を地主にまで拡大してしまった。ほかならぬ地主が、店のサルゴフリーの代価を店子に補償しなければならなくなったのである。モノを用益することの金銭的な価値を、そのモノのほんらいの所有者である地主が補償すべしと規定した一見穏当な、しかしいわば「近代法的」な発想は、用益権者と所有権者とがそれぞれの権能をもって立ち並ぶことに違和感のないイランのひとびとにとってはむしろ奇異であった可能性がある。

ミルスポー博士の手記には、規則の制定にあたっては司法大臣と協議を重ねたとある。地主たちに足かせをはめるために、なぜミルスポー博士は「賃借人の信用・名声の価値」なる概念を持ち出したのか。ケシャーヴァルズはこれが英米法圏の goodwill の考え方に類似していると述べる。確かにそれが、ミルス

1950年代のテヘラン・大バーザール。(©Mahmoud Pakzad)

ポー博士が自身の祖国の慣習に足掛かりを得て考案した、地主たちに対する牽制策であった可能性は否定できない。

あるいは、サルゴフリーの実態について聞き及んだ博士が「サルゴフリーはgoodwill と同じようなもの」だと考えたからこそ挿入されたアイデアであった可能性もある。

むしろプロト・サルゴフリーの性質と、一九四三年のミルスポー諸権限法規則における考え方とは、店子の営業の結果として店舗にプレミアムが付加されることを前提としているという限りにおいては基本的にたいへん近いものだったからこそ、そののち一九六〇年関係法の営業権を、ひとびとは「サルゴフリーのこと」だと理解したのである。

サルゴフリーの肥大化

もっとも、営業権の導入に先立って、地主と店子の伝統的な関係に変化は生じていた。店舗のプレミアムであるサルゴフリーの大きさは時代と状況によって変化し、一九五〇年代末にはサルゴフリーの価格が大幅に上昇し、もはや繁華な商業地のサルゴフリーは「ちょっとした場所代」などではない高額な権利金へと変貌しつつあった。サルゴフリーの経済的価値の膨張に目をみはった地主たちは、ほんらいは店子どうしの間での金銭のやり取りであったところへ口を出しはじめ、同意金めいたものを求める、サルゴフリーという名目で第一の店子から（月額賃貸料以外の）金を取るなどするようになってきた。サルゴフリーの経済的価値が高まるにつれ、伝統的なメルクの所有権者と用益権者の関係に新たな緊張が生じていった。

地主の横暴を抑えるために導入された営業権は、店子の立ち退き請求の要件を厳しくし、地主の所有権を従来に比してはなはだしく制限した。しかしこれは逆に、地主が最初からサルゴフリーの授受に関与するという動機を決定的に強化した。すなわち、地主は賃貸した店舗の店子から高額のサルゴフリーを請求されたときに備え、契約当初にあらかじめ店舗の予想利用収益の大部分をサルゴフリーの名目で受け取っておこうと考えるようになったのである。

もちろん社会的に正確な認知を欠いた営業権条項は、すでに見たように、世の中の地主たちと店子たちとの間に少なくない係争を招いた。しかしこのような制度形成のプロセスを経て、わずかずつ、地主が契約当初に店舗の完全所有権価格に近い額のサルゴフリーを売却したうえ、その後も恒久的に少額の月額賃貸料を得続けるという、今日のサルゴフリー売買を伴う賃貸契約がかたちづくられてきたものと考えられる。*17

第5章　イラン革命とサルゴフリー

第1節　イスラーム法学者の復権

イラン革命の勃発

これまでに、商人たちの間の慣行であったプロト・サルゴフリーが、ミルスポー諸権限法や賃貸人・賃借人関係法の制定による国家の干渉を経て、新たなシステムへと変容していく過程を見てきた。ミルスポー諸権限法にその直接的起源を持つ賃貸人・賃借人関係法の営業権規定は、店舗の地主にとってけっして有利な規定とは言えなかった。入居した店子の営業実績（入居していた期間すら加算の対象となる）が退去時のサルゴフリー価に反映する一方で、その補償を義務付けられている地主の取り分であるメルク価には反映しないのである。

第二次世界大戦中の住宅不足解消とインフレ抑制の目的で、ミルスポー博士によってイランの法体系のなかに導入されたサルゴフリーの補償という「地主の義務」は、弱い立場の店子を救うためにつねに設けられていた月額賃貸料の改定上限とあいまって、店舗を貸したいと考える地主にとってひじょうに悩ましい状況を作り出し、その資産管理の方針に大きな転換を迫った。すなわち、彼の所有する土地・建物の予測利用収益のうちの大部分をサルゴ

イラン革命の指導者、ホメイニー師。（ロイター／共同通信）

フリーの名目で契約当初に受け取り、事実上失われるであろう契約の更新や解消といった決定権の代価を得ておこうとする方針転換であった。

いわば地主の苦肉の策とも言えるサルゴフリー方式賃貸契約は、しかしながら、一九七九年にイランに革命が起こりイスラーム法学者が政治の実権を握るに至って、再び大きな転換点を迎えることになる。

「ペルシア湾の憲兵」と呼ばれ、中東で最も安定した親米国と目されていたイランに革命が起こったのは、一九七九年のことであった。モハンマド＝レザー＝シャーが国を追われルーホッラー・ムーサヴィー・ホメイニー（Rūh-ollāh Mūsavī Khomeinī）師[*1]が亡命先のパリから祖国へ凱旋する様子は、世界中のテレビに映し出された。

この革命は、賃貸人・賃借人関係法の改正を通じてサルゴフリー方式賃貸契約の制度にきわめて大きな影響を与えた。というのも、法改正の焦点がほかでもない営業権の廃止にあったためである。一九九七年関係法の条文からは「営業権」の語がきれいに削除され、代わりにかの「サルゴフリー」の語が用いられた。これが単なる呼称の変更ではなく、それ以上の意味を含んでいたことは言うまでもない。

この法改正は、賃貸借契約をめぐる伝統的な法理では認められていなかった異分子の存在をイスラーム法学の立場から整合的に矯正する試みであったと言えるが、そもそもなぜこの時期にそうした気運が高まったのであろうか。

それを理解するためには、一九七九年にイランで起こった革命の性格を知る必要がある。

革命に先立つこと四半世紀余りの一九五三年、イランの石油国有化運動を率いたモサッデグ首相がクーデターによって失脚し、資源ナショナリズムの高揚とともに盛り上がっていた国内の民族主義運動はしぼんだ。同時に、この時期からイランにおけるアメリカのプレゼンスが急速に拡大した。政権基盤の脆弱なモハンマド＝レザー＝シャーは、国内統治の後ろ盾としてアメリカを頼みにしたのである。

ときは東西冷戦の只中であった。アジアやアフリカの国々は続続と植民地支配からの独立を果たし、かつてのような大国によるあからさまな支配は時代遅れになりつつあったものの、新興の独立諸国に「西か東か」という体制選択を迫ることで、なお大国による囲い込みがさかんに行われていた。

レザー＝シャーの時代（在位一九二五—四一年）にはイギリスとソ連の無遠慮な介入をかわしながら地域大国としての矜持を保とうと立ち回ったイランであったが、この時期には早々とバグダード条約機構[*2]に加盟するなど、西側の一員としての地位を確保することに積極的であった。当時のアメリカの対イラン政策は、この地域に強固な対ソ防波堤を築き安定的に石油資源を確保するための軍事同盟と財政援助とを軸にしていた。

一九七三年の産油国による石油公示価格の大幅引き上げとアラブ産油国による禁輸措置は、イランにオイル・ブームをもたらした。政府の石油収入は膨れ上がり、シャーはさかんにアメリカから武器を購入した。国内の開発政策にも大盤振る舞いがなされ、とりわけ鉄鋼や石油化学といった重工業部門やインフラへの投資が伸びた。[*3]もっとも、これは政府が工業化に真剣に力を入れた証（あかし）というより、いわば「近代化されたイラン」の演出という側面が強かった。それが証拠に、レザー＝シャー以来まがりなりにも「輸入代替工業化」路線を掲げてきたイラン政府は、未曾有の好景気の時代には大量の中間財や消費財の輸入を許して膨れ上がる国内需要に応えたのであった（一九七四年から七八年にかけて、イランの非石油部門輸出額は横ばいであるにも拘わらず輸入額は五六％の伸びを示している）。[*4]

イラン革命は、こうしたオイル・ブームの陰で進行した農村部の荒廃や格差の拡大、パフラヴィー朝の近代化政策と戦後の親米路線などにたいする国内の批判・不満を背景としていたと考えられている。革命の過程では、大都市のバーザールの商人たちをはじめパフラヴィー朝の諸政策に異議を唱える国内の多様な階層や政治勢力が結集した。

とはいえ政変あまたあるなかでとりわけイラン革命が当時の世界にきわめて強烈な印象を残したのは、それが最終的にイスラーム法学者たちによるシャリーアを根幹に据えた国家運営を国是とする共和制という新奇の政体を掲げることになったからである。今日でこそ中東諸国のイスラーム主義者たちは最も現代的な政治勢力のひとつに数えられるが、この当時は近代化の波と東西冷戦にかき消され、あたかも過去の遺物のように捉えられていた。そうしたなか、アンマーメ（イスラーム法学者が被るターバン）を頭上に載せたホメイニー師が「西でも東でもない」と第三の道を説いたことは、冷戦に明け暮れていた世界中の国々の意表を突いた。

冷遇時代のイスラーム法学者

もっとも、イラン社会におけるホメイニー師のようなイスラーム法学者たちは、少なくとも現代日本における仏教の僧侶よりはるかに社会に密着した存在であったこともまた事実である。というのも歴史的に彼らは、宗教的存在であると同時に、婚姻や相続、売買、契約といったきわめて具体的な社会行為に公証を与え、係争の際には裁定を下す役割を帯びていたからだ。

第3章でもふれたようにほんらいイスラーム法は成文法ではなく、膨大に蓄積された学説の体系であるため、近代法のごとく「○○法第○条」といったかたちでルールが明示されていたわけではない。何か係争が起これば、従来の学説や判例に基づいてイスラーム法学者がその都度判断を下していた。見解を異にする数々の学派から成る、いわば専門家集団と捉えることができる。

他方イスラーム法と同時に、古い時代からときの世俗権力が定めた制定法も存在した。これに地方の慣行やひとびとの間の慣習などが加わり、いくつかの異なる性格のルールが社会のなかで重層的に機能していたと考えられている。

ガージャール朝期のイランでは、イスラーム法学者が民事や宗教犯罪の裁定、契約の公証業務を管轄し、一方で世俗の行政官が請願の処理や刑罰の執行などを行ったと言われている。[*5] 隣国のオスマン朝はかなり早い時期からイスラーム法学者を国家の官僚機構のなかに取り込むことに成功していた一方で、[*6] イランの法学者たちはむしろ執行権力からは独立する傾向が強かったと言われている。宗教的権威も兼ね備えた実務家であるイスラーム法学者は、したがって社会的にも重要な影響力を持つ知識人層であった。そうしたイスラーム法学者たちが中心となってイランに立憲主義が導入されたことは前述のとおりである。

パフラヴィー朝になると、レザー＝シャーによってこの伝統的な法制度を中央集権化し、「世俗化」する政策が断行された。すなわち、各地で恣意的に行われていた諸法の運用を統一し、さらには国家の司法システムからイスラーム法学者たちを排除しようとするものだ。一九二七年に司法大臣（vazīr-e ʿadliye）ダーヴァル[*7]が司法制度改革法案を提出し、既存の司法組織を解体、新しい裁判諸法を制定した。新しい司法省（vezārat-e dād-gostarī）職員はすべからく帽子・スーツを着用すべしという命令が出され伝統的衣装を身につけたイスラーム法学者たちの反感を招いた。立憲革命後に活躍したものの、ダーヴァルの新組織には招聘されなかったイスラーム法学に造詣の深い裁判官もいた。[*8]

民法については、イスラーム法学者たちによって法典として編まれたことは第3章に述べたとおりであるが、これまでひとびとの日常生活を律していたイスラーム法は法律の条項として成文化され、ダーヴァルによって国外の大学の法学部・政治学部の卒業生が新時代の裁判官として積極的に採用されるようになった。[*9] 一九三四年にはテヘラン大学が創立され、初期の法学部の講座はヨーロッパ留学経験のあるマティーンダフタリー博士などが担当した。[*10] イスラーム法学者の活動範囲は著しく制限され、婚姻などに関わる民法のわずかな分野だけが彼らの管轄範囲として残された。[*11] イスラーム法学者にとっては冬の時代が到来し、寄宿制の神学校に少年らが寝起きしイスラーム法学を学ぶ昔ながらの学窓は時代遅れとなった。

このように冷遇されていたイスラーム法学者が、シャーの皮相な近代化と強権政治に対するひとびとの不満の受け皿のひとつとなって、一九七九年の革命は起こった。いわば世俗権力の象徴であるシャーは追放され、宗教的権威が復活した。もとより、革命の過程ではさまざまな政治勢力が参加したとされる一九七九年のイラン革命の意味をただひとつの側面からのみ捉えることは適切ではないものの、サルゴフリー方式の制度変化にとっては、まさしくこのイスラーム法学者の復権こそが、重要な契機となったのである。

「反イスラーム的」法規

イラン・イスラーム共和国の憲法[*12]の第四条には、すべての国内法規はイスラーム的規準に則るべきこと、またこれが実現されているか否かの判断は監督者評議会（shourā-ye negāh-bān）[*13]を構成するイスラーム法学者の義務であることが記された。すなわち、革命後に新たに制定される法規ばかりではなく、既存の法規もイスラーム法学の観点から見て違法性のないものでなければならない。新憲法はそう謳った。[*14]

これが、賃貸人・賃借人関係法が俎上にのぼせられる直接の発端であった。一九八四年に監督者評議会が出した公式な見解では、一九七七年関係法第十九条における営業権はイスラーム法において議論されるべき問題（'onvān-e shar'ī）ではなく、かりにそれが「サルゴフリーであるならば」ホメイニー師の著書に示された方法に従って処理されねばならない、とされた。[*15] 同見解ではこの他にも民事訴訟法や家族保護法などに、憲法第四条に照らして問題のある条項が含まれると指摘されている。

ミルスポー諸権限法に直接の起源を持つ営業権がイランの伝統的な賃貸借契約のあり方からすれば異質なものを含んでいたという事実についてはすでに述べた。本章で明らかにするように、じつは革命の指導者であるホメイニー師を含むイスラーム法学者たちもまたこれを、（革命以前から）自身の著書で「サルゴフリーの問題」として取り上げ、営業権の孕む違法性を指摘していたのである。このため、革命後の賃貸人・賃借人関係法はあたかも、パフラヴィー朝時代の「反イスラーム」的法規の象徴的存在のひとつに数えられるようになり、その改正が叫ばれたのはいわば必然の流れであった。

ただし、一九九一年には監督者評議会と議会との調整を図るとされる体制利益判定委員会（majmaʻ-e tashkhīs-e maslahat-e nezām）が、「営業権については一九七七年関係法に従うべし」と指示を出している。[*16] この「営業権については」という表現にはイスラーム法学者のある意図が込められていたのだが、それはまたのちに触れることとしよう。

第2節　営業権の違法性

かのアメリカ人顧問

革命後のイランにおける営業権をめぐる議論については、一九九七年に関係法が現行のものに改正されたときの審議の様子から探ることができる。イランの議会の名称は一九八〇年七月二十二日（一三五九年ティール月三十一日）に「国民議会（majles-e shourā-ye mellī）」から「イスラーム議会（majles-e shourā-ye Eslāmī）」へと変更された。[17] 以下ではこのイスラーム議会の議事録を辿っていく。

一九九七年第五イスラーム議会の七月二日（一三七六年ティール月十一日）の審議において、モンタゼリー（Montazerī）[18] 司法省法務・議会担当次官（moʻāven-e hoqūqī va omūr-e majles-e vezārat-e dād-gostarī）[19] は改正法案を提出する立場から次のように述べた。

「……我々はこの国のムスリムであるひとびとがみな、一日たりともこの地でシャリーアに反する法が施行されないことを願っているものと期待しています。……一三二〇（一九四一／四二）年に、呪われるべきかのアメリカ人顧問がやって来て、シャリーアに基づいていた我々の民法を脇へ押しやり、一連の法律を策定し、自分たちのアメリカ風の考え方をそこへ導入したのです。……」[20]

ここでモンタゼリー次官が「かのアメリカ人顧問」と名指ししているのがミルスポー博士のミッションであることは明らかだ。ケシャーヴァルズが指摘したのと同様に、賃貸借契約において営業権が孕んでいた異質な要素がイラン司法省によっても問題視されていることが窺われる。

モンタゼリー次官は次のような説明も行っている。

「……我々はこの問題について調査し、専門的に議論いたしました。一〇〇％とはいかなくとも九九％くらいは。サルゴフリーに関連する問題が、ひとつはエマーム[21]——彼の上に神のご満足がありますように——の御著作『諸問題の解明』を通じて、またふたつには高位の関係筋にお教えを乞うことを通じて、委員会で審議され、エマームや皆さまのご意見に基づいてこの諸条項を用意させていただきました。……」「……今日、社会でサルゴフリーの名目でやり取りされているものは、ときとして違法（harām）であります。エマーム――彼の上に神のご満足がありますように――はご著作のなかでさまざまな事態に言及され、違法である場合を明示され、かつまた合法である場合をも述べていらっしゃる。……」[*22]

モンタゼリー次官が言及する「エマームの御著作」とは、革命後のイラン最高指導者となったホメイニー師が著した『諸問題の解明』（*Taḥrīr al-Wasīla*）[*23]という法学書を指している。[*24] その著作の中には「サルゴフリー」の見出し（wa min-hā al-sarqufliya）のある節があり、ホメイニー師がサルゴフリーのあるべき姿に言及していた。これが、革命後の法改正に大きな影響を与えているらしいことが窺われる。

また、議事録には営業権の廃止そのものに対する異論は見られない。審議に参加している者たちはみな、それがイスラーム法学上問題を抱えていることは明らかであり廃止は当然である、といった立場をとっている。しかもサルゴフリーのあるべき姿について一定の理解が共有され、それを前提とする議論が行われていた。問題の所在を指摘し、かつ第五イスラーム議会にこの法案が提出された背景となったホメイニー師の著作とは、次のようなものであった。

ホメイニー師の『諸問題の解明』

現在のイランでは、イスラーム法学者がさまざまな問題についての自身の法学的見解をまとめた著作を「レサーレ」と呼び習わすのが一般的である。レサーレとはほんらい手紙や信書を意味するアラビア語（risāla）だが、転じて特定のテーマについて書かれた論文や小冊子をも指す。専門の書店にはこうしたレサーレが並び、信徒（peyrou, 追随者の意）の多い著名な法学者のレサーレは版を重ねている。存命のイスラーム法学者にはそれぞれ信徒がおり、信徒たちは基本的にただ一人の法学者の見解を参照すると言われる（もちろん、イスラーム法学上の判断を仰がねばならないような事態に遭遇したことがない、もしくは特定のイスラーム法学者に意見を求めたことがないというひとびとも少なくない）。現在のイランの司法制度においては、それぞれのイスラーム法学者の出す教令（fatvā）が法律を超えた実効性を持っているわけではないものの、個人の行動の指針として大いに参照すべきと考えるむきはある。昨今はイスラーム法学者のウェブサイトなどを通じて判断を仰ぐことすら可能である。

さてホメイニー師はサルゴフリーについて、『諸問題の解明』[*25]のなかで自身の見解を示している。以下にその抜粋を挙げよう。

「賃貸物件の賃貸は、それが店舗であろうと住居、その他であろうと、賃貸契約期間が終了しているにも拘わらず賃貸人に賃借人を放逐する権利を認めないような（その物件に対する）賃借人の権利を生ぜしめない。同様に、もし賃借人の生存やその場における商売の期間が長期にわたることや、彼の商売上の名声や実力が、彼の営業場所へのひとびとの関心を高めるような結果になっている場合にも、物件に対する彼の権利は、何ら成立しない。したがって、もし所有者の同意がないにも拘わらずその場に残るようなことがあれば、彼は強奪者であり罪人となろう。[*26]」

一読して、営業権という語はどこにもなく、具体的に何を問題としているのかが判然としないひじょうに迂遠な表現という印象を否めない。

しかしこのホメイニー師の見解こそが、関係法が賃借人の権利として認める営業権をイスラーム法学上の立場から問題視するものと受け止められたことは明らかである。

繰り返し述べてきたとおり、一九七七年関係法の営業権はきわめて強固に保護されていた。地主が契約の当初にサルゴフリー（という名目の金銭）を受け取らず、ハーリー方式の賃貸契約のつもりで店を貸した場合でも、営業権は店子の営業活動と時間の経過に伴っておのずと生じ得るものと裁判所が判断し、地主がその補償を求められた事例を思い起こされたい。

しかしホメイニー師はそれに異議を唱え「賃貸契約期間が過ぎているにも拘わらず、店子がそこに居座りつづけることができるような権利は認められない」と明言しているのである。ホメイニー師が高位のシーア派イスラーム法学者であったと同時に、革命後のイランの最高指導者であった以上、彼の見解が賃貸人・賃借人関係法の改正に甚大な影響を及ぼしたことは想像に難くない。

イスラーム法学者たちの見解

もっとも、イスラーム法学上の立場からサルゴフリーに言及したのはホメイニー師ばかりではない。他にも自身のレサーレのなかでサルゴフリーを取り上げている法学者は多い。

そのなかでも、とりわけサルゴフリー方式賃貸契約の制度において重要な位置づけを与えられている「賃借人の信用・名声の価値」の問題に踏み込んだものとして、サーネイー（Sāne'ī）師[*27]のレサーレを挙げることができる。一九七九年革命後に監督者評議会の評議員など要職を歴任したサーネイー師は、ホメイニー師と類似した見解を示している。そのレサーレ『諸問題の解説』（*Resāle-ye Touzīh-ol-Masā'el*）[*28]には「サルゴフリーをめぐる諸判例（ahkām-e sar-qoflī）」と題する節がある。ここでは次のように、契約期間の満了をもって賃借人のすべての権利が失効することが強調されている。

「家・店舗・その他をその所有者（sāheb）から賃借する者たちが、契約期間が満了しているにも拘わらず、場所の所有者の許可なしにそこにとどまることは違法（harām）である。所有者が同意しない場合には直ちにそこを明け渡さねばならない。さもなければ、彼らは強奪者と見なされ当該の場所および賃貸料をめぐる物的損害の責任を負う。イスラーム法上そうした者たちには、その賃貸期間の長短を問わず、あるいは賃貸期間中に彼らがそこにいたことが場所の価値を上げる原因となったか否かを問わず、あるいはまたそこを立ち退くことによって彼らの商売に悪影響が出るか否かを問わず、いかなる権利も認められない。ただし契約時の条件が有効である場合は別である。[*29]」

またイラク在住のシーア派高位法学者スィースターニー（Sīstānī）師[*30]も、自著『諸問題の解説』（*Montakhab-e Touzīh-ol-Masā'el*）の補遺部分の「サルゴフリー」と題する節で、次のような主張をしている。

「商業地のごとき場所を賃借することは、賃借人にとっての何らの権利（haqq）をも生ぜしめない。彼は賃貸契約期間が終了したのちは、そのメルクを地主が占有したり、そこを立ち退いたり、以前の賃貸料を値上げしたりすることの妨げとなってはならない。同様に、ある場所に賃借人が長期間いたこと、商売が繁盛し、場所の価値が上がり、その商売上の好機をもたらしたことは、彼がそこにとどまるについて何らの権利をも生ぜしめない。賃貸契約期間の終了ののちは、彼は場所を立ち退き、その地主に引き渡さねばならない。[*31]」

「賃借人が、地主が賃借人を賃貸場所から立ち退かせたり、賃貸料を増額したりすることを禁止している国家の法律（qānūn-e doulatī）を利用して、立ち退きや賃貸料の値上げを拒んだ場合には、その行為は違法（harām）

である。地主の同意なしに彼がその場所を占有することは強奪にあたる。またもし立ち退きの見返りに金銭を受け取れば、それも違法である。[*32]」

スィースターニー師が上で述べる「国家の法律」とは、賃貸人・賃借人関係法を指すと考えてよいであろう。すなわち彼も、店子の営業活動と時間の経過とともに自動的に営業権が生じ、地主は契約解消時にそれを補償しなければならない（したがって地主が店子にサルゴフリー相当額を支払わねばならない）という営業権のあり方に、大いに異議を唱えているのである。

ただし、これら三人のイスラーム法学者のいずれも賃貸人・賃借人関係法の営業権条項を名指しで批難しているわけではないことに注意が必要だ。

イスラーム法学者たちはあくまでも賃貸借契約をめぐる一般論として、イスラーム法学上違法と見なし得る事例についての見解を示しているに過ぎない。そのため、営業権の違法性についての指摘としては、かなり迂遠な印象を与えている。

とまれ、営業権誕生までの経緯、今日のサルゴフリー方式賃貸契約の制度の実態、くだんのモンタゼリー次官の発言などに鑑みれば、こうしたイスラーム法学者たちの見解がまさに営業権に矛先を向けていることは明らかである。

ちなみに時代を遡ると、そもそもサルゴフリーはイスラーム法学者たちのレサーレに問題として立項されていないことも申し添えておく必要があろう。例えば、営業権の存在しなかった二十世紀前半に活躍した高名なイランのイスラーム法学者ボルージェルディー（Borūjerdī）師[*33]の著書には、この問題への言及はない。[*34]

他方、一九七〇年に出版されたハキーム（Hakīm）師[*35]の著書では「近年の問題」と題された節にサルゴフリーについてのくだりが登場している。[36] 彼以外にもこれに言及した法学者がいた可能性は大きい。一九六〇年関係法の施行からすでに十年を経ていたことを考え合わせれば、この頃にはイスラーム法学者たちもサルゴフリー（営業権）の問題に見解を示す必要に迫られはじめたものと推測することができる。

論点としての賃貸契約期間

先の三名のイスラーム法学者、ホメイニー師、サーネイー師、スィースターニー師に共通する主張の要点は次のようにまとめられる。

店子に認められるのは、賃貸借契約が有効である期間中に限りその店舗を占有・使用する権利である。したがって契約期間の満了したあとに、いかなる理由であれ地主の意思に反してそこを占有しつづけることは違法である。この主張は繰り返し述べてきたとおり、イラン民法に保障されている「利用収益の所有権」という考え方がベースになっていることは言うまでもない。モノの賃貸借契約というのは、期間が明確にされてはじめて成り立つものでもある（イラン民法第四百六十八条）以上、地主の同意なく無制限にそこに居座ることはけっして許されない。ところが一九七七年関係法には、店子に対する立ち退き請求の要件のなかに「契約期間の満了」が含まれていないことは第1章に述べた（資料1を参照）。そのため店子は月額賃貸料を納めさえすれば、地主が営業権を支払うまでは店舗の占有・使用が認められることになっていた。

イスラーム法学者は、そもそもこの点について営業権条項は見直されねばならないと指摘しているのである。

しかしながら、ここでは少しばかり注意も必要だ。

三者はいずれも、店子が営業権を盾にして契約期間を超える店舗の占有を行うことは許されない、と主張している。しかし契約期間の問題から離れて、営業権そのものについてはどうだろうか？「賃借人の信用・名声の価値」によって生み出される店舗の集客力に金銭的な価値が認められるか否か。そしてはたして、地主がそれを店子に補償すべきか否か。

こうした点にかんしては、じつは見解は必ずしも明確ではない。

ホメイニー師とサーネイー師は、これらの点については直接言及していない。一方、スィースターニー師は「立ち退きの見返りに金銭を受け取れば違法」と述べているところから、営業権そのものについて、より否定的であるように見える。

他のイスラーム法学者たちも、契約期間の満了に伴う店子の権利失効については明快だが、これらの点についてはいまひとつ不明瞭だ。

法曹バフマン・ケシャーヴァルズ氏。(筆者撮影)

ケシャーヴァルズが指摘するように、「賃借人の信用・名声」が賃貸人にたいして請求され得る金銭的価値を持つという考え方自体が、イランの法体系の中では比較的新しいものだとすれば、こうした考え方をめぐるイスラーム法学上の学説がまだ定まっていないものと推測することもできる。法は生きた社会のなかにあるものであるから、すべての事象に完璧な答えが用意されているとは限らない。ケシャーヴァルズ自身も次のように述べている。

「……いくら店子がそこで働いて評判を得ても、そこに何か価値が付加されるということにはならない。一般論として、これについては（イスラーム法学者たちの）承認はありません。」（KV, 2012/7/7）

（ペルシア語原文音写資料17）

しかし、これらのイスラーム法学者たちのレサーレと、一九九七年に改正された新しい賃貸人・賃借人関係法の条項とを照らし合わせつつ眺めると、イスラーム法学者たちがどのような点を違法と考え、どのようであれば違法でなくなると考えているのかが、わずかずつではあるが見えてくる。そしてまた現実の法改正にあたっては、サルゴフリー方式賃貸契約の制度にとってきわめて重大な営業権の問題が、いかに処理されたかということも理解されてくるのである。

第3節　法に規定されたサルゴフリー

営業権条項の削除

革命直後の混乱やイラン・イラク戦争などを経て賃貸人・賃借人関係法の営業権条項をめぐる抜本的な改正がようやく実現したのは、一九九七年の第五イスラーム議会においてであった。このとき制定された一九九七年関係法の条文からは営業権の語が完全に削除され、代わりにサルゴフリーの語が用いられたことはすでに述べた（資料5を参照）。

前述したように、議事録には営業権の廃止そのものに対する異論は見られない。条文の表現や文言の是非についての議論はありつつも、営業権がイスラーム法学上問題を抱えていることは明らかであり改正は当然である、という雰囲気のなかで審議が行われた。

新法の条文はかのホメイニー師の著作『諸問題の解明』の文章に部分的に酷似していた。モンタゼリー次官が「エマームのご著作」を大いに参照したと述べていたことを想起されたい。ホメイニー師は自著のなかで、店子によるサルゴフリーの請求要件について「このような場合は是」「このような場合は否」と具体的な事例を示しながら判断を述べている。これらがほぼそのまま法律の条文に挿入されているのである。

以下では、いくつかの注目すべき条項を拾い上げ、そこに何が意図されているのかを検討する。

サルゴフリーとは何か

一九九七年関係法によって、イランの不動産賃貸借関連の法律に初めて「サルゴフリー」が規定された。もっともサルゴフリーの語自体はすでに一九三八年の調整法規則のなかに登場しているが、それは「サルゴフリーなどの権利は認めない」という趣旨で言及されていたものである。したがって法律上サルゴフリーが賃借人の権利として認知されるのは、この一九九七年関係法が最初であった。法律によって認知するからにはその語の定義を明確にする必要がある。

新法はいくつかのパターンに分けて「サルゴフリーとは何か」を定義している。

「マーレキは、自身の営業用メルクを賃貸する場合は、サルゴフリーの名目で賃借人から一定額の金銭を受領できる」
（一九九七年関係法第六条）

すなわちそれが家賃の前払いや保証金といった趣旨である限りにおいて、地主が「サルゴフリー」という名目のまとまった金額を店子から得ることに問題はない。ホメイニー師のみならず、他のイスラーム法学者の見解にも同様の判断が見られる。

また一九九七年関係法は、店子が地主（もしくは第二の店子）に対してサルゴフリーを請求できるのは、次のような場合であるとする。

「賃貸契約中の条件に、賃貸物が賃借人の占有下にある限りマーレキは賃貸料の値上げや賃貸物から立ち退かせる権利を持たないこと、および、毎年その賃貸物を同じ金額で彼（賃借人）に引き渡す義務があることが定められている場合」（一九九七年関係法第七条）

「賃貸契約中の条件に、マーレキが賃貸物を賃借人以外には賃貸しないこと、および、毎年それを通例の賃貸料でもって占有している賃借人に引き渡すことが定められている場合」（一九九七年関係法第八条）

これらの規定はホメイニー師の著作における表現をほぼそのまま踏襲している。ホメイニー師の想定したパターンは以下のとおりである。「もし契約のなかで賃貸人に対して、（賃借人が）入居している間は賃貸料を増額しないこと、賃借人を放逐する権利を持たないこと、また毎年その場所を同じ金額で賃貸する義務があることが条件付けられている場合には、彼（賃借人）は賃貸人もしくは他の個人から、彼自身に与えられた権利を無効とする代価として、あるいはその場所を立ち退く代価として、サルゴフリーという名目の金銭を受け取ることができる」[*37]。「もし契約のなかで賃貸人に対して、その場所を他者へ賃貸しないこと、毎年通常の賃貸料でもって賃借人にその場所を賃貸することが条件付けられている場合には、賃借人は、自身の権利を無効とする代価として、あるいはその場所を立ち退く代価として、サルゴフリーという名目でいくばくかを受け取ることができる」[38]。これらと同様の判断がサーネイー師によっても下されている。

すなわち「契約期間中の家賃は据え置きとし、けっして退去を求めることはしない」あるいは「現賃借人以外の者には貸さない」などといった、店子にとってひじょうに有利な条件が定められている場合は、店子はその有利な条件を放棄する代償として「サルゴフリー」を請求することができる、という趣旨である。

換言すれば、通常の賃貸借契約に比べて格別の条件が付与された物件であれば、店子はその格別の条件と引き換えに他者から金銭を受け取ることができ、それが「サルゴフリー」である、としているのである。

地主の責任

一方、店子がサルゴフリーを請求できない場合も以下のように定められている。

新法は（a）契約期間がすでに満了している場合、もしくは（b）地主がサルゴフリーという名目の金銭を受け取っていない場合、店子は立ち退きの際にサルゴフリーを受け取ることができないと定めている（一九九七年関係法第九条）。

（a）はサルゴフリーの定義と突き合わせれば、分かりやすい。サルゴフリーがあくまでも店子の立ち退きによる契約上の権利放棄の代価である以上、契約期間が終わればすべての権利が失効し、したがってその代価も生じないという考え方に則っている。この契約期限の問題はいずれのイスラーム法学者も指摘するところであった。したがってまずその問題がこうしたかたちで処理された。

また（b）は次の点を考慮している。店子がサルゴフリーを請求するためには、地主が契約の当初にサルゴフリーの名目で金銭を得ている必要がある。この点については第六条注一でも、「もしマーレキがサルゴフリーを受け取っておらず、かつ賃借人がサルゴフリーの受領とともにメルクを他者へ引き渡した（vā-gozār）場合には、賃貸契約期間の終了後は、最後の賃借人はマーレキに対するサルゴフリーの請求権を持たない」と念押しされている。

つまり新法は、サルゴフリーのやり取りが店子どうしの勝手な取り決めによる場合には、地主はサルゴフリーを補償する責任はない、と断言していることになる。地主の意図とは無関係に店子の働きと店舗の集客力に応じて営業権が生じ、しかも所有者である地主はそれを補償しなければならない、という一九七七年関係法における発想はきれいに断ち切られたのである。新法のサルゴフリーは、店子どうしの取り決めに地主が巻き込まれることはないという限りにおいて、あたかもプロト・サルゴフリーへと回帰しているかのようであった。

この（a）と（b）のうち、どちらかひとつでも該当すれば、店子は地主にサルゴフリーを請求できなくなった。

新法下におけるサルゴフリーの価格

しかしながら、新法のサルゴフリーは、じつはプロト・サルゴフリーとまったく同じではない。

というのは一九九七年関係法下においても、契約期限が満了しておらず、かつ地主が最初に店子からサルゴフリーの名目で金銭を受領してさえいれば、店子はサルゴフリーを地主に請求できるからである。プロト・サルゴフリーは、あくまでも店子どうしの間の権利金であり、このやり取りにかんして地主は埒外の存在であった。ところが新法では、上記の条件が整えば、店子は地主にサルゴフリーを支払うよう迫ることができる。これは、きわめて大きな違いである。

しかもこのとき店子は「その時点での適正な価格によるサルゴフリーの請求権を持つ」（一九九七年関係法第六条注二）のである。

表5　関係法の新旧規定対照表

	営業権（1960、1977年関係法）	サルゴフリー（1997年関係法）
金銭の名目的性格	店舗の集客力の価値（立地、面積、店子の信用・名声、入居期間の長さなどが反映）	賃貸料の前払い、格別に有利な契約条件を店子が放棄する際の代価
権利の成立要件	店子の入居によって発生	契約当初にマーレキにサルゴフリーの代価が支払われていること
店子による請求	契約期間を過ぎても可能	賃貸契約期間中に限る
価格	変動性の価格	変動性の価格

出所：筆者作成。

この「適正な価格」がいったいどのように決まるのか、条文には明記されていない。ホメイニー師の見解のなかにも具体的な指針は出てこない。法曹のなかには、契約当初に支払われるサルゴフリーという名目の金銭はあくまでも賃貸料の前払いという位置づけである、したがって店子が請求できるのは、最初に払った額もしくはそれ以上にはなり得ない、と主張する者もある。*39

しかしながら一九九七年関係法第十条には、サルゴフリーの額に関して当事者どうしの合意が形成され得ない場合には裁判所がこれを決定する旨の規定がある。ケシャーヴァルズによれば、多くの裁判官が、店子が請求するサルゴフリーはその時点における適正な価格で支払われるべきであるという考え方を支持している。*40 したがって事実上、新法のサルゴフリーもいわば市場において変動する価格として認められていることになる。契約期間中に店舗の評判が著しく向上し客の入りが伸びた場合などは、店子は自分が契約当初に支払ったサルゴフリー以上の額を地主に請求することができるということになる。新法のサルゴフリーは、じつはこの点において従来の営業権の考え方に準じているのである。

法学上の議論としては吟味の余地を残しながらも、ひとまず現場の法曹の判断としてはサルゴフリーが変動性の市場価格であることを認めようというのが趨勢のようである。

一九九七年関係法の改正の要点を、いまいちど確認すると以下のとおりである。

第一に、契約期間がすでに満了している場合には、地主はサルゴフリーを補償する責任を負わない。ここが、営業権をめぐってイスラーム法学者が呈してきた疑義の中心部分であった。店子は契約期間の満了をもってすべての権利を失うのである。

第二に、最初に地主がサルゴフリーという名目の金銭を受け取っていない場合は、地主はサルゴフリーを補償する責任を負わない。これは、営業権の規定に一定程度の制限を設けたものと理解できる。すなわち「契約がサルゴフリー方式であること」を地主が必ず了解していなければならない。

この二点が、今後サルゴフリー方式賃貸契約が成立するための必須要件となった。[*41] 一九七七年関係法との大きな違いである（表5を参照）。

第4節　あたらしいサルゴフリーの誕生

地主のリスクを排除

こうした改正を経て、一九九七年関係法施行後は商業不動産の賃貸借契約において地主が想定していないような支払い責任は生じないことになった。

営業権条項の下では、通常の賃貸すなわちハーリー方式（第1章を参照）は地主にとってリスクを伴う契約形態であった。賃貸借契約の条件とは無関係に発生する賃借人の権利として営業権が定められていたため、地主は事実上、ハーリー方式で貸したくとも貸せないという状況が続いていたことが理解できる。

しかし一九九七年関係法下では地主の望んでいないものに賃貸契約が転化する不安は払拭され、地主はハーリー方式を憂慮なく選択することができるようになった。地主がただの賃貸（すなわちハーリー方式）のつもりで店舗を貸したにも拘わらず、店子の退去時に高額のサルゴフリーを請求される、といった事態はもはや起こり得なくなったのである。

地主にとってはひと安心というところであろう。

営業権条項が削除された一九九七年関係法は、一見すると、営業権が登場する以前の（すなわち店子どうしの間で授受されていた権利金としての）プロト・サルゴフリーへの回帰を意図しているかのように思われるが、それは誤りである。

というのも新法は、「最初に地主がサルゴフリーを売却していれば」という条件とともに地主によるサルゴフリーの補償を認めているからである。地主は彼が売却したサルゴフリーを返還してもらうときには、店子にしかるべき金銭を支払わねばならない。

また新法の条文には「賃貸人の信用・名声」云々の文言はなく、サルゴフリーの価格を構成する要素が何であるかは書かれていない。しかしそれは結局、現実の不動産市場で営業権の価格を構成していた要素と同じものであり、その集客力で決まる商業施設の用益権の価格にほかならない。

すなわち、新法のサルゴフリーはプロト・サルゴフリーと同じものではなく、地主と店子との間においても授受されることが想定された、あたらしいサルゴフリーなのである。

関係法が改正された一九九〇年代末には、地主を巻き込んだ店舗の用益権の売買制度としてのサルゴフリー方式賃貸契約がすでに広く普及していた。営業権がいかに、イスラーム法上違法なものを含んでいたとしても、サルゴフリー方式賃貸契約を頭から否定することはイラン社会に無用な混乱を招くだけの結果に終わったであろう。これに代わり、一九九七年関係法は、契約期間は遵守されねばならないこと、契約当事者のあずかり知らない権利の発生は認めないことを「サルゴフリー」という用語に集約したのである。モンタゼリー次官は審議のなかで営業権とサルゴフリーとを区別せずに発言する議員にたいしてこう述べている。

「……我々はこれまで、過去の法律においてサルゴフリーの問題はいっさい持たなかったのです。あったのは営業権という問題であって、我々の法律のなかではサルゴフリーという名目のものは何もなかったのです。*42」

新法のサルゴフリーは、過去の関係法において営業権として規定されていたものと明確に峻別されるべきだという主張が感じられる。一九九一年に体制利益判定委員会が出した「営業権については一九七七年関係法に従うべし」という指示（本章第1節を参照）とも矛盾しない。営業権がイスラーム法の観点から問題を孕んではいても、それを全否定することは避け、あらためて営業権とは異なるものとしてサルゴフリーを規定した。これは一九九七年関係法が、一方でイスラーム法学上の整合性を追求しつつ、一方では単なるプロト・サルゴフリーへの回帰ではなく現実社会の既存制度を前提として営業権的な要素を残したあたらしいサルゴフリーのあり方を事実上受け入れていることを示唆している。

法の適用除外

以上のように、一九九七年の法改正によって、伝統的な賃貸借契約では認められていなかった、関係法における異分子の存在がイスラーム法学の立場から矯正された。ハーリー方式は実質的に地主の資産運用の選択肢として返り咲き、ミルスポー諸権限法以来サルゴフリーの支払いをめぐってしばしば引き起こされてきた地主と店子との係争は未然に防がれることになった。

もっとも先にふれたとおり、一九九七年以前にすでに賃貸されていた店舗は、新法の適用を免れている。一九九七年関係法第十一条は「この法律の制定以前に賃貸された場所はこの法律の適用から除外され、それに適用されることになっている諸規定に従うものとする」と定めている。

すなわち、すでに貸し出されている店舗は、サルゴフリーの転売で店子が入れ替わっても契約そのものは継続していると見なされるため、地主がサルゴフリーを買い戻して仕切り直しをしないかぎり、今後何年経っても新法が適用されることはない。一九九七年関係法の下ですでに高額のサルゴフリーを買い取っていた多くの店子たちの既得権益については不問とされたのである。

第五イスラーム議会での審議ではこの条項について、法の施行後数年間の期限を区切って契約を仕切り直すよう促すべきだという異論も出たが、提案は否決された。[*43] 社会的な混乱を最大限避けようという意図であろう。したがって一九九七年関係法は、同法制定以降に初めて賃貸契約が結ばれる店舗についてのみ適用されることになった。

この結果、第1章で紹介したとおり、今日にあってもサルゴフリー方式賃貸契約はテヘランにおける最も一般的な店舗の占有・使用形態でありつづけている。一九九七年以降はハーリー方式が実質的な選択肢のひとつに加えられたものの、いまだにサルゴフリー方式は優勢である。はたしてイラン革命後に実施された賃貸人・賃借人関係法の大きな変更は、制度にいかなる影響をも及ぼさなかったのであろうか。

次章では、一九九七年の法改正の影響を具体的に分析し、所有する商業不動産の運用にあたりイランの地主たちが本当はどのような選択肢に直面してきたのかを、いまいちど慎重に問いなおしてみたい。

第6章　今日の地主の選択

第1節　法改正の影響

三つの選択肢

一九九七年の法改正を経て、サルゴフリーの制度をめぐる状況と、資産運用を考える地主を取り巻く状況は著しく変わった。一九九七年関係法は、店子がサルゴフリーを請求できるためには、契約期間が終了しておらず、かつ地主が契約の当初に店子からサルゴフリーの代価を受領していることを条件としたため、もはや地主の意思に反して自ずとサルゴフリーが生じることはなくなった。

一九九七年関係法には九九年に制定された運用上の規則（āyīn-nāme-ye ejrāī）が付されている。[*1] その第十四条にも、新法の趣旨がいっそう明確に読み取れる。

「公証役場（dafāter-e asnād-e rasmī）は、賃貸契約書作成の一般的条件に加え、営業用に使用される場所、および関連する諸規則に則り営業用の使用を目的として引き渡される場所の賃貸契約書（sanad-e ejāre）において、賃貸契約が、サルゴフリーを伴うものか、サルゴフリーを伴わないものかを定めなければならない」

すなわち、契約当初に地主と店子との間でその契約がサルゴフリー方式賃貸契約であるか否かについて、明確な合意を持つべしという趣旨である。

換言すれば、今後は契約書に「この契約はサルゴフリーの授受を伴って開始された」と明示的に記さないかぎり、それはすなわちハーリー方式の賃貸借契約だと見なされるようになったのである。ハーリー方式であれば、我々がふだん考えるところの「賃貸」と同様に、店子は契約期間の満了とともにいかなる金銭的代価をも請求することなくすみやかに立ち退かなければならない。

翻って、もし当事者にサルゴフリー方式で賃貸契約を結ぶ合意があるならば、サルゴフリーの価格は変動性のものであってもかまわない。店子は契約当初に地主に支払った以上の金額を、退去時に請求できる可能性がある。ちなみに、イスラーム法学者たちが斉(ひと)しく違法だと指摘した「契約期間を超える占有」という問題は、立ち退きの最重要の要件として契約期間の満了を位置づけることで処理された。店子は契約期間が満了するたびに必ず契約を更新し、そこを占有・使用することについて地主から了解を取る必要がある。したがって店子がサルゴフリーを請求する時機は、一日でも二日でも、契約期間が満了する以前でなければならない。

この法改正によってようやく遊休店舗を所有している地主には資産運用上の三つの選択肢、すなわちサルゴフリー方式、メルキー方式、ハーリー方式が名実ともに用意されることになった。というのも歴史的には、ミルスポー諸権限法規則に起源を持つ営業権の導入から一九九七年の法改正まで、ハーリー方式は地主にとって事実上の選択肢から除外されていたと考えられるからである。第4章に挙げた、ハーリー方式のつもりで賃貸し、あとから営業権の補償を請求されて困惑した地主の事例を思い起こされたい。歴史的経緯に照らせば、ハーリー方式は営業権の導入から四十年余りの間、地主にとって真にリーズナブルな選択肢にはなり得なかったが、法改正後は巨額の立ち退き料を請求される恐れなく採用することができるようになった。その意味ではサルゴフリー方式も以前に比べて（当事者の確然たる合意に基づいているという意味において）より瑕疵のない制度へと生まれ変わったと言える。

これまでのところ、一九九七年の法改正ははたして制度全体にどのような影響を及ぼしているのであろうか。前述のとおり、今日のイランの不動産市場ではサルゴフリー方式がいまだ多数派を占めている。一九七七件関係法の適用される物件が不動産市場に数多く残されていることが制度全体の変化を緩慢にしていると考えられる。

しかし近年では、利に聡い地主たちは選択肢として新たに加えられたハーリー方式や、法改正以前から選択肢としては存在していたはずのメルキー方式などに、少なからず関心を寄せていることも事実である。本章では地主にとってのこれら三つの選択肢を念頭に置きつつ、法改正後の市場について行った調査結果を分析し、制度のさらなる変容を追いたい。

判断にあたって

一九九七年の法改正の結果、新規に店舗を賃貸しようとする地主には、以下の三つの選択肢が与えられることになった。（イ）店をハーリー方式によって賃貸する、（ロ）店をサルゴフリー方式によって賃貸する、（ハ）メルク（の完全所有権）を売却する。

（イ）のハーリー方式であれば、地主は月極めの賃貸料を店子から受領する。好条件の場所であれば高額が期待できる。家賃の取り立てなどいささかの面倒はあっても、かりに意に染まない店子であれば契約更新しないという手段に出ることもできる。

（ロ）のサルゴフリー方式は従前どおりである。

（ハ）のメルキー方式であれば、地主はサルゴフリーとメルクの所有権とを一括して売却してしまうため、彼はもはや地主ではなくなり、しかし手元には巨額の代金が残る。これを預金する、もしくは他の土地にさらなる投資を行うなどの運用策が考えられる。*2

言うまでもなくこれらの選択肢にはそれぞれ一長一短がある。例えば地主は、（イ）の月極めの賃貸料による収益と、（ロ）のサルゴフリー代金をどこかに投資して得る運用益とを秤（はかり）にかけ、いずれか有利な方をとることができる。ただしかりに（イ）のハーリー方式を選んだ場合も、高額の月額賃貸料を滞りなく納められる優良な店子がつねに見つかるとは限らない。同様に（ロ）のサルゴフリー方式で貸す、もしくは（ハ）のメルキー方式で売却するとして、受け取った巨額の代金の有望な投資先を十分に確保できることが前提である。

ちなみにメルクやサルゴフリーを売却した場合の資金の投資先について、あるインフォーマントはこのように語った。

「他のメルクを買うのが普通ですね。もちろん自分がサルゴフリーを売った店舗の維持費などがかかるのは確かですが、金を持っている連中はそのままにしておくということはなく、他の不動産を買います。……新聞によればラシュトでもマシュハドでもエスファハーンでもみな土地が高騰しているそうです。不動産は最もリスクが小さい。」（SSC, 2003/6/26）

（ペルシア語原文音写資料18）

このように、新たな不動産や貴金属などに投資するにしても、数年先の物価水準や為替レート、国際政治情勢や景況などを地主なりに予想して判断せねばならず、その判断は容易でない。

さて現実には、地主たちははたしてどのような判断を下したのであろうか。

一九九七年関係法の新しい選択肢の下で、商業施設（店舗）全体における三方式の割合には、じつは次のような変化が見られたのである。

変化の徴候

一九九七年関係法の改正以前の不動産市場における三方式の割合を示すデータは、管見のかぎり残されていない。したがって、今日の時点で一九九七年関係法施行を境にして両者の割合に変化があったか否かを量る術はない。次善の策として、テヘラン市内五ヶ所の主要商業地区において実施した聞き取り調査結果に基づき、一九九七年の法改正からのおよそ十五年間に何らかの変化の徴候が見られるか否かを確かめた。

調査は、テヘラン中心部の繁華な街区において第一次（二〇〇一～〇四年）と第二次（二〇〇七年）および第三次（二〇一一～一二年）に分けて行った。それぞれの時期について、その地区の店舗全体にサルゴフリー方式の物件・メルキー方式の物件・ハーリー方式の物件の占める割合がどの程度かを見るものであった。インフォーマントはそれぞれの地区に営業の拠点をもつ不動産業者である。第1章における調査（表2を参照）と同様に、インフォーマントの不動産業者には、彼の取り扱い地区もしくはそのなかでも特によく知られた商業地区について、ハーリー方式、メルキー方式、サルゴフリー方式の店舗がそれぞれどのくらいの割合であるかを答えてもらった。彼らは、自社の営業守備範囲の地域での、日頃の取引実績に基づいておおよその割合を推定している。

三次にわたる調査のいずれにおいても、不動産業者は異口同音に「ハーリー方式の物件はひじょうに少ない」と述べた。法改正がなされるまでハーリー方式は地主にとって現実的な選択肢ではなかったことに鑑みれば、これは順当である。ただしインフォーマントたちはハーリー方式はほとんど採用されないとしながらも、それが皆無であるとは明言しなかった。じつはこれは、メルキー方式の物件のなかには不動産業者を通さずにハーリー方式で賃貸されるものがあり、彼らがあずかり知らないハーリー方式の物件が存在する可能性があったからである。

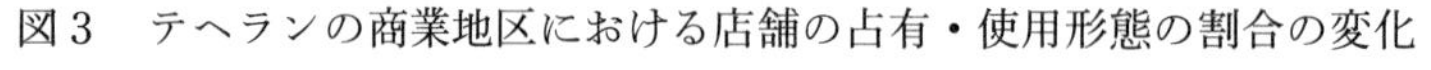

図3　テヘランの商業地区における店舗の占有・使用形態の割合の変化

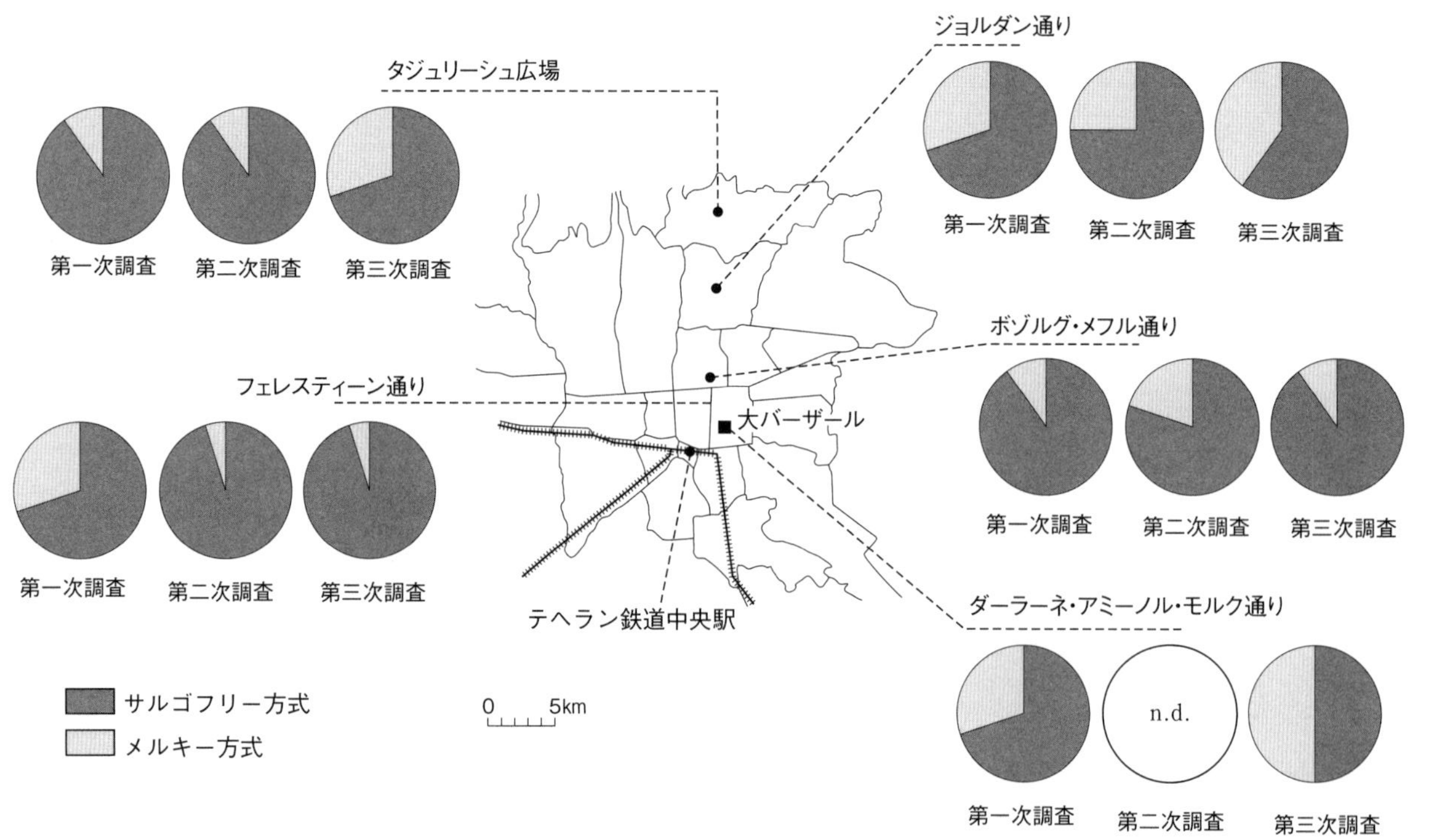

出所：Iwasaki, "Shop-lease Contract…", p.374.
注1：「ハーリー方式」は「メルキー方式」の一部に含まれるが、いずれの地区においてもその事例はきわめて少なく実数は明らかでない。
注2：第一次調査：2001〜04年　第二次調査：2007年　第三次調査：2011〜12年

この点について、ある不動産業者の興味深い発言もあった。

「わたしはここにもう八年おりますが、そういう賃貸（ハーリー方式のこと）は一件もありませんでした。もしあったとしても、店の持ち主は大バーザールの旦那衆に直接連絡をとって自分たちの知り合いに貸すでしょう。不動産屋を通すことはありません。というのも、知らない人に貸すのを嫌がるからです。出て行かないでしょう、そういうのは。一、二年の約束で貸しても出て行かない。サルゴフリーを（持っていると）主張する（居座る）でしょう。」（MAN, 2004/8/22）

（ペルシア語原文音写資料19）

すなわち、法改正について知らない、あるいはその実効性について懐疑的な地主がいまだハーリー方式で店舗を賃貸市場に出すことに不安を抱えているというのである。

さて調査の結果は図3のとおりであった。このうちメルキー方式の物件のなかにさらにハーリー方式の物件が一定数含まれると推測される。

第一次、第二次の時期には、いずれの地区でもサルゴフリー方式の割合は七割を超えていた。前章でふれた一九九七年関係法の適用除外条項のために、法改正の以前からサルゴフリー方式で貸し出されていた店舗の契約はそのまま継続する（つまり地主は、もし店舗をハーリー方式で貸し出したい場合には店子からサルゴフリーを買い戻して、いったん契約を完全に終了させる必要がある）ため、サルゴフリー方式が多いのは自然と言える。ただし法改正から十年を経た第二次調査の時点においてすら、「近年サルゴフリー方式を採用する物件が減ったと思う」と答える不動産業者は一人もなかった。あいかわらずサルゴフリー方式は大部分に採用されていた。

ところが、第三次調査では少しく様相が変化した。五ヶ所のうち三ヶ所ではサルゴフリー物件の割合が目立って減少しはじめた。しかも、それらの地区ではサルゴフリー方式に代わってハーリー方式が増えたのではなく、じつはメルキー方式が増加していたのである。

第2節　不動産市場と地主

メルキー方式の増加

聞き取り調査によれば、メルキー方式を採用する店舗の増加には次のような背景があるという。大バーザール内のダーラーネ・アミーノル・モルクでは、長年そこで商売を営んできたサルゴフリーの持ち主や新規参入の商人が、地主からメルクの所有権を買い取るという事例が増えたために、サルゴフリー方式の割合が減った（MPF, 2011/5/14）。前述したとおり古い商業地であればあるほどメルクの価値は小さく、しかも均分相続されている場合が多いため、地主たちに所有しつづけるメリットがほとんどないためである。

一方、タジュリーシュ広場やジョルダン通りでは、近年大規模な再開発による大型店舗の建築が進み、そうした新築物件ではメルキー方式による売却が好まれる傾向があることから、サルゴフリー方式の割合が減った。巨額の建設コストを回収する必要のあるディベロッパーは、賃貸するよりもすみやかに売り抜けることを考えている。したがって彼らにとってサルゴフリー方式やハーリー方式は論外である。

こうした事情をよく知る不動産業者は次のように述べた。

「新築のパーサージであれば……メルクを売ってしまいます。というのも、そういうのは二階、三階まで店舗を造るでしょう。どんどん高層にしようとすると上の階を造るには資金が要る。それで前もって下の方の階の店舗をメルクと一緒に売ってしまうのです。」

「つねにサルゴフリーが売りたいという人もいます。子どもたちのためにも、何か恒常的な収入があるのがいいと考えている。しかし人によっては考え方が欧米風になっていて、かなり巨額の投資をする。手に入れたメルクをより高く売って、今日手に入れた金でもっと良いものを手に入れる、という具合に。こういう人はメルクを簡単に売りますとも。サルゴフリーよりも金になる。善し悪しは二の次です。」（MAN, 2004/8/22）

（ペルシア語原文音写資料20）

ヴァリー・アスル通りの大規模な再開発による大型パーサージ。（筆者撮影）

高層のパーサージを建て、メルクごと売却してそれを元手に次の事業へ乗り出す。こうした地主の事業内容は昔ながらの大家業とは性格の異なる建設プロジェクトへと変わりつつあることが窺われる。もっとも一九九七年に関係法が改正される前から、メルキー方式自体は地主の選択肢のひとつとして存在していた。地主がメルクを売却するのにこれといった制約はなかった。したがってメルキー方式が増えつつあるという昨今の状況を、法改正の影響と直接に結びつけて論じることはできない。メルキー方式の増加は、メルク価の相対的な下落や再開発ブーム、資産運用の定石の変化など、以前とは異なる状況を作り出している他の要因に促されたもののようである。

選択されないハーリー方式

一方聞き取り調査の結果によれば、ハーリー方式を採用する物件はさほど増えていない。法改正によって新たにハーリー方式が地主の資産運用の選択肢に加えられたものの、少なくとも改正後十五年間に新規にこれが選択される例は限られていた。

もっとも先にふれた大バーザールの古い商業地では、新たにメルクの所有権を買い取った商人が、自らそこで営業することはせず、店舗を誰かにハーリー方式で貸し出すことが少なくないという。これは、最近の利潤率の落ち込みに伴い、商売よりも賃貸料収入のほうが安全だと考える商人たちの当面の経営判断である（MPF, 2012/7/1）。したがって市況が変われば、また持ち主が舞い戻り自ら商売に勤しむ可能性がある。

一時的にせよ、商人たちが気軽にハーリー方式で店を貸すことができるようになったのは法改正の結果と言えよう。しかしこれが今後のテヘラン市内の不動産市場における趨勢となるか否かは予断を許さない。なぜなら、大バーザールの事例以外にハーリー方式が増えていると指摘するインフォーマントはいなかったからである。

しかもさらに興味深いことに、不動産市場ではいまだハーリー方式に不安をうったえる地主が少なからず存在した。大バーザールの地主たちはハーリー方式の店子から、契約当初にまとまった保証金（無期限の約束手形など）を取り、万が一立ち退きの際にサルゴフリーを請求された場合に備えるという（MPF, 2011/5/14）。法律が変わったという事実について、第4章第3節あるいは前節に登場した不動産業者の発言に見られるとおり、当事者全員がその内容を十分に理解しているわけでも、またその実効性を信用しているわけでもなかったのである。

サルゴフリー方式の根強い人気

全体として、サルゴフリー方式はあいかわらず積極的な支持を得ていた。二〇一二年の夏、テヘランを南北に貫くヴァリー・アスル通り沿いに百軒近い店舗が入る大規模パーサージを建設中だった地主に話を聞いた。彼はサルゴフリー方式の熱心な支持者であった。メルキー方式が増えつつある最近の状況に水を向けると、彼は次のように語った。

「(メルキー方式を採用する人たちは)その地区の将来的な展望というものが頭にないのです……もし五十人がメルクをそれぞれ持っているとしましょう。嫌だけれど、悪い奴も来る、良い人も来る……個々の持ち物だと、(例えば)いきなり鍛冶屋が入ってくる。あるいは看板屋。他の全く違う職業が。これでは建物全体に害になる……メルクを売って去ってしまう人というのは、社会の将来を考えていない。建物を造って利益を上げて、さようならだ。もめても知るものかと。」(SSC, 2012/7/2)（ペルシア語原文音写資料21）

彼は地主が主導権を握ってパーサージに集積を作り出して守り立て、中長期的に手堅い収益を上げていくこれまでの伝統的な資産運用をよしとしている。この地主だけではなく、その近くに拠点を持つ不動産業者もまた、新築のパーサージであってもメルクを売却せずに、サルゴフリー方式によって賃貸するほうがはるかに一般的であると強調した。制度は連綿と続いているものであるから、もとの形をなるべく保ち社会の秩序を維持しようとする力、いわば経路依存性が作用すると考えることもできる。

したがって減少したとはいえ、図3のグラフに示したとおり、二〇一二年時点にあってもサルゴフリー方式は十分に多数派と言える。サルゴフリー方式賃貸契約は、一九九七年関係法が施行されたのちも、イランで最もポピュラーな店舗の占有・使用形態であり続けており、この意味では、一九九七年関係法がイランの賃貸不動産市場の動向に与えた変化は法改正から十五年後のこの時点では、いまだ限られている。

第3節　なぜサルゴフリー方式か

地主の地位

第5章で詳しく論じたとおり、一九九七年関係法の改正は、営業権を廃止し新たにサルゴフリーを初めて規定するという大きな変更を伴った。このイスラーム法学者による矯正の結果、ハーリー方式、メルキー方式、サルゴフリー方式の三つが現実的な選択肢として出現した。それにも拘わらず、現実の不動産賃貸市場ではハーリー方式やメルキー方式が、サルゴフリー方式に代わる新たな選択肢として急浮上している様子はない。過去においても、もとより一九六〇年関係法の施行下では地主によるメルクの売却を妨げるものは何らなかったはずであるにも拘わらず、市場においてつねにサルゴフリー方式の割合がメルキー方式を大きく凌駕していた。

多くの地主が依然としてサルゴフリー方式を支持している。単なる個人的な資産運用の範疇を超えて、地域社会のあり方に一家言のある地主はサルゴフリー方式を熱烈に支持していたことを想起されたい。

サルゴフリー方式賃貸契約がかくも広範に普及し、法律が変わり資産運用の定石が変わってすら容易に消え去る気配を見せないことの背景として、法制度の枠組みをさらに超えた文化的要因をも指摘することができる。

サルゴフリー方式賃貸契約は、土地の生産性（集客力）が伸びても地主の持つメルクの所有権の価格にはのびしろが認められないような、地主にとってかなり分の悪い制度設計に思われる。それにも拘わらず、地主がサルゴフリー方式を選び、あえてメルキー方式を選んでこなかったのはなぜだろうか、という問いかけに、インフォーマントたちは少しの間考えてから、このように答えている。

「地主は、古めかしい所有権がひとびとの間でつねに力を持ちつづけることを願っているのだと思います。モノ（を持っているという事実）だけでなく、自分は地主だ、とまわりに言いたい。こうした傾向がまだイラン社会の中に支配的です。（メルクを所有することに）特に（経済的）利点はありません。」（DKH, 2004/8/22）

（ペルシア語原文音写資料22）

「メルクはたいした価格でもないし、サルゴフリーを手放してしまった物件については地主の権利は弱い。なぜすべて売らないのかという問いはもっともです。……しかし地主はいつでも自分にへつらってくれる相手が欲しい。旦那、ご機嫌はいかがですか、などと言われたいのです。」（MS, 2003/6/26）

（ペルシア語原文音写資料23）

地主は、少額の月額賃貸料収入や、いつ手に入るとも知れない転売時の同意金収入などの金銭的利得ばかりでなく、「地主という地位」そのものを重視しているというのである。

「地主（マーレキ）」という呼称は、広大な土地を所有したイランの伝統的な大土地所有者を髣髴とさせる。イランでは少なくとも近代以降、いくつもの農村（一村まるごとの場合と部分的に持っている場合とがあったと言われる）を所有する大地主の支配が知られてきた。地主と呼ばれた彼らは、乾燥した砂漠に何十キロメートルもの灌漑用の地下水路（ガナート）（qanāt）を引き、農民を抱え込んで村を造成し、衣食住のファシリティを与えながら耕作させ得るような桁違いの財力を誇った。[*3] それはイラン社会のほんのひと握りのひとびとではあったものの、地主という言葉はしばしばそうしたイメージと結び付いている。

インフォーマントの発言は、サルゴフリー方式の広範な普及とその継続は、いわば地主という社会的地位へのひとびとの恋々とした心情を反映したものであるという、おそらくは一面の真実を突いた説明と言える。ヴェブレンが指摘した「衒示的消費」の存在を思い起こさせるこの種のモチベーションを、経済分析のなかに取り入れることは容易ではないが、サルゴフリーの制度の理解には一定程度、有効であるようにも思われる。[*4]

このように考えると、メルキー方式がサルゴフリー方式とつねに併置されてきた選択肢であったと考えることは、適切でないかも知れない。当時の地主はあくまでも店舗を賃貸したかったのであって、もとより彼らには店舗の所有権、すなわち地主の地位を手放すという意思はまったくなかった可能性があるのではないだろうか。

地主は過去から続くシステムのなかで、ルーティーンを繰り返しながら、最も馴染みのある、そして社会的に認知度の高い資産運用方法を、想定され得るリスクを最大限回避しながら踏襲してきた。過去の一定の時期においては、サルゴフリー方式はまさしく地主にとって（消極的ではあるかも知れないが）最良の選択肢であり、だからこそ選ばれ続け、その結果サルゴフリー方式賃貸契約が広範に普及するに至ったのである。

メルキー方式の現実味

この一方で、今日の不動産市場において起こりつつある部分的な変化は注目に値する。聞き取り調査でのインフォーマントたちの発言からは「メルクの売却」という資産運用の方法が、最近になって徐々に地主の選択肢として現実味を帯びてきていることが窺われる。理論的には過去においてもつねに選択肢のひとつであったメルキー方式が、ようやく近年になって増加傾向を示している背景には、建物の高層化に象徴される建築技術の進歩や金融市場

小さな店舗のサルゴフリーを買い集めて再開発しメルキー方式で売り出す業者も増えている。（筆者撮影）

の発達といった四十、五十年前とは異なる条件が影響していることは言うまでもないが、同時に、次のような要因が働いている可能性も指摘できる。すなわちメルキー方式の増加は、賃貸よりも売却の方がはるかに面倒がないというイラン社会における人心の変化を反映しているのではなかろうか。

一例として、メルキー方式が少しずつ増えていることが判明した第三次調査での、ある不動産業者の発言である。

「目下ひとびとの慣行はだんだんメルキー方式へ向かっています。というのも、地主と店子の関係が頭痛の種だからです……例えば、店子がサルゴフリーを持っていてこれを売りたいとする。地主はふつう（同意金を）一〇%以上取ることはありませんが、場合によっては二〇%よこせだの、三〇%よこせだの、もめることがある。地主もこういうゴタゴタ

が好きではないのです。」（MAG, 2011/5/5）

（ペルシア語原文音写資料24）

誰しも、もめごとは避けたいものである。地主にせよ店子にせよ、契約期間が長くなれば諸般の事情が変化し、賃貸料の改定、建物の修繕、サルゴフリーの同意金の額などさまざまな条件が当初の取り決めどおりに事がすまない場合がある。人間関係を破綻させないように交渉し、適当な妥協点を探るという、昔の地主にとっては苦にならなかった店子との交わりが、昨今の若い地主には思いのほか負担になるという。

そのため次第に、今後はメルキー方式が増えていくのではないかとこのインフォーマントは予想しているのである。地主と店子という社会的関係そのものが煩わしいという新時代の地主たちにとっては、もはや不動産の賃貸は余計な心配ごとの多い旧いタイプの資産運用術と考えられているのかも知れない。

こうした変化が、いずれサルゴフリー方式賃貸契約の制度全体にどのような転換をもたらすのかは定かではない。ミルスポー博士がやって来た頃と同じように、変化は少しずつ進み、制度を取り巻いている大状況は日々移ろっているからである。

終章　法と経済の相克

ミルスポー諸権限法規則が施行されてから七十五年が過ぎた。その間イランは、第二次世界大戦の終結、石油国有化、イラン革命などの激動期を経験し、ひとびとが置かれた政治的・経済的状況は劇的に変わった。国家財政を支える巨額の石油収入は、未曾有の経済成長とともに都市化をも招来した。テヘランははなはだしく拡大し、経済的にも文化的にも首都への一極集中が進んだ。道に数えるほどの自家用車しかなかった時代には、今日のテヘランのような交通渋滞と、車の排気ガスによる尋常ならざる大気汚染はおそらく予想だにされなかったことだろう。

時代は大きく動いた。かつて物資流通の機能は市の南部の大バーザールと周辺店舗が担ったが、ほんのひと握りの例外的場所にだけサルゴフリーが生じた時代は過ぎ去り、経済成長と都市化が商業地全体の収益性を押し上げた。その結果、今では市内のほとんどの店舗がその集客力を反映した相応のサルゴフリー価を持っている。路地裏の個人商店、ファースト・フード店、卸売商の集積地、名を知られたパーサージ内のきらびやかなブティックまでもが、多くの場合、本書が取り上げたサルゴフリー方式賃貸契約の下に営業している。しかし一方で、これまでに明らかとなったサルゴフリー方式賃貸契約の制度形成の道筋に照らせば、今日のサルゴフリー方式賃貸契約の隆盛は、まさにミルスポー博士のやって来た時代のイランにおける日常が連綿と今日にまで繋がっていること、そして制度はつねに歴史的な連続性のなかにあることの証左にほかならない。

サルゴフリー方式賃貸契約は、西欧に範をとる「近代化」の課題に直面した西アジアの旧大国イランが伝統的な価値体系から大きく一歩を踏み出し、紆余曲折の末にイスラームへの回帰を標榜した革命へと至る激動の時期の、きわめて歴史的な状況下においてかたちづくられた、ひとつの経済制度であった。

今日のイランで初めてこのサルゴフリー方式賃貸契約に接する者は、土地の生産性（集客力）が伸びても地主の持つメルクの所有権の価格にはそれが反映しないという価格構造を持つこの制度を、一風変わったもののように感じるかも知れない。サルゴフリー価が急騰したとしても、地主が手に入れる賃貸料の水準がそれに応じて引き上げられることはない。しかしそれは、モノ自体の所有者と利用収益の所有者とがそのモノにたいする支配をめぐって併存し得るという、イランの（あるいはイスラーム法の）伝統的な賃貸人と賃借人との関係をその基礎に置いている。その場所で商売をする人物に地の利を与えたのは、それまでそこで商売をしてきた人物であって地主ではない、というイランの不動産鑑定士の説明は、プロト・サルゴフリーがほんらい「利用収益の所有者」である店子どうしの間で地主と無関係にやり取りされた金銭であったという歴史的事実の背後にも潜む、イランのひとびとのひとつの経済観を象徴しているように思われる。ミルスポー博士が地主に課したサルゴフリーの補償責任が、ほんらい埒外にあるはずの地主を店子たちのサルゴフリー授受慣行に巻き込む法制度上の端緒となったとはいえ、歴史や地域の文脈に沿ったイランの法律はあいかわらず、店子の営業が生み出した店のプレミアムの一部がかならず地主の取り分であるとは認めなかったのである。その意味で、今日のサルゴフリー方式賃貸契約の制度設計になんら驚くべき点はない。

一九六〇年関係法の営業権の導入によって店子の立場はいよいよ強化された。時代が進むにつれサルゴフリー価がかつてなく膨張し、ハーリー方式のつもりで貸し出した店の店子からさえ高額の立ち退き料を請求される可能性が生じた。契約の更新や解消は事実上地主の自由ではなくなり、メルクの所有権の価値は相対的に暴落した。資産としてのメルクを保全し、かつメルクの賃貸から得られる収益を確保するためには、賃貸契約のあり方を抜本的に変えるよりほかない。そこで地主は契約の当初にメルクの予想利用収益の大半を受け取り、残りは少額の月額賃貸料によって受け取るという方式をとり始めた。店子はこれを受け入れ、また同意金の授受を介して、地主と店子のどちらかが極端に得をする、あるいは損をすることのないよう非公式の調整が行われた。店子が「利用収益の所有者」としての利得の一部を地主に還流させることで、法的な強制力にはよらずに、社会関係を円滑化し、ひいては市場全体の経済活動を活性化させる効果がもたらされた。サルゴフリーをめぐる伝統的な商慣行は、混乱を経て、一定程度の合理性をもって機能するひとつの経済制度へと変容した。こうして今日のサルゴフリー方式賃貸契約がかたちづくられたのである。

この過程で地主はあくまでもメルクを賃貸し、資産を保全することを目指したのではないかと考えられる。営業権導入によって、ハーリー方式は地主の選択肢から事実上除外された。またメルキー方式は、メルクを保全するという地主の意思を前提とすればもとより選択肢にはなり得なかった。地主は、自身や家族のみならず孫子の代にいたっても継続する権利を手元に残す、そのために当該時点で最も損のないかたちを模索したのである。

したがってサルゴフリー方式賃貸契約の制度は、地主による「あれか、これか」の選択の結果ではなくむしろ、伝統的な賃貸人・賃借人関係を起点としながらも国家が導入したルールの下でひとびとが調整を繰り返したすえに、あり得べきかたちに、成るべくして成ったものであったと言える。そのように現実の制度は、法文に「書かれたもの」「意図されたもの」と、「それが解釈されたもの」「それが運用されたもの」としての経済実態とが絶え間なく相互に干渉しあうことによって作り出されている。

法が運用されたものとしての経済実態は、当事者たちの算盤勘定（そろばんかんじょう）――きわめて強力に時代を反映した「経済合理性」と言い換えてもよい――に直結していることも我々は忘れてはならない。慣行や法が規定する店舗の地主と店子という関係のなかで、地主はどうすれば資産を守れるか、店子はどうすれば損にならないかを、つねに考えながら行動しているのである。

これまで優れた法社会学・法人類学者たちは法の一元性を侵食する要素として、一社会における多様な倫理・文化的規範の存在に注目してきたが、その他に（あるいはそこに含まれるのかも知れないが）、ひとびとのより功利的な経済の論理によっても、侵食はつねに続いているはずである。

本書が明らかにしたように、「サルゴフリー売買を伴う賃貸契約」が形成された背景には、第二次世界大戦後のイランという歴史上の舞台では、確かな資産運用の方途としてもっぱら伝統的な土地活用（不動産賃貸）がひとびとの支持を得ていたという事情がある。その制度形成は、そうした条件下で地主と店子とが「どのようにするのが得か」を追求した結果であるというかぎりにおいては経済合理性を持っていたが、時代の移ろいやそれに伴うひとびとの心性の変化によって、絶えざる変容の波にさらされたことは紛れもない。

経済合理性はつねに時代を映す鏡である。人間が何を合理的、あるいは最適と判断するかはあくまでも状況いかんであり、一国の政情や産業・技術の発展の度合い、より広い社会的な諸条件など、いわば人間を取り囲むその時点の大状況が彼の経済行動に大きく影響するからだ。したがって現在のイランで実践され続けているサルゴフリー方式賃貸契約はあいかわらずイランの市民生活にとってきわめて重要な経済システムであるものの、時代の流れとともに現れた新たな条件の下で眺めると、当初それが持っていた意義を少しずつ失いつつある。メルキー方式で売却される高層のショッピングモールが林立する今日のテヘランでは、サルゴフリー方式がかくも広範に普及することになった事情はもはや忘れ去られ、今ではそれはどこか古色蒼然として、古い商業地の形式的なしきたりのような印象をさえ与えている。

同時にこうした「時代を映す鏡」としてサルゴフリー方式賃貸契約を考えるとき、それはさまざまな巡り合わせが生んだイラン現代史上のきわめてユニークな現象、もしくは中東の一国の特異な事例という枠を超えたその普遍的な性質をも垣間見せている。

例えば、プロト・サルゴフリーに見られるような収益性の高い商業施設の用益権や賃借権が交換価値を持つという考え方に基づいた制度は、本書でもふれたようにフランスや中国、そして我が国など世界中に類似した事例が見出される。そうした考え方がいつから、どのようにしてイラン社会に普及するようになったのかを詳らかにする用意は本書にはないが、人口増加や都市化、市場経済の成熟といった世界史的な経済発展プロセスのなかで普遍的に生起してきた現象であったと考えることができる。

あるいはまた、モノ自体の所有者と利用収益の所有者とが独立に並び立つイランの伝統的な賃貸人・賃借人関係というものが、はたして真にイラン的（あるいはイスラーム法的）であるか否かについても、十分に議論の余地がある。それはむしろ、西アジアを含む伝統的な非西欧世界に広くみとめられる重層的で柔軟な所有権、もしくは用益権のあり方と通底するものである可能性もあるからである。

そうであるとすればサルゴフリー方式賃貸契約の制度形成は、イランというイスラーム世界の個別具体的経験であった以上に、非西欧世界のあちこちで繰り広げられた「近代化」という時代の要請が生んだ法と経済の相克の端的な事例のひとつと考えることができよう。

本書が詳解したサルゴフリー方式賃貸契約の制度形成の道筋には、法と、現実のひとびとの経済活動との間に働く双方向的な作用を見て取ることができる。第二次世界大戦中にミルスポー博士の挿入した一条の規則が、従来の伝統的な商慣行に思わぬ影響を及ぼし、混乱を生みながらもひとびとの無数の調整によって、新たな秩序がかたちづくられていった。サルゴフリー方式賃貸契約の制度形成のきっかけを作ったミルスポー博士や当時のイランの官僚たちには、後年のこうした複雑な制度変容を想像することはもちろん容易ではなかったはずである。あらゆる事物は社会のなかで複雑に絡み合い影響を及ぼし合っている。このあまりにも自明な事実は、しかし、今日の細分化された学問研究の諸領域のなかでしばしば後景に追いやられ、理論的な精緻化や定量的な分析のために現象の断片を全体から切り離すことで得られるクリアな属性こそが「科学的」議論の助けとされてきた。事物相互の関連性は希釈され、そのうちのいくつかは仮説を立証するための従属的ファクターに格下げされてきた。本書はそうしたアプローチにあえて距離を置き、法が定めるものと、現実のひとびとの経済活動とが、相互に甚大な影響を及ぼし合いながら、あらたな規範と秩序が形成されていく過程そのものに着目した。

イラン商業地における商人たちの慣行であったプロト・サルゴフリーが、国家の法的な枠組みのなかへ取り込まれることによってまったくあらたなシステム「サルゴフリー方式賃貸契約」へと変形し、それがさらに法をも変えていったダイナミズムは、社会のなかで法がまさに生きているということ、そして制度もまた生きているということを、我々に伝えているのではないだろうか。

注

序章　生きている法、そして制度

＊1――日本も近代国家としての体裁を整えようと、十九世紀末には主としてドイツ法に範をとった現行民法を施行した。それに至る過程では例えば、多くが事実上の無主地であった当時の農村部の入会地（いりあいち）について、西欧の所有権概念に馴染まない入会権をどう規定するかが問題になったという。土地利用にかんする各地の慣習について調査を行うなど、旧来の権利関係をいたずらに混乱させることがないよう関係者が非常に骨を折ったことが伝えられている。石井良助『江戸時代土地法の生成と体系』創文社、一九八九年。

＊2――イランに隣接したオスマン朝では、十九世紀半ばにはすでにイスラーム法に基づいた独自の民法典メジェッレ（Mecelle）が編纂されていた。メジェッレは非成文法であるイスラーム法を法典化した最初の画期的な試みであったことから、イランの民法典編纂においてもこれが参照されたと言われている。

＊3――旧植民地を中心とした後発諸国では往々にして、伝統的社会規範を支えてきたその国の固有法（の考え方）が、多くの場合西欧近代法に範をとっている国家法に浸潤する、あるいは国家法の枠外にもうひとつの社会規範としてあいかわらず機能しつづけるといった状況が現れる。いわゆる「多元的法体制（legal pluralism）」の議論ではこうした事実を重視する立場から、とりわけ非西欧諸国の社会に機能する複数の法秩序を描写し、その重層性を示すことによって法の「中央集権主義」的な理解に一石が投じられてきた。初期のアプローチでは宗主国からもたらされた国家法とその下位に位置づけられる固有法・伝統法との関係といった植民地支配の結果としての法の多元性が論じられたのに対し、近年ではそうした植民地主義から離れて、社会規範システムのより一般的な多元主義、「いずれの社会にもある「非公式」で非国家的な類の秩序化（ordering）」に注目が集まっている。Margaret Davis, 'Legal Pluralism' in *The Oxford Handbook of Empirical Legal Research*, ed. by Peter Cane and Herbert M. Kritzer (Oxford, New York: Oxford University Press, 2010), pp. 805-27 (p. 812).

＊1——フランス語の passage（抜け道、アーケード街の意）から来る外来語。

＊2——サルゴフリーにかんする言及が見られる研究として、以下が挙げられる。Martin Seger, *Teheran: Eine Stadtgeographische Studie* (Wien and New York: Springer-Verlag, 1978). 加納弘勝「テヘランの発展と社会変化」『アジア経済』二〇巻一号、一九七九年。Michael E. Bonine, 'Islam and Commerce: Waqf and the Bazaar of Yazd, Iran', *Erdkunde*, 41 (1987), pp.182–96.

　Seger はテヘランの大バーザール内の数ヶ所で Ablösepreis（ドイツ語の保証金価格の意。彼はサルゴフリーの語を使っていない）とその場の交通量との相関関係を示すなど、示唆に富む調査結果を示しながらも、それ以上の分析は行っていない。Bonine はヤズドのバーザールにかんする論文のなかでサルゴフリーにふれているが、地主はサルゴフリーを買い戻すことで店子を退去させることができるとする法律の規定に鑑みれば「地主であってすら店子のサルゴフリーの権利を奪うことはできない」といった不正確な情報を載せている。

＊3——Mohammad Mas'ūd 'Alīzāde-kharrāzī, *Barrasī-ye Tahlīlī-ye Ravābet-e Eqtesādī-ye Mūjer va Mosta'jer* (Tehrān: Nashr-e Mīzān, 2009/10).

＊4——Bahman Keshāvarz, *Sar-qoflī va Haqq-e Kasb o Pīshe o Tejārat dar Hoqūq-e Īrān va Feqh-e Eslām* (Tehrān: Enteshārāt-e Keshāvarz, 2009/10). 初版は一九九〇年。今日に至るまで加筆されながら版を重ねている。

＊5——日本で一般に「借地権」と呼ばれるものには賃借権と地上権がある。今日最も広く普及するのは前者で、地代の改定の際には地主の負担する公租公課やインフレ率、近隣の同種の土地の地代水準などが勘案される。公租公課は路線価に基づく底地価格に対して課せられるため、地主はこれを理由に地代の増額を求めることができる。借地権の持ち主も地主に地代を支払っており、サルゴフリーを持つ店子がマーレキに月額賃貸料を支払うのと同様である。土地にまつわる一連の諸権利から切り離された用益権の売買は、その名目や契約形態こそ多様だが、あらゆる地域で普遍的に観察される。

＊6——メルク（melk）とは、ほんらい土地や建物などの（私有の）不動産そのものを表す一般名詞である。イランでは、土地とその上に建っている建物の所有権は同一の人物に帰属することが多く、土地と建物をあえて峻別することはあまり

行われず、両者はメルクと総称される。

*7——どのような物件にサルゴフリー方式が適用されるかを争った民事訴訟は多い。例えば、一九九三（一三七一）年にテヘラン第二民事裁判所で下された判決における、イラン書道家協会（anjoman-e khosh-nevīsān-e Īrān）が賃借していたアパートの一室の例では、同協会が商業活動を行っていなかったことを理由として、サルゴフリー方式の適用は認められなかった。Mahammadrezā Kāmyār, *Gozīde-ye Ārā-ye Dād-gāh-hā-ye Hoqūqī*, 2 vols (Nashr-e Hoqūq-dān, 1997/98–1998/99), II (1998/99), 107-08. より厳密には、店舗などの商業施設の他に、場合によっては開業医の診察室などにも認められ得る。また近年になって、従来は認められなかったオフィス用賃貸物件にもサルゴフリー方式が適用されるようになっている（Y, 2003/7/7）。

*8——制度全体の時系列の変化を論じるため、二〇〇一年から十数年にわたる調査期間中に同じ調査を何度か行った（第6章参照）。

*9——イランの通貨単位はリヤールだが、ひとびとの日常生活ではトマーンという単位が用いられることが多い。一トマーンは十リヤールに相当する。日本円への換算は一米ドル＝約二万九千リヤール、約九十八円（二〇一三年十月時点）で計算。

*10——店子は、市内の各地区に設置されている公証役場（daftar-khāne）においてサルゴフリーの購入事実を登記することができる。これは法的に義務付けられているわけではないが、店子やその他の第三者との間にサルゴフリーの帰属先をめぐる係争が生じるのを避ける目的で、しばしば行われている。

*11——ビルを建設する地主は、資金力のある投資家が数人のグループとなっている場合も多い。建設後はビル内の各店舗を建設費用の負担分に応じて所有する。

*12——ワクフ機構の専門家によれば、こうした店舗の多くはワクフに設定された土地の上に、ワクフ機構から許可を得た者がパーサージなどを建設したものだという。最初の店子がその建設者からサルゴフリーを買い転売する。ワクフ機構には店子から月額賃貸料のほか、転売の際には法律で決められたサルゴフリーの一定割合が納められる（SO, 2009/9/16）。

*13——土地や建物の価格については課税を目的とした公示価格（市価の二分の一から三分の一の価格）が毎年発表されるが、サルゴフリー価についてはそうした公示価格は発表されず、個別の物件ごとに不動産鑑定士が判断している（Y, 2003/7/7, 2004/8/23）。徴税当局にこの種のデータが累積している可能性がないとは言えないが、現時点では確認できていない。

＊14――ちなみに同時期（二〇〇三年）のバーザーレ・ザルギャルハー（Bāzār-e Zar-gar-hā）通り（大バーザール内）のサルゴフリー価は一平方メートル当たりおよそ五百三十万トマーン（図1も参照のこと）。

＊15――地価決定理論の最もスタンダードなモデルでは、将来のある時点までの間に、その土地を売らずに賃貸した場合の収益と、土地を売ってその代金を金融市場で運用した場合の収益とが、どちらも同じくらいであるときに地価がちょうどある一点に定まると考えられている。一般的には土地の利用収益の水準からはなはだしく乖離した地価は想定されないが、バブル期の東京のように、家賃水準がさほど変わらないのに地価だけが乱高下した例もある。

＊16――土地の「生産性」とは、それが農地であれば肥沃で、水利に優れ、気候も温暖である、といった点が、宅地であれば閑静で、駅に近く、買い物の便が良い、といった点が影響する指標である。商業地であれば、その集客力ということになる。地代は、こうした生産性の優劣によって土地の賃貸市場で決まる。

＊17――日本は、一九八〇年代のいわゆるバブル期に都市部の急速な地価高騰が観察され、かつその後の下落が経済全体に深刻な影響を及ぼしたために、近年最も地価理論研究のさかんに行われた国のひとつである。従来の地価理論は、いわゆる「現在価値関係」モデルをその考え方の基本的な道筋としてさながら成熟しきった観があったが、日本の狂乱地価はそれによっては説明し尽くされなかった。当初多くの関係者の関心は、ほんらい当該地の利用収益である賃貸料と利子率とを適正に反映するはずの地価がその限界を大きく超えて暴騰するメカニズムの解明にあったが、研究はその後広範な深化を見せ、いわゆる「合理的バブル」理論の再検討にとどまらず、不動産市場における取引費用や将来収益の不確実性などの問題を孕んだ従来の地価理論のフレームワークの薄弱性の指摘、それに代わる制度論的アプローチへと多様に展開した。このように地価理論そのものの精緻化があらゆる側面から進んでいることも、また留意を要する。野口悠紀雄『土地の経済学』日本経済新聞社、一九八九年。西村清彦・三輪芳朗（編著）『日本の株価・地価――価格形成のメカニズム』東京大学出版会、一九九〇年。西村清彦（編著）『不動産市場の経済分析』日本経済新聞社、二〇〇二年。

＊18――一九七七年関係法の制定時、第四条の当該部分では「裁判所はイラン中央銀行の発表する消費者物価指数の率に鑑みつつ賃貸料の改正を命ずる」ように定められていたが、一九七九年に修正された。*MQ1358*, p. 245.（議会議事録と法令集の略号については巻末の参考文献を参照。）不動産鑑定士とは、各管轄区ごとにイランの司法省（vezārat-e dād-gostarī）の推薦によって登用される不動産の価格鑑定の有資格者である。

＊19――録音不良のため筆者のメモに拠る。

＊20――Jahāngīr Mansūr, *Qānūn-e Māliyāt-hā-ye Mostaqīm* (Tehrān: Nashr-e Dīdār, 2004/05), p. 41.

＊21――Mansūr, *Qānūn-e Māliyāt*, p. 41.

＊22――ちなみに店子がサルゴフリーを持っている、あるいは地主がメルクを所有していることだけを理由に課税されることはない。現行のイラン直接税法では、サルゴフリーを譲渡していない状態のメルクを未使用のまま放置した場合は課税されない。ただし二〇〇一年以前には、土地と建物についてそれぞれ、未使用の期間の長さと面積、戸数などに応じて評価額の二〜八％が徴収された（Y, 2004/8/23）。イランの税制では不動産を売却する、もしくは使用する、賃貸するなどしてそこに何らかの所得が生じた場合にのみ課税されるのが原則である。そのためサルゴフリーを売却したあとの地主も、その月額賃貸料収入については納税の義務があり、また店子はその営業所得に対して課税される。

＊23――サルゴフリーの事例は、「権利の束」として日本の不動産価値を把握し直そうとする、村瀬の試みを想起させる。彼は、日本における従来の地価決定理論で単一的に取り扱われてきた不動産価格は、当該不動産に関連する諸々の権利（例えば所有権、使用権など）の相対的関係のうちに、それらの価格を合算したものであるという見方を打ち出した。とりわけ村瀬が、不動産の所有者が当該不動産を賃貸する場合を想定して論じた部分は注目に値する。彼はモデル上で、借り手の権利を保護した日本の法制度の下では、賃貸契約が取り交わされる前と後とでは不動産価格の性質に差が生じることを論じている。すなわち、ひとたび賃貸契約が交わされれば所有者には当該不動産の活用に関する決定権が事実上失われるため、その価値は、所有者自身がそれを使用した場合の価値よりもつねに低くなる。また、当該不動産の収益の変化に対しても賃貸物件の価格は相対的に鈍い反応を示す。つまり、ひとつの不動産にかかわる主体が複数存在する場合と、それ以外の場合とでは、不動産価格の現出の様態が異なり得る。村瀬英彰「権利の束としての不動産――オプション理論による解明」西村清彦（編著）『不動産市場の経済分析』前掲所収。

第2章　歴史のなかのサルゴフリー

＊1――銀行設立などの金融事業の展開を中心にその範囲はきわめて広かった。なかでも一八七二年にイギリスのロイター（Reuter）が取得した、鉱山掘削、鉄道・道路敷設、森林開発、灌漑事業、電信事業、関税管理などに関する包括的な利

権が知られている。George Nathaniel Curzon, *Persia and the Persian Question*, 2 vols (London: Frank Cass & Co. Ltd., 1966), I, pp. 480-83.

*2――このときイスラーム法学者の呼びかけに応えてテヘランの大バーザールの商人たちも運動に加わり、金銭的支援のみならず抗議の一環としてバーザールを閉鎖するなどしたことが伝えられている。

*3――王族や地主、商人など階層別に、一定額以上の資産を持つ者に選挙権が与えられた。*MQM*, pp. 8-10. 第一国民議会の代議士は総計百五十八名が選出されているが、任期途中の交代も含まれている。*MM1*, pp. 4-5.

*4――同憲法では、国民議会の開催とともに上院が開催された場合には両院は双方向に議題を提起することができ、元老院が召集されていない場合には国民議会にて採択された法案がシャーの勅許によって施行されるものと規定されていた。*MQM*, pp. 1-8. 実際には、元老院は第二次世界大戦後の一九五〇年まで開かれることがなかった。

*5――財団法人東洋文庫の支援を受けて八尾師誠・東京外国語大学名誉教授が尽力されたプロジェクトによって、二〇〇〇年代にはいり、第一国民議会（会期は一九〇六年十月から〇八年六月）から第二十国民議会（会期は一九六一年二月から五月）までの間の全議事録が電子ファイル（議事録の各頁の画像ファイルがCD-ROMに収められたもの）のかたちで入手できるようになった。会期についてはManūchehr Nazarī, *Rejāl-e Pārlomānī-ye Īrān az Mashrūte tā Enqelāb-e Eslāmī* (Tehrān: Farhang-e Mo'āser, 2011/12), yāz-dah, davāz-dah を参照。現在ではイラン議会図書館（ketāb-khāne, mūze va markaz-e asnād-e majles-e shourā-ye Eslāmī）によって国民議会（一九〇六―七九年）およびイスラーム議会（一九八〇年―）の全議事録を網羅したデータベースが構築されているが、図書館スタッフの手入力作業によっているため、誤入力や取りこぼしの可能性を免れないことに注意が必要である。

*6――Mīrzā-mortezā Mojtahed-e Kermānī［一二六三―一三四八（一八八四／八五―一九六九／七〇）］。イスラーム法学者アーガーバーゲルの息子。ナジャフに留学。レザー＝シャーからのイスラーム法学者の伝統的衣装を変えよとの命に従わず政治の世界から退いた。第四および第六国民議会の代議士を務める。ケルマーン選出。Nazarī, p. 724.

*7――Fīrūzmīrzā Fīrūz［一二五八―一三一六（一八七九／八〇―一九三八）］。ガージャール朝モザッファロディーン＝シャーの孫。ベイルートやパリに留学後、司法大臣、外務大臣を歴任。イギリスと通じ一九二一年のクーデターの後一時投獄された。第四国民議会から第六国民議会まで代議士を務める（ケルマーンシャー選出）。一九二五（一三〇四）年から一九二九（一三〇八）年まで財務大臣。Nazarī, pp. 639-42.

＊8——*MM178*, p. 10.

＊9——*MM178*, p. 11.

＊10——*MQ1320*, p. 1416.

＊11——Arthur C. Millspaugh, *Americans in Persia* (Washington, D.C.: The Brookings Institution, 1946), p. 58.

＊12——*MQ1317*, p. 242.

＊13——センフィーは「センフの」「センフにかんする」といった意味。センフ (senf) はある特定の業種の従事者全体（ギルドと訳されることも多い）を意味する。ここではサルゴフリー同様に、ある業種の賃借人に帰属した何らかの権利（の代価）を意味するものと推測される。

＊14——Ali Madanipour, *Tehran the Making of a Metropolis* (New York : John Wiley & Sons, 1998), p. 83.

＊15——Madanipour, p. 83.

＊16——*MM68*, pp. 614-15.

＊17——Mohammad Tabātabā'ī［一二七九―一三五一（一九〇〇／〇一―一九七二／七三）］。イスラーム法学者モハンマドバーゲル・ジャリール・タバータバーイーの息子。第十一国民議会から第十四国民議会まで代議士を務める。第十一国民議会へはサーヴェから選出された。Nazarī, p. 550.

＊18——イラン民法第四百七十四条の規定は以下のとおりである。「賃借人は、賃借したモノを他者へ賃貸（ejāre）することができる。ただし賃貸契約においてこれに反する条件が付されている場合はこの限りではない」。

＊19——Ziyā'-od-dīn Neqābat［一二八二―一三五一（一九〇三／〇四―一九七二／七三）］。イスラーム法学者の家に生まれる。法学の高等教育を受け司法省に入省。テヘラン軽犯罪裁判所長官、フーゼスターン司法長官（riyāsat-e dād-gostarī）などを歴任。第十国民議会から第十四国民議会まで、および第十八国民議会で代議士を務める。弁護士。ホッラムシャフル選出。Nazarī, p. 860.

＊20——*MM68*, p. 616.

＊21——*MM68*, p. 616.（ ）内は筆者による補足。以下、同様。

＊22——Ahmad Matīndaftarī［一二七五―一三五〇（一八九六／九七―一九七一／七二）］。外務省を経て、司法改革を進めたダーヴァル（Dāvar）に乞われ一三〇六（一九二七／二八）年に司法省に入省。ヨーロッパに留学し法学博士となる。

民法をはじめとする重要諸法の編纂に従事。一三一五（一九三六）年司法大臣に就任。一三一八（一九三九）年アーバーン月から八ヶ月間レザー＝シャー政権下で首相を務めるも、第二次世界大戦中にはナチス・ドイツに対する協力の廉で連合軍によって投獄された。第十五国民議会の代議士を務める。テヘラン大学でも長く教鞭を執った。Nazari, pp. 821-23.

＊23――イランの主要穀物である小麦の一九三八年時点の生産者価格は一キログラム当たりおよそ一リヤール。岡崎正孝『イランにおける企業的農業の進展』アジア経済研究所、一九六五年、八四―八五頁。また一九三〇年代半ばの消費者物価としてはバター一キログラムがおよそ六・七リヤール、羊肉一キログラムがおよそ二・三リヤールであったことが報告されている。Zvi Yehuda Hershlag, *Introduction to the Modern Economic History of the Middle East* (*Leiden*: E. J. Brill, 1980), p. 216.

＊24――*MM69*, pp. 622-23.

＊25――*MM69*, p. 623.

＊26――Gholāmhosein Kāshef［一二六七―？（一八八八／八九―？）］。商人モハンマド・エブラーヒームの息子で自身も商業に従事した。第九国民議会から第十一国民議会まで代議士を務める。テヘラン選出。Nazari, p. 678.

＊27――法案第四条は、一九三八年以降の賃貸物件に関し、一三一五年メフル月（一九三六年九―十月）時点の賃貸料の二五％まで引き上げることができる、という賃貸料値上げの上限を定めるものであった。*MM67*, p. 4.

＊28――ティームチェとは伝統的な造りのバーザールにおいて複数の通路が交差する広場状になった場所を指す。キャラヴァンサライはバーザールに隣接し、もともと隊商宿として利用されていた建物を店舗用に改装して使用しているような場所を指していると思われる。

＊29――「水と泥の権利」の意。転じて「土地の権利」、「建物の権利」などとなる。

＊30――「所番地の権利」の意。ハッゲ・アーボ・ゲルと同様の意味を持つと考えられる。

＊31――*MM68*, p. 617.

＊32――第二次世界大戦終結直後の一九四五年にはアゼルバイジャン地方に、四六年にはクルディスタン地方にそれぞれ、反中央政府と自治の擁護を掲げる地方政権が誕生したが、一九四六年末にイラン政府軍によって潰滅させられた。

＊33――一九四二年一月の「三国同盟（ソ連、イギリス、イラン）」調印により、反ファシズム戦争遂行を目的とするイランの

鉄道・道路の使用が定められている。また一九四三年十一月の「テヘラン会談」では、スターリン、チャーチル、ルーズヴェルトが「イランの独立と領土保全を尊重」し経済援助を与えることを確認している。

*34——ミルスポー博士が財務総監に就任したあとも、穀物流通統制や所得税法導入をめぐって議会内外で激しい抵抗があった。博士は「我々の租税政策が、我々の他の経済活動と同様に、多くの有力地主や商人の反感を買い、これが反ミッション・キャンペーンに繋がったと言われた」と述懐している。Millspaugh, p. 139.

*35——財政再建はガージャール朝末期からイランの恒常的な課題であった。一九〇三年にベルギーの使節団が主としてイギリスの債務取り立てのために送り込まれている。またその後フランスの財務顧問が雇われたこともある。ミルスポー博士によれば、一九一一年にアメリカからシャスター（W. Morgan Shuster）率いる初の使節団が送られたのは、当時イランに対する干渉がはなはだしかった英露との関係が薄かったために、イラン政府によって消極的にアメリカが選ばれたためであるという。Millspaugh, pp. 16-19.

*36——*MQ1330*, p. 20.

*37——Millspaugh, p. 64.

*38——*MQ13*, pp. 80-82.

*39——同法は「現在行われている戦争の終結の六ヶ月後まで有効」とされた（ミルスポー諸権限法第八条）。

*40——*MQ1322*, pp. 194-200.

*41——Keshāvarz, *Sar-qoflī*, p. 46.

*42——Keshāvarz, *Sar-qoflī*, p. 46.

*43——Keshāvarz, *Sar-qoflī*, p. 34.

*44——もっとも、英米法体系において goodwill は「権利」として認められることはなく、むしろ「特定の法律的権利に属さない、ある企業が有する超過収益力」という企業会計上の一概念であった。清水泰洋『アメリカの暖簾会計——理論・制度・実務』中央経済社、二〇〇三年。ケシャーヴァルズは、こうした goodwill に含まれた諸要素の一部が今日では「知的所有権」などのかたちで権利概念として確立し、保護が強化されつつあることを紹介している。Keshāvarz, *Sar-qoflī*, p. 253.

*45——Keshāvarz, *Sar-qoflī*, pp. 47-48.

*46——Millspaugh, p. 112.

*47——一九四三年一月（一三二一年ディ月八日）付で、財務省の国内収入局長（ra'īs-e dar-āmad-e dākhelī）として雇用されている。*MQ1330*, p. 27.

*48——Millspaugh, p. 97.

*49——「わたしは見たことがありません。恐らく彼は英語の草稿を持っていて、それをペルシア語に翻訳したか、あるいは彼の考えを述べたものを書き起こしたか。……実際、これに英語の草稿があるとは考えたことがありませんでした。そう考えていたら探したでしょう。……これほど長い時間が経過してしまっていますから、まず見つからないでしょうね。」(KV, 2006/6/7)（ペルシア語原文音写資料13）

*50——Mohsen Sadr［一二五〇—一三四一（一八七一／七二—一九六二／六三）］。第二次ソヘイリー（Soheilī）内閣（一九四三年二月一七日—一九四四年三月二十七日（一三二一年バフマン月二十八日—一三二三年ファルヴァルディーン月七日）下の司法大臣。同内閣期には司法大臣としてヘクマット（'Alī Asghar Hekmat）およびサドルの二人が就任したが、サドルの就任時期が一三二二年のモルダード月（一九四三年七—八月）であることから見て、一三二二年メフル月に策定された規則について協議したのは主としてサドルと考えられる。Mas'ūd Behnūd, *Az Seyed Ziyā' tā Bakhtiyār* (Tehrān: Enteshārāt-e Donyā-ye Dānesh, 2008/09), p. 211. Nazarī, pp. 515-18.

*51——Millspaugh, p. 98.

*52——*MQ14*, pp. 5-6.

*53——*MQ19*, pp. 2379-93.

*54——*MQ1324*, pp. 385-99.

*55——この語の原義は「商売もしくは職業もしくは商業の権利」である。一九六〇年関係法では「商売ならびに職業あるいは商業の権利（haqq-e kasb o pīshe va-yā tejārat）」という表現をとる。ただし今日のイランでは多くの法曹がこの権利を、発音のしやすさゆえか haqq-e kasb o pīshe o tejārat と呼び習わしている。

*1――Mohammad Mosaddeq［一二六一―一三四五（一八八二―一九六七）］。ガージャール朝貴族の家系に生まれ、非常に若い時期からホラーサーンの財務長官職に就く。フランス、スイスに留学。法学博士。財務省次官職を経て近代化期イランの司法改革にも関与した。第五、六、十四、十六国民議会の代議士。超党派の議会内会派である国民戦線（jebhe-ye mellī）を率い一九五一年にイラン石油国有化を実現、この時期の首相を務めた。一九五三年にクーデターにより失脚。Nazarī, pp. 768-77. 国民戦線は、学生や都市部労働者、知識人、イスラーム法学者、商人などを含む幅広い中間層が支持した。岩崎葉子「イラン国民戦線」松原正毅編『世界民族問題事典』平凡社、一九九五年、一四八頁。

*2――岩崎葉子「イラン「開発」史――石油国有化とパフラヴィー朝の開発戦略」『現代の中東』二八号、二〇〇〇年。

*3――イラン全国の都市化率は一九三九年に二一・八％、一九四九年に二七・三％、一九五九年には三三・二％に達している。Julian Bharier, *Economic Development in Iran 1900–1970* (London : Oxford University Press, 1971), p. 27.

*4――*MM318*, p. 2.

*5――イラン全体の消費者物価指数を見ると、一九五〇年代半ばには不動産賃貸料水準の上昇が著しい（年率一五％前後）ことが分かる。Bharier, pp. 48-49. ちなみに、イラン全体の不動産賃貸料水準は一九五九年初頭からの一年間では五・六％、その次の一年間では二・一％とやや落ち着いている。Bank Markazi Iran, *Bank Markazi Iran Bulletin: May-June 1962* (Teheran: Research Department Bank Markazi Iran, 1962), p. 57.

*6――一九八三年には居住用物件のみを対象とするいまひとつの賃貸人・賃借人関係法（以下、一九八三年関係法）が制定されたが、この法律はサルゴフリー方式賃貸契約に対しては影響を及ぼさなかった。というのも、居住用物件に含まれない営業用物件にかんしてはあいかわらず一九七七年関係法の諸規定が適用されたためである。当時イランは、一九七九年の革命という政変ののちに始まったイラン・イラク戦争のさなかにあった。この時期の追加的な関係法制定の背景には、戦闘の前線地方からの避難民流入により都市部に極度の住宅難が発生していたという事情がある。一九八三年関係法には戦争避難民の立ち退き猶予期間の設定や賃貸料の上限設定といった条項が時限的に盛り込まれ、明らかに戦時下における居住物件の賃借人の保護を目的としていた。*MQ1*, pp. 467-81.

*7――*MQ24*, pp. 2640-50.

*8――*MQ5*, pp. 650-52.

＊9——これら三つの関係法は、それぞれ居住用物件（つまり住宅）と営業用物件（つまり店舗やオフィスなど）の二種類の不動産を適用の対象としている。法律の条項のなかには住宅にも店舗にも共通して適用されるものと、どちらかだけにしか適用されないものがある。

＊10——ʻAlī Shāyegān, *Hoqūq-e Madanī* (Qazvīn: Enteshārāt-e Tāhā, 1996/97), p. 43.

＊11——当初は外国人顧問を招聘して編纂することが予定されていたが、イラン社会に根付いているイスラーム法の原則を貫くべきだとするモサッデグ（のちに首相）らの反対により、この構想は破棄された。Hamīd Bahrāmī-ahmadī, 'Tārīkh-che-ye Tadvīn-e Qānūn-e Madanī', *Fasl-nāme-ye Pazhūheshī-ye Dānesh-gāh-e Emām Sādeq shomāre-ye 24*, (Tehrān: Nashrīye-ye Markaz-e Tahqīqāt-e Dānesh-gāh-e Emām Sādeq, 2004/05).

＊12——イラン民法第一巻の序論の大部分、動産・不動産の分類、収益権や契約にかんする諸条項の一部はフランス法から借用され、また第二、三巻の国籍や登記、住所などについての条項にはスイス法が大いに参照された。Shāyegān, p. 43.

＊13——Bahrāmī-ahmadī を参照。

＊14——スンナ派法学の財産法について論じた柳橋はこれを「使用価値（manfaʻa）」と呼んでいる。柳橋博之『イスラーム財産法の成立と変容』創文社、一九九八年、一六―一八頁。

＊15——柳橋前掲書を参照。

＊16——ペルシア語において haqq は「権利」と同時に「報酬・料金」といった金銭そのものをも意味し、時として渾然と使用されているため、文脈に応じて意味を補う必要がある。

＊17——一九六〇年関係法は一九五九年六月十六日から六〇年一月三日（一三三八年ホルダード月二十五日からデイ月十二日）まで約七ヶ月間の審議により可決した。

＊18——Habīb Dādfar［一三〇〇（一九二一／二二）―］。法学・政治学博士。司法省に入省後、タブリーズやテヘランの裁判所判事などを歴任。第十九、二十、二十二、二十四国民議会の代議士を務める。マラーゲ選出。Nazarī, p. 345.

＊19——*MM318*, p. 3.

＊20——Abo-l-hasan ʻAmīdī-nūrī［一二八二―一三五九（一九〇三／〇四―一九八〇／八一）］。弁護士。新聞『ダード（dād）』を発行。第十八国民議会から第十九国民議会まで代議士を務める。バーボル選出。イラン革命後に処刑。Nazarī, pp. 591-92. Markaz-e Barrasī-ye Asnād-e Tārīkhī-ye Vezārat-e Ettelāʻāt, *Rejāl-e ʻAsr-e Pahlavī: Doktor Manūchehr Eqbāl*

(Tehrān: 2000), pp. 263-65.

*21――*MM318*, p. 4.

*22――*MM364*, p. 3.

*23――Hasan Sarrāj-hejāzī［一二八七―一三六五（一九〇八／〇九―一九八六／八七）］。第十九国民議会で代議士を務める。アラーク選出。Nazarī, p. 431.

*24――*MM364*, p. 10.

*25――*MM318*, p. 4.

*26――*MM318*, p. 4.

*27――*MQ1320*, p. 1416.

*28――*MM365*, pp. 5-6.

*29――Mehdī Sadrzāde［一二七五―?（一八九六／九七―?）］。弁護士。第十五、十六国民議会および第十八、十九国民議会で代議士を務める。シーラーズ選出。Nazarī, p. 519.

*30――*MM365*, p. 5.

*31――Bāqer ʻĀmelī［一二九一―一三七七（一九一二／一三―一九九八／九九）］。法学博士。最高裁顧問、司法省の議会担当次官などを歴任。第二十一国民議会の代議士を務める。テヘラン選出。Nazarī, p. 568. Markaz-e barrasī-ye asnād-e tārīkhī-ye vezārat-e ettelāʻāt, *Kolūp-hā-ye Rotārī-ye ʻAsr-e Pahlavī: Be Ravāyat-e Asnād-e Sāvāk* (Tehrān: 2011), p. 224.

*32――*MM365*, p. 5.

*33――*MM365*, p. 5.

*34――*MM365*, p. 6.

*35――Saʻīd Hedāyat［一二九七（一九一八／一九）―］。第十九国民議会（ザンジャーン選出）および第二十国民議会（テヘラン選出）で代議士を務める。Nazarī, p. 892.

*36――*MM365*, p. 8.

*37――聞き取り調査実施は二〇〇六年五月二十七日（表1のMPF）。

*38――イラン統計センターの人口センサスによれば、一九五六年時点のイランの人口はおよそ千八百九十万。Ministry of

Interior, *National and Province Statistics of the First Census of Iran: November 1956*, vol.1 (1961), p. 1.

＊39――当時のテヘラン市の人口はおよそ百五十万。Madanipour, p. 83.

＊40――千リヤールに相当。イランの主要穀物である小麦の一九五五年時点での生産者価格は一キログラム当たりおよそ六リヤール余りであった。岡崎、八四―八五頁。

＊41――*MM318*, p. 3.

＊42――Mohammadrezā Kharrāzī［一二八二―一三四六（一九〇三／〇四―一九六七／六八）］。テヘランの小間物商の家に生まれ、自身も商業に従事。商工会議所会頭を務め大バーザールの有力商人となるが、晩年は破産に追い込まれた。第十八、十九国民議会で代議士を務める。Nazarī, p. 329.

＊43――*MM185*, p. 2.

＊44――*MQ1324*, p. 388.

＊45――*MM318*, p. 4.

第４章　制度の変容

＊1――地主と店子との間にサルゴフリーの値段や家賃のことで係争が生じると、最終的な価格の評価は不動産鑑定士に任される。

＊2――原文では「賃借人の haqq-e kasb yā pīshe yā tejārat-e mosta'jer を支払わねばならない」とある。

＊3――聞き取り調査実施は二〇〇六年五月二十七日（表1のMN）。

＊4――一万リヤールに相当。一九六二年時点のゴルガーン地方の域外出稼ぎ労働者（農耕機所有）の月給がおよそ一万五千リヤールと報告されている。岡崎、一〇九頁。

＊5――一九七三年から七四年にかけてイラン原油の輸出価格は約三・七倍に跳ね上がった。一九七九年の革命直後にはこれがさらに三倍以上の値に達する高騰を記録した。International Monetary Fund, *International Financial Statistics Yearbook 1981* (Washington D.C: International Monetary Fund, 1981), p. 233.

＊6――岩崎「イラン「開発」史」を参照。

＊7――International Monetary Fund, p. 233.

＊8――Kāmyār, I (1997/98), p. 153.

＊9――'Abd-or-rahmān Rasūlī, *Nemūne-ye Ārā-ye Mahākem-e Dād-gostarī-ye Īrān: Majmū'e-ye Avval* (Tehrān: Enteshārāt-e Ferdousī, 2002/03), pp. 90-92.

＊10――第5章で詳述する一九九七年の関係法改正の以前には、持ち込まれる民事訴訟の三割余りがサルゴフリーをめぐる係争であったことを証言する弁護士もあった（G, 2004/8/31）。

＊11――商業不動産にプレミアムが発生するこうした事例は枚挙にいとまがない。日本橋魚河岸の「板舟権（いたぶねけん）」などもそうした事例に数えられるかも知れない。吉田伸之「肴納屋と板舟――日本橋魚市場の構造的特質」吉田伸之・高村直助編『商人と流通――近世から近代へ』山川出版社、一九九二年。清代以降の北京には「舗底（ほてい）」権という店舗の用益権売買の慣行があったことが伝えられており、これもやはりサルゴフリーによく似ている。村田久一「北京市の舗底権について」『満鉄調査月報』二一巻一〇号、一九四一年。

＊12――Keshāvarz, *Sar-qoflī*, p. 45.

＊13――サルゴフリーを「恒常的な顧客集団および商館の資本に対する権利」であるとするカトウズィアーン（Nāser Kātouziān）など著名な法律家による「サルゴフリー」の語の定義などを参照して旧来のサルゴフリーの実像に関して推測を試みているものの、さしたる確証を得ていない。Keshāvarz, *Sar-qoflī*, pp. 25-38.

＊14――小野憲昭・加藤輝夫・後藤泰一・庄菊博・野口昌宏・山口康夫『講説 物権法』不磨書房、二〇〇四年。

＊15――柳橋前掲書、一六一―一八頁。

＊16――堀井聡江「エジプトにおける先買権と土地所有権」『アジア経済』四八巻六号、二〇〇七年。

＊17――営業権の導入とその後のサルゴフリー授受慣行の変化のプロセスは、イラン固有の歴史的文脈に沿って生起したものではあったが、他国にも同様の現象が認められる。吉田は一九二六年以降第五共和制期までのフランスの商事賃貸借特別法制における「営業財産（fonds de commerce）」保護を媒介させた小商人の賃借権強化が、パドポルト（pas de porte）と呼ばれる前金の巨額化を招いたことを指摘している。なお上記のフランス商事賃貸借法制は、イランの賃貸人・賃借人関係法における営業権規定と部分的に似かよっているが、更新拒絶に伴う補償金額の決定、賃貸料の改定な

どの諸規定の変遷に鑑みるに、イランの営業権のほうが店子の営業上の無形財産の保護という意味ではより強力なものとなっている。吉田克己「フランスにおける商事賃貸借法制の形成と展開（一）」『社会科学研究 東京大学社会科学研究所紀要』二九巻六号、一九七八年。同じく吉田克己「フランスにおける商事賃貸借法制の形成と展開（二）」『社会科学研究 東京大学社会科学研究所紀要』三〇巻一号、一九七八年。

第5章 イラン革命とサルゴフリー

*1——Rūh-ollāh Mūsavī Khomeinī［—一九八九］。シーア・十二イマーム派法学者の最高位、大アーヤトッラー（āyat-ollāh-ol-'ozmā）。パフラヴィー朝の世俗化政策や親米路線に抗した反体制運動の中核の一人。一九六四年から七九年まで国外追放。一九七九年のイラン革命の指導者で「法学者による統治」（velāyat-e faqīh）の原則を唱えてイスラーム共和制を樹立した。John L. Esposito, (ed.), *The Oxford Dictionary of Islam* (New York: Oxford University Press, 2003), p. 173.

*2——一九五五年にイギリス、トルコ、イラク、パキスタンとイランの五ヶ国が結んだ集団防衛条約。一九五九年にイラクが脱退し中央条約機構に改組した。中東地域における対ソ防波堤の役割を持った。

*3——岩崎「イラン「開発」史」を参照。

*4——Mohammad Javād Amid and Amjad Hadjikhani, *Trade, Industrialization and the Firm in Iran* (London: I. B.Tauris, 2005), pp. 26-27.

*5——Mohammad Zerang, *Tahavvol-e Nezām-e Qazā'ī-ye Īrān az Mashrūte tā Soqūt-e Rezā-shāh* (Tehrān: Enteshārāt-e Markaz-e Asnād-e Enqelāb-e Eslāmī, 2002).

*6——秋葉淳「オスマン帝国近代におけるウラマー制度の再編」『日本中東学会年報』一三号、一九九八年。

*7——'Alī Akbar Dāvar［一二六四—一三一五（一八八五—一九三七）］。ガージャール朝高級官吏の家に生まれる。スイスへ留学し、法律、政治学、経済学などを修め一九二一年に帰国。代議士を経て一九二七年に司法大臣に就任。司法組織の改革のほか、カピチュレーション撤廃を目指しイラン民法はじめ法制度近代化に尽力。Bahrāmī-ahmadī を参照。

*8——Hasan Amīn, *Tārīkh-e Hoqūq-e Īrān* (Tehrān: Enteshārāt-e Dāyerat-ol-ma'āref-e Īrān-shenāsī, 2003/04), pp. 537-38.

＊9――Amīn, p. 534.

＊10――もっとも、イスラーム法の成文化の試みはガージャール朝末期から始められており、シーア・十二イマーム派法学に依拠して、おおむね二十世紀の初頭にはのちの民法、刑法、訴訟法などのもととなる原文が作られている。Amīn を参照。

＊11――*Zerang* を参照。

＊12――一九七九年十二月二―三日（一三五八年アーザル月十一―十二日）に実施された国民投票によって採択された。一九八九年に一部を改正。

＊13――一九七九年制定の憲法では、最高指導者によって選ばれた六名、ならびに議会において承認を受けた六名による計十二名のイスラーム法学者から成る会議とされた。議会で審議される法案がイスラーム法に抵触するか否かを判断する。*MQ1358*, pp. 334-36.

＊14――*MQ1358*, pp. 318-19. ただし旧憲法にもこれと同様に、国内法規がイスラーム法に反さないことをイスラーム法学者が判断すべしという趣旨の規定（補則第二条）は存在した。*MQM*, p. 6.

＊15――*MQ1363*, p. 145.

＊16――Jahāngīr Mansūr, *Qānūn-e Ravābet-e Mūjer o Mosta'jer* (Tehrān: Nashr-e Dourān, 2005/06), p. 55.

＊17――*MQ1359*, p. 545.

＊18――Mohammad Ja'far Montazerī［一三二七（一九四九）―］。ゴム生まれのイスラーム法学者（ホッジャトル・エスラーム hojjat-ol-eslām）。司法省の議会担当次官、検事総長次官（mo'āven-e dād-setān-e koll-e keshvar）、行政司法裁判所長（ra'īs-e dīvān-e 'edālat-e edārī）などを歴任（モンタゼリー氏の元補佐官シャリーアトバーゲリー Sharī'at-bāqerī 司法大学長に聞き取り、2013/10/30）。

＊19――議会において、司法省が関係する法案についての説明責任を負う。

＊20――*MM106*, p. 28. ミルスポー博士のイラン到着は正しくは一三二一年。

＊21――イスラーム教の導師を表す言葉だが、ここではホメイニー師を指す。

＊22――*MM106*, p. 25.

＊23――最初に執筆されたのは、一九六四年にホメイニー師が国外追放の先として送られたトルコ共和国であったと考えられている。Esposito (ed.), p. 430.

＊24――Rūh-ollāh Mūsavī Khomeinī, *Taḥrīr al-Waṣīla* (Qom: Mo'assese-ye Enteshārāt-e Dār-ol-'elm, 2003/04).

＊25――原著はアラビア語で書かれた。本書ではいくつか出版されているペルシア語への翻訳版と原著とを突き合わせて検討している。Rūh-ollāh Mūsavī Khomeinī, *Tarjome-ye Taḥrīr al-Waṣīla*, trans. by 'Alī Eslamī (Qom: Daftar-e Enteshārāt-e Eslāmī, 2000). Rūh-ollāh Mūsavī Khomeinī, *Tarjome-ye Taḥrīr al-Waṣīla*, trans. by Mohammad Bāqer Mūsavī Hamedānī (Qom: Mo'assese-ye Enteshārāt-e Dār-ol-'elm, 2004/05).

＊26――Khomeinī, *Tarjome-ye* Eslāmī, pp. 457-59. Khomeinī, *Tarjome-ye* Hamedānī, pp. 554-55.

＊27――Yūsof Sāne'ī［一三一六（一九三七／三八）―］。エスファハーン近郊のイスラーム法学者の家に生まれる。革命直後の一九八〇年から八三年まで監督者評議会の評議員を務める。また一九八二年に第一次専門家会議（majles-e khebregān-e rahbarī）にテヘランから選出されている。大アーヤトッラー（āyatollāh-ol-'ozmā）。サーネイー師ウェブサイト（http://saanei.xyz/）より、二〇一六年十月二十六日閲覧。

＊28――Yūsof Sāne'ī, *Resāle-ye Touzīh-ol-Masā'el* (Qom: Enteshārāt-e Meysam-e Tammār, 2003/04).

＊29――Sāne'ī, p. 363.

＊30――'Alī Sīstānī［一九三〇―］。マシュハドのイスラーム法学者の家に生まれる。ゴムを経て若い頃よりイラクに移住し、ナジャフでシーア派法学を修める。大アーヤトッラー（āyatollāh-ol-'ozmā）。スィースターニー師ウェブサイト（http://www.sistani.org/persian/data/3/）より、二〇一六年十月二十六日閲覧。

＊31――'Alī Sīstānī, *Montakhab-e Touzīh-ol-Masā'el* (Qom: Daftar-e Āyatollāh-ol-'ozmā-ye Sīstānī, 1998), p. 316.

＊32――Sīstānī, p. 316.

＊33――Hosein Tabātabā'ī Borūjerdī［一八七五―一九六一］。イラン西部のボルージェルドのイスラーム法学者の家系に生まれる。二十世紀初頭にナジャフに留学し、帰国後は自身の故地やゴムの神学校（houze）で教鞭を執る。シーア派法学の最高権威であるマルジャエ・タグリード（marja'-e taqlīd）。Ehsan Yarshater, (ed.), *Encyclopaedia Iranica*, 15vols (London, NewYork: Routledge & Kegan Paul Ltd., 1982-), IV(1990), pp. 376-79.

＊34――Borūjerdī, Hosein Tabātabā'ī, *Resāle-ye Touzīh-ol-Masā'el* (n.p.: n.d.).

＊35――Mohsen Tabātabā'ī Hakīm［―一九七〇］。一九六〇年代に活躍したイラクのシーア派法学者。サッダーム・フセイン政権によって迫害された。Esposito(ed.), p. 105.

＊36――Mohsen Tabātabā'ī Hakīm, *Touzīh-ol-Masā'el*（Tehran: Sāzmān-e Enteshārāt-e Ashrafī, 1970), pp. 467-68.

＊37――Khomeinī, *Tarjome-ye* Eslāmī, p. 459. Khomeinī, *Tarjome-ye* Hamedānī, p. 556.

＊38――Khomeinī, *Tarjome-ye* Eslāmī, p. 461. Khomeinī, *Tarjome-ye* Hamedānī, p. 556.

＊39――Bahman Keshāvarz, *Barrasī-ye Tahlīlī-ye Qānūn-e Jadīd-e Ravābet-e Mūjer o Mosta'jer mosavvab-e 1376*（Tehrān: Nashr-e Keshāvarz, 1999/2000), pp. 135-37.

＊40――Keshāvarz, *Barrasī*, pp. 135-37.

＊41――一九八六年十一月六日（一三六五年アーバーン月十五日）に、当時の現行法であった一九七七年関係法に一条の補則（qānūn-e elhāq）が設けられている。そこにはすでに営業用物件の賃貸契約にかんしてこれら二点の要件が盛り込まれていたが、営業権との関連については言及がなかった。

＊42――*MM106*, p. 25.

＊43――*MM106*, pp. 26-29.

第6章　今日の地主の選択

＊1――Shomāre-ye 15843-1378/4/30 rūz-nāme-ye rasmī（一九九九年七月二十一日付官報一五八四三号）。

＊2――イラン革命後の諸々の規制によって（二〇〇〇年以降徐々に自由化の方向に進み出しているとはいえ）イラン国内の金融市場は相対的に未発達である。調査期間中には、国内のヤミ市場で調達した外貨（米ドル）を湾岸諸国の外資系銀行に預金するなどの方途を採用する例もわずかだが見られた。

＊3――岡崎正孝『カナート――イランの地下水路』論創社、一九八八年。

＊4――ヴェブレン（小原敬士訳）『有閑階級の理論』岩波書店、一九七四（初版一九六一）年。

あとがき

一九九一年にアジア経済研究所に入所して以来、イランをフィールドとして調査・研究活動を続けてきたわたしが、イランの商業地における「サルゴフリー」というテーマにひそかな興味を抱いたのは二〇〇〇年前後であったと記憶している。もともとイランの繊維・アパレル生産分野における独特な企業組織のあり方に関心のあったわたしは、それを中心的な研究課題にすえて調査を進めるうちに、繊維・アパレル製品の流通業者（すなわち商人）に多くの知己を得た。

彼らの店はほとんどがテヘラン市内の、同業者ばかりが集積する著名な商業地区にあった。店先での仲間うちの会話からはしばしば、その地区への出店には多額の費用がかかっていること、どうやら「サルゴフリー」と呼ばれる特別な金銭の支払いがその費用の中核部分であるらしいことが察せられた。またあるとき、知り合いのイラン人たちとの会話の中で、誰かが自分の職場の役得について白状すると他の誰かが「そいつはサルゴフリーだね」と羨ましそうに評するのを聞いた。おおむね不可侵の特権あるいは安泰な既得権益といった趣旨で、彼らはサルゴフリーと言っていたのである。この耳慣れない呼称をもつ金銭は、いったい何なのだろう？　イランの商人たちの日常の営業においては言うもおろか、しかしきわめて重要な役割を担っているらしいこの金銭について、ふと調べてみようと思い立ったのが研究を始めるきっかけであった。

最初に「サルゴフリー」に着目してから今日まですでに十八年ほどが経過していることに、驚きといささかの口惜しさを禁じ得ない。研究を一段落させるまでに思いのほか長い時間がかかってしまったのは、もちろんわたし自身の浅学非才に負うところが大きいが、いまひとつには、関係者への聞き取り調査を軸とした質的データの収集とその分析という手法そのものが、そこから真に有効な情報を抽出しようとする場合には非常に時間のかかるものであることも多少影響しているかと思う。インタヴューで得られる被調査者たちの興味深い発言や述懐は、それだけではデータとして利用することは難しい。文献資料の渉猟、実地検分、適切なインフォーマント（すなわち当該のテーマについて仔細を語ることのできる専門的有識者など）のさらなる追加などを通じてデータの信憑性を確保しなければならない。その過程では、経済学的観点のみならずより複眼的なパースペクティヴを確保するために、イランの法律、イスラーム法学、歴史についてわたし自身が学ぶ必要も生じた。

とはいえ、それほどに長い時間が経過したとはにわかに信じがたいほど、調査・研究活動そのものは知的刺激に満ち、たいへん楽しいものであった。聞き取り調査では多くのインフォーマントが、賑やかな店先で、あるいは瀟洒なオフィスで、お茶を振る舞い、他愛のないおしゃべりを交えながら、繰り返しお仕事の話を詳しく聞かせてくださった。

また商人、地主、不動産業者といった肩書を持つたくさんの市井のインフォーマントのみなさんに加え、サルゴフリー研究の権威である法曹バフマン・ケシャーヴァルズ氏には、サルゴフリーに関心を持って調査するうちにその教えを乞う機会に幾度か恵まれ、イランにおけるサルゴフリーや営業権をめぐる法文上・法学上の議論について、多くを学ばせていただいた。理知的で温厚なケシャーヴァルズ氏は、遠い東アジアの国にサルゴフリーに並々ならぬ関心を寄せる研究者がいることに少なからず驚きながら、いつもわたしの研究を温かく見守ってくださった。また氏の僚友であり、弁護士として活躍されるセディーゲ・ナイーミヤーン女史にも、これまでにご自身が出くわしたさまざまなサルゴフリー関連の係争事例について具体的に解説していただいた。

マジード・サーエリー・コルデデ氏をはじめとするイラン議会図書館のスタッフのみなさんは、議会議事録や法令集の検索・閲覧に際し多大な便宜を図ってくださり、かつ貴重な所蔵写真の使用を許可してくださった。

こうしたみなさんの寛大なご助力と励ましなしに本書を執筆することは不可能であった。ここで調査にご協力くださったすべての方々のお名前を挙げることはできないが、冒頭に付した「インフォーマントの一覧」がそのうちの主要ではあるものの一部に過ぎないことをあらためて申し添え、心からの感謝の意を表したい。

本書は、二〇〇六年から一六年にかけて『アジア経済』誌および『Iranian Studies』誌に発表した五本の論考と、二〇〇九年に一橋大学大学院経済学研究科に提出した博士論文とをそのベースにし、本書刊行に際してあらためて全編を再構成のうえ、大幅に加筆したものである。その間二〇〇九年から一一年にかけてはテヘランに長期滞在する機会にも恵まれたため、かなり時間をかけて現地の文献にあたり、追加的な調査を実施することができた。またその後も毎年一回テヘランで短期調査を行う際には「サルゴフリー」関連の補足的情報を集め、本書の執筆に活かした。

この間、勤務先であるアジア経済研究所の自由でオープンな研究環境の下、多くの同僚たちから有益なアドヴァイスや分析のヒントを与えられつづけたこと、また学位取得のために働きながら通った一橋大学で、指導を引き受けてくださった一橋大学名誉教授・加藤博先生をはじめとするたくさんの先生方やゼミの仲間たちからの導きを得ることができたことは、研究者としてたいへんな幸運に恵まれたと感じている。また東京大学名誉教授・鈴木董先生も、まだ草稿段階であった本書の原稿を丁寧にお読みくださり、さまざまなご助言をくださった。この場をお借りし、みなさまに重ねて御礼を申し上げたい。

本書刊行にあたっては、平凡社の保科孝夫さんにひとかたならぬお世話をおかけした。商業的にけっして目覚ましい成功は望めない地味な内容の本書であったにも拘わらず、その学術的意義を認めてくださり、刊行にご尽力くださった保科さんと、企画をお引き受けくださった平凡社に、深く御礼申し上げる。

最後に、調査出張が多く長期赴任すらあったこれまでのわたしの研究者人生において、いつでも心置きなく仕事に没頭できたのは、つねにわたしの最良の理解者であり支援者であり続けてくれた家族のおかげである。本当に有難いことだと思っている。もちろんわたし自身も、これから先あり得べき家族の挑戦を励まし、困難を共有し、その人生を支えることができるよう、精進するつもりである。

tū mojtama‘, zarar mī-dand, ...kasānī ke melkī mī-forūshand mī-rand, āyande-ye fekr-e ūn jāme‘e nīstand, ūnhā fekr-esh īn e ke melkī-hā rā sākhtīm sūd-emūn rā mī-gīrīm, khodāhāfez, fardā panjāh nafar har kārī ke mī-khānd bo-konand, dargīr bāshand, khod-eshān mī-dūnand."

(22) DKH, 2004/8/22

"Man mī-gyam, mālek del-esh mī-khā hamīshe mālekīyat-e fe'odālī tū-ye jāme‘e-yī ke vojūd dāre, qodrat-e mālek bāshe. Mī-khāh, ‘alāve bar īn chīz-hā, be atrāfiyān-e khod-esh mī-khād be-ge ke man mālek-am, ya‘nī ūn hālat-e fe'odālī hanūz dar jāme‘e chie, hākeme. Be nazar-e man īn hākemīyat hanūz dar jāme‘e-ye mā vojūd dāre ... (gheire az īn fāyede-ye khāsī) Nadāre."

(23) MS, 2003/6/26

"(qeimat-e sar-qoflī va qeimat-e melk bā sar-qoflī) Ziyād farq nemī-kone ... bale, dorost e ... Īnhā hame rīshe-ye fe'odālīst dāre. Rīshe-yī ke barde-keshī mī-khāstan bo-konan, estesmār mī-khāstan bo-konan, ye taraf hamīshe majīz-e khod-eshūn dāshte bāshand, hamīshe be-hesh be-gyand āqā salām, chāker-etān, īnjūrī be-gyand. Īnjūrī mī-khāstand be-gyand."

(24) MAG, 2011/5/5

"Al-ān ‘orf-e jāme‘e be samt-e kharīd o forūsh-e melkīyat dāre mī-she, al-ān ke ūn ham bā mosta'jer-esh dardesar dāre, moshkelāt dāre, masalan mosta'jer-esh mī-yād sarqoflī dāre, mī-khād al-ān sarqoflī-sh rā be-forūshe, mālek ma‘mūlan kamtar ... bīst darsad be-de, sī darsad be-de, na, man dah darsad ham nemī-dam, kamtar az man be-gīr, ...mālek-hā ham dīge az īn dardesar-hā khosh-eshūn nemī-yād."

(19) MAN, 2004/8/22

"Bāvar mī-konī, man al-ān hasht sāl e dar īn var Valī-'asr hastam, ye moured-e ejāre be man mī-seporand na-īmade, barāyemūn ejāre, na-būde. Agar ham bāshe, sāheb-e maghāze hamūn hāj āqā-ye bāzārī khod-eshūn tū-ye ham dīgar bāham ettelā'āt mī-dand, be āshenā mī-dand, dar dast-e āzhāns nemī-yād, nemī-rese aslan, khelī..chon īn yekī mī-tarsand mesl-e ba'z be har kas ejāre be-dand, chon dīge boland nemī-she, agar be-gīd yek sāl yā do sāl boland sho, edde'ā-ye kas(a)be, sar-qoflī mī-kone."

(20) MAN, 2004/8/22

"Sākhtemān-hāye nousāz, pāsāj-hāye nousāz, bale, nousāz-hā mī-forūshand, be 'ellat īn ke ye sākhtemān-e nousāz, be 'ellat īn ke mī-yād īnjā do tabaqe se tabaqe manzūr-e maghāze mī-sāze, mī-khād īnhā rā baqīye-ye borj edāme be-de, be-re bālā, khūb kharīdar hā mī-khānd melk o sar-qoflī tabī'atan be naf '-eshān ast ke dāshte bāshand, mā, be mā ejāre na-dand, ...sāzande majbūr, che kār kone, maghāze rā mī-forūshand, cherā, chon mī-khānd baqīye-ye borj be-re bālā, ... barāye sākhte, edāme-ye borj ke be-re, bālā rā be-sāze, mī-yād pīsh-forūsh mī-kone."

"Yekī hastand ke hamīshe sar-qoflī rā be-forūshand, be īn e ke motaqā'ed-and barāye bache-hā-shān ye ejāre mokhtasar, hame chī dāshte bāshnad, gheire na, tafakkor-eshān ye khorde, orūpa'ītar shode, khārejītar shode, īnhā sarmāye-gozārī-ye vasī', bozorg mī-konand,..be-forūshand bā qeimat-e bīshtar, emrūz pūl rā bīshtar mī-gīrand, va jā-ye dīge masalan behtar az īn va īn pūl dar-ūmad dāshte bashe, īn e ke melk rāhat mī-forūshe, chon behtar va bīshtar tā sar-qoflī, ... kār-e badī-sh chī e?

(21) SSC, 2012/7/2

"Mas'ale-ye aslī-sh īn e ke ūn fekr-e āyande-ye ūn mantaqe nīst, ke 'arz kardam vaqt ke panjāh nafar sharīk bāshe, panjāh nafar ham melk-esh jodā bāshe, mesl-e āpārtemān-hāī ke maskūnī, īn maskūnī khodāi na-karde ye ādam-e bad ham mī-yād tū zendegī kone, khūb ham mī-yād zendegī kone, ... vaqtī ke īn shakhsī bāshe, masalan soutī raft, āhangar, raft maslan naqqāshī, raft shoghl-e dīge, īnjā sevvomīye mī-dād, chahāromīn mī-dād."

"Valī man tā unjāī ke bālā-ye chehel sāl yādam-e, mosta'jer, ye nāme mī-nevesht be man o mosta'jer-e dovvomīn. Mī-goft maghāze rā man forūkhtam dar moqābel-e hezār tomān pūl be khānom-e Iwasaki, īn īn nāme rā mī-bord mī-dad be arbāb. Ba'd az īn, ejāre rā shomā mī-dādī be arbāb-e chīz. Īn az qadīman būd. Man yādam-e. Mā Tabrīz maghāze dāshtīm, pedarm forūkht be yekī dīge, ye nāme neveshtand, do nafar emzā mī-kardand, moured-e qabūl. Sāde būd."

(16) K,2004/8/18

"Ejāre (-ye khālī) kheilī kam e, az darsad-esh.....chon mī-tarsand ejāre be-dand, ...sar-qoflī mī-dand bā...chon qavānīn-e khāsī e mā qānūn dārīm, rāhattar mī-she kār ūmad."

(17) KV, 2012/7/7

"Kasī ke ejāre mī-kone, dar tey-e zamān ūnjā kār mī-kone morattab, shohrat peidā mī-kone, va ūnhā hīch tarzī dar īn na-dārand ke īn arzeshī dāre, va foqahā-ye mā be tour-e kollī qabūl na-dārand."

(18) SSC,2003/6/26

"Ye melk-e dīge mī-khare, yā be-bīnīm, khedmat-e shomā shahr-dārī ke bāyad be-de, sarmāye.. shahr-dārī ke edārī mī-khād be-de, tejārī mī-khād be-de, ye pūlī mī-gīre, khūb, īnjā sākht o sāz-eshān ham hast dīge, sākht-shān ham pūl dāre, hame ke, bale, ... valī khūb aksarīyat, kasānī ke pūl dārand, mī-yānd īn-o mī-forūshand qabl az īnke tamām be-she, ... bale īn-o mī-yānd enteqāl mī-de be jā-ye dīge, masalan ye mojtame'-e dīge mī-sāze, ... aslan kasānī ke pūl-dār hastand hā, pūl negāh nemī-de, bā melk kār mī-konand, ba sākhtemūn kār mī-konand, bā jā-ye dīge kār mī-konand, ... chand vaqt pīsh tū-ye rūz-nāme-ye mā neveshte būd, ... dar kheilī shahr-hā al-ān ham ān Rasht-esh, Mashhad-esh, Esfahān-esh, Qazvīn-esh, masalan bīsh az qabl, sākhtemān o zamīn gerūn shode .... tū-ye Īrān sarmāye-gozārī-ye melk-esh , be esterāh, bīshtar e, amnīyat-esh bīshtar e."

goftand bi-yā be-shīnīd. Bi-yā īnjā bāz konī ke kār bi-ofte. Yavāsh yavāsh, īn mas'ale-hā pīsh ūmad."

"Qadīman, bale, īnjā man ye nāme mī-neveshtam mī-dādam be shomā, īn maghāze mī-shod māl-e shomā. Va ūn moughe qānūn za'īf būd. (Mosta'jer-e avval be) Mosta'jer-e dovvomīn mī-forūkht, bale ... Mālek khabar na-dāsht, kheilī vaqt-hā. Mī-dīd-sh yehū, dah tā, bīst tā dast gashte, dāsht. Valī chūn mī-gyam, arzesh-e māddī na-dāsht, ūn nemī-khāst be-hesh be-deh. Īnjā chīz na-būd, masalan ye maghāze būd hezār tomān, masalan, īn hezār tomān arzeshī na-dāsht ūn be-re ūnjā masalan ye, panj tomān be-deh dah tomān be-deh. Khod-e mosta'jer mī-nevesht mī-goft, mī-raft mī-goft ke āqā-ye folānī man maghāze-ye man rā forūkhtam be khānom-e Iwasaki, masalan, dīge tamām shod īnjūrī. Īn ūn moughe būd. Valī al-ān na. Al-ān qānūn hast. Māliyāt hast. Ūn moughe māliyāt na-būd. Al-ān mālek vaqtī ke maghāze rā man mī-forūsham, bāyest mālek ejāze be-dand. Mālek bāyest be māliyātī dāre, be-re māliyāt be-deh bābat-e ūn pūlī ke mī-gīre. Ham man māliyāt mī-dam bābat-e sar-qoflī, ham mālek az man pūl mī-gīre be ūn pūl māliyāt mī-deh. Īn al-ān qānūn īn shode."

"(Ūn moughe mālek be mosta'jer sar-qoflī rā) Mī-forūkht. Sar-qoflī būd. Cherā. Kam. Mī-forūkht. Ba'd dar māh ham masalan ye chīzī mī-gereft, ejāre mī-gereft. Ham pūl mī-gereft ham ye chīzī mī-gereft, dar māh."

"Ūn moughe īnjūrī būd, man ham mī-raftam mī-forūkhtam maghāze rā be shomā panjāh sāl-e pīsh. Ye tamām mī-shod. (Mālek) Chīzī nemī-gereftand, nemī-dādand. Amā pūl-e avvalīye ke sāheb-e melk gerefte būd, ūn pūl-e masalan ye hod-e bālā-tar ye hod-e kam-tar, hamūn pūl rā az mosta'jer-e dovvomīn mī-gereft taraf, Mosta'jer-e avval az dvvomīn mī-gereft. Mī-goft īn pūl-e man dādam be hāj āqā-ye folānī, al-ān ham shomā be man be-deh ejār-ash ham īn qadr be-deh. Mī-raft be ūn mī-goft, āqā man maghāze rā dādam be īshūn, īnjūrī būd, man yādam-e ... (Mālek) Khabar-dār mī-shod. Khabar-dār mī-shod. Chūn agar khabar-dār nemī-shod, nemī-zasht. Chūn ūn qabz-esh mī-nevesht, masalan māhī ye tomān, ye tomān bāyest be-hesh mī-goftand ke īn āqā be-hesh be-deh. Chūn mosta'jer-e avval dīge na-būd, mosta'jer-e avvalīye rafte būd, dīge. Valī chīz, na, mosta'jer-e dovvomīn mī-dād be sāheb-e melk, sāheb-e avvalīye injā bātel mī-shod, sāheb-e dovvomīye mī-dād. Sāheb-e

āvordand īnjā bār khālī mī-kardand. Arzeshī dāsht. Bale. Khedmat-e shomā ‘arz konam, arzesh ham dāsht, ammā sar-qoflī be īn sūrat arzeshī, chūn age īnjā mī-goft masalan chonīn o cheqadr vel-esh mī-kard mī-raft ye jā-ye dīge ejāre mī-kard. Dokkūn ziyād būd, jam‘īyat kam būd. Bale.”

“(Ūn moughe mālek be mosta’jer-e avval sar-qoflī rā) Nemī-forūkht. Sar-qoflī na-dāshtand aslan, chūn mī-ūmadī īnjā rā ejāre mī-konī mostaqīm mī-goftī mī-raft jā-ye dīge. Dokkūn ziyād būd. Maghāze ziyād būd. (Bein-e mālek va mosta’jer sar-qoflī radd o badal) Nemī-shod. Ejāre būd hanūz.”

“Be-bīnī, īnjā, panjāh sāl-e pīsh sar-qoflī na-dāsht. Hattā dar Dālān-e Amīn-ol-molk, kheilī kam būd panjāh sāl-e pīsh masalan īnjā yek do tā maghāze forūsh raft, sad tomān e. Sar-qoflī-sh sad tomān. Az panjāh sāl-e pīsh be īn taraf yavāsh yavāsh sar-qoflī rāyej shod. Ma‘nī na-dāsht aslan. (Faqat bein-e mosta’jer-e avval o dovvom) Tavāfoq mī-kardand. Sāheb-e melk ham chīzī nemī-gereft. Chūn, kam būd, akhe, arzeshī na-dāsht.”

“Va īn ham be shomā be-gyam, sāheb-e melk-hā-ye ūn moughe ham ye mosht-e ādam-hā-ye asīl būdand. Bale, īn-hā masalan ye ādam-hāī būdand ke ūn zamān, be ‘orf-e ūn zamān, na qānūnī, ye shakhsīyat-esh bar mī-khord ke masalan be mosta’jer be-ge enqadr dādam be-het, īn-hā ādam-hā-ye bā shakhsīyatī būd, khūb, kheilī ādam-hāī, ye vaqt mī-ūmad mī-dīd masalan jā-ī ū ejāre dāde, īn kāsebī nemī-kone, ejāre-ye yek sāl-esh rā mī-bakhshīd. Ūn moughe rābete īntūrī būd.”

(15) AM, 2006/5/27

“Man, panjāh sāl (dar bāzār hastam). Az bachchegī, az panj sālegī ke fahmīdam, panj sālegī na, pedar-am būd, man ham bā ūn būdam. Mī-she ba‘d az chehel sāl hast mostaqel-am būdam kāseb-am būdam. Chehel sāl e, chehel o yek sāl e al-ān khod-am mostaqīman kār mī-konam az. Āre, kheilī chīz-hā yād-am e.”

“(Ūn moughe mosta’jer bedūn-e rezāyat-e mālek sar-qoflī-sh rā be dīgarī) Mī-forūkht, dorost e, bale, dorost e. Ūn dorost e, ūn moughe chūn maghāze-hā arzesh-e māddī na-dāshtand. Ya‘nī īn maghāze, maghāze ūnjūrī qeimat-esh chīz na-būd. Hattā īnjā. Hattā īnjā. Ba‘d az vaqt-e sākhtan, chīz kardand, sākhtand be mardom mī-

.....haqīqat-esh īn ast ke aslan be fekr ham na-būdam ke mī-tūne matn-e engelīsī dāshte bāshe, agar qablan būd fekr mī-konam masalan donbāl-esh mī-raftam, har chand ke, al-ān man ba'īd mī-bīnam be-she peidā kard chīzī, chon zamānī.....turānī ke gozashte, ba'īd e."

（14） FF, 2006/5/27

"Be-bīnīd, panjāh sāl-e pīsh, 'arz shavad be hozūr-etūn, avvalan sar-qoflī īn tūr na-būd. Kheilī kam būde, be-bīnī, aslan īnjā-hā rā sar-qoflī na-dāsht. Ejāre mī-dādand. Chūn, panjāh sāl-e pīsh jam'īyat-e Īrān, khedmat-e shomā 'arz konam, ye chīzī dar hodūd-e chahārdah mīlyūn nafar būd. Ūn vaqt īn maghāze-hāī ke mī-bīnī, īn-hā faqat ejāre dāsht. Ye vaqt mī-dīdī vel mī-kard o mī-raft. Tavajjoh mī-konī, kāsebī ham īntūrī na-būd, sar-qoflī ham arzeshī na-dāsht. Chūn maghāze ūn qadr ziyād būd, mī-ūmad īnjā rā ejāre, chetūr al-ān shomā mī-rī masalan ye āpārtemānī ejāre mī-konī, mī-bīnī ke ūnjā hamsāy-ash bad e, nenī-dūnam, nārāhatī, īn-hā, vel-esh mī-konī ye jā-ye dīge rā ejāre mī-konī. Ūn moughe īntūrī būd. Qeimatī na-dāsht. Arzeshī na-dāsht."

"Sar-qoflī ham qānūnī na-būd, sar-qoflī na-dāsht. Ye jā-hā-ye kheilī kam, sar-qoflī īnjūr be vojūd ūmad. Kheilī kam, masalan, kheilī khūb būd, yekī mī-ūmad be īn sāheb, masalan mosta'jer mī-goft, bi-yā, sad tomān be-het mī-dam īnjā rā khālī kon man ejāre konam. Sar-qoflī īntūr be vojūd ūmad. Tavajjoh mī-konī."

"(Bā mālek ertebāt) Na-dāsht. Aslan mālek ham, chūn raqam, raqam-e qābel-e tavajjoh na-būd ke mālek ahammīyat be-deh be īn chīz-hā. Be-bīnī, al-ān shomā ye daf'e masalan dar Zhāpon, rāh mī-rī. Mī-bīnī be farz-e mesāl, ye sent oftāde rū-ye zamīn. Hīch vaqt ahammīyat be-hesh nemī-dī ke īnjā ye sent, yā shomā na yā hattā ye nafar to rāh dāre mī-re, mī-bīne ye sent oftāde rū-ye zamīn. Ūn ye sento, hīch vaqt ham nemī-she bar-dārī. Chūn ye sent arzeshī na-dāre ke. Ammā ye qadrī be-rī jelou-tar be-bīnī, ye sad dolārī oftāde būd, che kar mī-kone? Che kār mī-kone? Khūb, bar mī-dāre, dīge. Man mesāl-e khūbī zadam, be? Ūn zamān hamīn mas'ale ye sent būd."

"(Ūn moughe ham īnjā) Mahall-e tejārī būd. Moshtarī-hā mī-āmad, bā shotor mī-

anbār dārand, ūnjā mī-zarand nemūne mī-zaran-eshān .... īn hojre-hā dīge metrī nīst, masalan metrī dah mīlyūn tomān ham nemī-she kharīd."

(10) MPF, 2004/8/28

"Nemī-tūnan be-kharand. Chūn qodrat-e malī na-dārand. Bale. Chūn īnjā be-bīnī, mālek-hā, yā ūn qadar pūl-dār hastand, ekhtiyāj na-dārand, yā ūn gadar sar-qoflī gerūn e chūn, nemī-tūne be-khare. To be-bīnī, khatt-e motavasset na-dāre. Khatt-e motavasset na-dāre. Aksaran māl-e varase ast. Masalan hamīn maghāzeī ke mā neshastīm īnjā, sī o haft tā varase hast. Sī o haft tā ... Hey mordand, hey ..., al-ān bi-yan be-kharand, kodūm-eshūn be-khare?"

(11) TVK,2005/9/13

"Mohem ejāre-ye avvalīye ast, avval che qadr ejāre bā ham tavāfoq karde bāshand, īn rā mī-yād nerkh-e tavarrom o 'arz konam ke, vaz'īyat-e melk, bīshtrar tābe'-e qeimat-e melk e. Chon mī-gyam īn agar ūmade īnjā ma'rūf shode, be khāter-e khode mostajer būde, ke jens-e khūb be mardom dāde, yā agar hamberger-forūshī būde hamberger rā khūb forūkhte, ūnhā be ūn marbūt e, be mālek che marbūt e ke bi-yām ejāre ziyād konam?"

(12) Y,2003/7/7

"Dar jā-hāī ke mahall-e maskunī hast yā edārī hast, yā masalan tejārī kam dāre, qat'an melk arzesh dāre, ... bastegī be mantaqe dāre, be jā-hā-ye mokhtaref, ba'zī jā-hā melk arzesh-esh bīshtar e, sar-qoflī arzesh-esh kamtare, ba'zī jā-hā taqlīban mī-she goft ....ba'zī jā-hā mesle bāzār, asl, sar-qoflī arzesh, melk qābel-e tavajjoh nīst-esh."

(13) KV,2006/6/7

"Matn-e engelīsī-sh rā man na-dīdam, valī ehtemālan īshān matn-e engelīsī dāshte, ke dar ekhtiyār-e motakhassesīm o motarjemīm-e fārsī ūn zamān gozāshte, ūn-hā tarjome dādand, shode qānun, yā manzūr-e nazar-esh shāyad gofte, va neveshtand, ūn pāyīnī, ūn na, ūn pāyīnī-sh. Bale. Ūnjā fa''ālīyat-e ān chenānī nemī-she. Chūn sharīk dāre, do tā sharīk hastand, lebās-e zīr o jūrāb o īn chīz-hā mī-forūshe. Ūn sharīk-ash, ūn taraf lebās-e zīr o jūrāb mī-forūshe, īn sharīk ham īn taraf houle mī-forūshe. Bāham tafāhom ān chenānī ham na-dārand. Tavajjoh mī-konī, ūn maghāze, sar-e hamīn mas'ale sar-qoflī-sh ūn qeimat mī-bāyest dāshte bāshe, na-dāre. Cherā, barāye, khāter-e īnke ūn ke mī-yad be-khare, mī-dūne ke īnjā fa''ālīyat nemī-konand. Az rū-ye estīsāl mī-forūshand. Az rū-ye ejbār dārand mī-forūshand. Ya'nī, sarmāyeī na-dārand kār bo-konand. Ūnīke mī-yād be-hkare, sar-qoflī be-khare az īn mouqe'īyat estefāde mī-kone, arzūntar. Amā agar yek kāseb-e qavī bāshe, ke hamchīn kār-e kheilī khūb dāshte bāshe, ūn taraf ke mī-yā be-khare īn bā qodrat bā-hash harf mī-zane."

（8） K, 2004/8/18

"Ba'zī maghāze, sar-qoflī, te'dād-eshūn masalan panj tā, dah tā, pūnzdah tā dar ekhtiyār-e mālek hast-esh, va metrī ye chīzī houl-o-housh bastegī be ūn shoghlī ke dar-esh ījād mī-she, masalan shoghlī ke būrs-esh hastesh, 'arz mī-konam be shomā az panj tā dah-tomān ham mī-rese, pūnzdah tomān ham mī-rese. Ba'zī yā na. Masalan hamīn mojtama'-ye pāy-takht, tū-ye sar-e Mīr-dāmād ke shomā molāheze bo-konī, yek āqā hāzer nīst be-forūshe, va dāsht. Yek sāl, do sāl, tā se sāl, ījād dād be ye shoghl. Hamūn kāmpyuter, lavāzem-e jānebī-ye kāmpyūter. Vaqtī hamīn harakatī anjām dād, dīge īnjā būrs-e chī shod, kāmpyūter, lavāzem-e jānebī-ye kāmpyūter. Vaqtī hamchīn kārī anjām mī-shod, vaqtī man nou'ī bi-yām hamchīn jāī be-khām be-kharam, dar jā khob, be tab' ūn qeimat-e avvalīye-ye īnhā va dovvom kheilī farq dāre. Be tab', ūn moughe masalan chahār tomān metrī be-kharam, al-ān mī-tūnam bīst tomān be-kharam."

（9） MAG, 2002/3/5

"Ūnjā ye qesmat, maghāze-hā hast, mesl-e maghāze-ye do metr e, hojre mī-gyand, tū-ye bāzār mī-gyand hojre, bale, hojre, maghāze-ha-ye kūchek-eshān mī-gyand. Bāzār, mī-ge metrī hesāb nemī-she, masalan, īn hojre, khod-eshūn masalan bīrūn

（5）TG, 2001/8/25

"Mālek-e zamīn, ba'zī-hā hastand mī-gīrand, ba'zī-hā hastand nemī-gīrand, mī-gyand harām e. Barāye chī mī-gīram, man ejāre rā mī-gīram, hālā shomā injā nīstī, ye āqā-ye dīge mī-yā pīshe man pas che pūlī be-gīre dīge. Ensān-hā yekī-e. Hīch farq nemī-kone. Ba'zī-hā mī-gīrand, ba'zī-hā nemī-gīrand. Valī shar'an o 'orfan, ya'nī īn ye ravālī ke doulat ta'yīn na-karde, pīshe khod-e mardom hast-esh."

（6）ITJ, 2002/2/27

"Sar-qoflī, 'ebārat ast, īn e ke, masalan man mī-yam emrūz yek maghāze rā ejāre mī-konam. Hanūz hīchī nīst. Kasī maghāze rā nemī-shenāse. Tey-e chand sāl, talāsh mī-konam, ūn maghāze ye e'tebārī peidā mī-kone. Arzeshī peidā mī-kone. Masalan farz ye chelou-kabābī e. Maghāzeī ke man ejāre kardam. Yek chelou-kabābī. Emrūz ke bāz shode, hīch kas nemī-dūne, ke īnjā ghazā-hā che jūrī e. Va har kī ham mī-khā bi-yād ūnjā ghazā bo-khore bā tars o vahshat ke na-kone gūsht-esh kohne bāshe ... yavāsh, yavāsh, tabdīl mī-she, moshtarī mī-yā, ba'd ye rūz mī-gyan khūb-e, tamīz-e, sālem-e, īn mī-she. Yavāsh, yavāsh, ārām ārām ūnjā rounaq peidā mī-kone. Vaqte rounaq peidā kard, mī-bīnī ke kabāb-e khūbī mī-deh be mardom, berenj-e khūbī mī-deh, servīs o tamīz mī-deh, hey moshtarī ezāfe mī-she. Be nahvī ke shomā masalan nahār mī-she gorosne shodī, sad tā panjāh tā chelou-kabābī rā rad mī-shī, mī-rī ūnjā ghazā mī-khorī, khob, īn ya'nī otomatīk-vār mī-bīnīm ke moshtarī dāre. Ya'nī ūn makān, ūn chelou-kabābī ye sharafī peidā karde, ye shakhusīyatī peidā karde, yā arzeshī peidā karde. Ke agar īn shomā ham dar bālā-ye īn ra's-e modīrīyat-e ūn na-bāshī, bāz ūnjā kār khāhad kard. Va īn-o mī-gyan sar-qoflī, īn-o be pūl mī-forūshand, dīge. Mī-gyam man ke īnjā zahmat keshīdam, īnjā rā 'ezzatī-ye ehterāmī qāyel shodam, peidā kardam, arzesh peidā karde, īn-o mī-forūsham be shomā."

（7）MPF, 2004/8/31

"Montahā, maghāzeī-ke fa''ālīyat-e khūb tū-sh mī-she, sar-qoflī-sh bīshtar az ūn. Farq mī-kone. Be-bīnīd, al-ān, tafāvot mī-kone. Īn rū ... maghāze rū-be-rū, be-bīnīd,

ペルシア語原文音写資料

聞き取り調査時にインフォーマントが話したペルシア語の原文（引用部分）。

カッコ内は筆者による文意の補足。

（１）MPG, 2002/3/2

“Enteqāl be dīgarī, ya‘nī man shoghl-e man-o mī-khām be kasī dīge vā-gozār konam ūn qesmat rā, be īn shekl. Ūn ham na be ūn ‘onvān-e shoghl-e dīgarī, shoghl-e dīgarī ham bāyad mālek ejāze be-deh. Yek pāsājī ke īn e ke mī-farmāī jam‘ shodan(d) dar īn mantaqe cherā be estelāh az bāzār ūmadand, īnhā yek melkī masalan panjāh tā sad tā maghāze mī-sāzand, mī-gyan , āqā be gheir-e az pūshāk, hīch chīzī dīge nemī-dīm. Yā be gheir-e az lavāzem-e soutī, be kasī dīge, shoghl-e dīge nemī-dīm. Mī-khānd būrsīyat bāshe mardom be-shenāsand, bale. Avval ke sākht mī-kone, mī-khād masalan tū-ye pāsāj dah tā shoghl na-bāshe.”

（２）MPG, 2002/3/2

“Ānān tak tak ūmadand, būrs ke shode, vaqtī ke būrs shode, mī-gyand mālek masalan mā dīdīm īnjā khūb, khūb hast, ūmade melk kharīdīm bīst, sī tā maghāze dar āvordīm, vā ham be pārche-forūsh-hā forūkhtīm.”

（３）MPF, 2005/9/6

“Bebīnīd, al-ān īnjā man mosta’jer, dorost? Īnjā mī-kham be-forūsham, vā forūkhtam, īn ham bāz tavāfoqī e, ūn kasī ke az man mī-khare, man behesh mī-gyam man īnjā rā khāles-e kelīdī mī-forūsham, ya‘nī sad mīlyūn tomān az to mī-gīram az īnjā mī-ram bīrūn. Ūn vaqt khodet bāyest bi-yād sāheb-e melk o dārā’ī o shahr-dārī ... īnā rā khodet bāyad..,īn bastegī dāre be ūn sharāyet-e māl o melk-e avval-e tavāfoqī.”

（４）MAG, 2002/3/5

“Bastegī be mālek dāre. Mālek khūb bāshe, dah dar sad, pūnzdah. Mālek khūb na-bāshe, bad bāshe, bīst, sī dar sad ham mī-gīre. Ta‘yīn na-shode, daqīq.”

第８条

賃貸契約中の条件に、マーレキが賃貸物を賃借人以外には賃貸しないこと、および、毎年それを通例の賃貸料でもって占有している賃借人に引き渡すことが定められている場合には、賃借人は、自身の権利放棄もしくは立ち退きの見返りに、サルゴフリーの名目で一定額の金銭を請求し、かつ受領することができる。

第９条

賃貸契約期間が満了している、もしくは賃借人がサルゴフリーをマーレキに支払っていない、もしくは賃借人が契約に定められたすべての権利を行使してしまっている場合には、（賃借人は）賃貸物件の立ち退きの際にサルゴフリーを受領する権利は持たない。

第10条

この法律の適用によってサルゴフリーの受領が合法とされるような事例において、当事者双方の間でその額に関する合意が得られていない場合には、裁判所の見解をもって決定されるものとする。

第10条注

賃貸借関係において上の諸規定から逸脱するいかなる金銭の請求も禁止する。

第11条

この法律の制定以前に賃貸された場所はこの法律の適用から除外され、それに適用されることになっている諸規定に従うものとする。

第12条

この法律の執行規則は、３ヶ月以内に司法省、住宅・都市計画省によって作成され、閣僚委員会によって制定される。

第13条

この法律と矛盾するすべての法規は無効となる。２節13条、３付加条項から成る上記の法は、イスラーム議会1376（1997）年モルダード月26日の日曜日の公開の会議の場で可決され、1376（1997）年モルダード月29日の監督者評議会によって承認された。

＊１――*MQ5*, 650-52.

とづいて然るべき裁判所の支所の証明を、執行機関へ引き渡さねばならない。この場合執行機関は賃借人への金銭もしくは証書の返還を見合わせ、裁判所の判決が下され賃貸人の請求額をそこから控除したのち、賃借人に対してその返還手続きを取るものとする。

第５条

賃借人が賃貸人から提示された契約内容について何らかの権利を要求する場合、立ち退き命令の執行中に、自身の不服を然るべき裁判所へ申し立てるならば、（賃借人が）要求している権利および生じた損害に対する賠償に関して立証が行われたのち、適切な判決が下されるものとする。

第２節　サルゴフリー

第６条

マーレキは、自身の営業用メルクを賃貸する場合は、サルゴフリーの名目で賃借人から一定額の金銭を受領できる。同様に賃借人は、賃貸契約期間中は、自身の権利の引き渡し（vā-gozārī）のために、一定額の金銭を賃貸人もしくは他の賃借人からサルゴフリーの名目で受領することができる。ただし、賃貸契約において他者への移転の権利が彼（賃借人）から剝奪されている場合にはこの限りではない。

第６条注１

もし、マーレキがサルゴフリーを受け取っておらず、かつ賃借人がサルゴフリーの受領とともにメルクを他者へ引き渡した場合には、賃貸契約期間の満了後は、最後の賃借人はマーレキに対するサルゴフリーの請求権を持たない。

第６条注２

賃貸人がイスラーム法の正しい方法にしたがってサルゴフリーを賃借人へ移転した場合には、賃借人は立ち退きの際、その時点での適正な価格によるサルゴフリーの請求権を持つ。

第７条

賃貸契約中の条件に、賃貸物が賃借人の占有下にある限りマーレキは賃貸料の値上げや賃貸物から立ち退かせる権利を持たないこと、および、毎年その賃貸物を同じ金額で彼に引き渡す義務があることが定められている場合には、賃借人は賃貸人もしくは他の賃借人から、自己の権利放棄の見返りにサルゴフリーの名目で一定額の金銭を受領することが出来る。

資料5　1997年関係法（訳）

賃貸人・賃借人関係法（Qānūn-e Ravābet-e Mūjer o Mosta'jer）[*1]：

1376年モルダード月26日（1997年8月17日）制定

1376年メフル月1日（1997年9月23日）より施行

第1節　賃貸人・賃借人の関係

第1条

この法律の施行日より、公正証書あるいは私署証書による契約によって定められた、居住用・商業用・営業用の場所、教育施設、大学の寮、政府系建造物、あるいはそれに類するすべての建物の賃貸借は、民法ならびにこの法律において記載された諸規定、賃貸人・賃借人の間で定めた諸条件に従うものとする。

第2条

私署証書による賃貸契約は、賃貸契約期間を明記のうえ2部作成し、賃貸人・賃借人の署名をほどこし、双方の信頼できる証人となる個人2名によって証明されるものとする。

第3条

賃貸契約期間の満了後は、賃貸人もしくは彼の法定代理人の請求にもとづく賃貸物からの立ち退きは、登記所を通じた公正証書による賃貸借においては1週間以内に、私署証書による賃貸借においては司法当局への立ち退き命令の申し立てがなされたのち1週間以内に、司法官吏によって執行される。

第4条

賃貸人が、預託（vadī'e）・保証（tazmīn）・無利子貸付金（qarz-ol-hasane）の名目による金銭や、それに類する有価証券（sanad-e ta'ahhod-āvar）を賃借人から受け取っている場合には、賃貸物件からの立ち退きと賃貸人への引き渡しは、証書もしくは上記の金銭が賃借人に返還される、もしくは執行機関へそれが預けられることに拠って可能となる。もし賃貸人が、賃借人の賃借する部分の賃貸物に加えられた損害、あるいは賃貸料の未納、使用された電話・水道・電気・ガスの支払いの滞納を主張し、損害賠償や内訳を明示した上記の滞納金の支払いを求めている場合は、金銭もしくは証書の預け入れと同時に、要求相当額の損害賠償請求の訴状提出にも

裁判所から調停を委任されたすべての場合においては、いずれの当事者も自身の専属の仲裁者を確定し、1週間以内にその者の承諾書を裁判所へ提出しなければならない。上記仲裁者の承諾書が提出されない場合や、その当事者の専属の調停を文書によって承諾している他の個人の紹介がなされない場合には、(決定は) 不可能と見なされ、裁判所がくじによってその者の専属の仲裁者を決定する。

第24条

当事者双方が直接的あるいは間接的に、この法律の諸規定の執行を妨げるような措置を講じた場合には、立証ののち (その措置の) 無効が告知される。

第25条

この法律は以下の地域で施行される。これまでに「賃貸料調整法執行規則」が適用されていたか、あるいは司法省がその執行が必要である旨を明示していた地域。また一般法規に基づいて賃貸人・賃借人関係が規定されていたそのほかの地域。

第26条

この法律の施行日から、1334 (1955) 年メフル月25日制定の「賃貸料調整法執行規則」、民事訴訟法第677条、およびその他のこの法律に矛盾する諸法規は無効である。

第27条

司法省はこの法律の施行を任命される。1338 (1959) 年バフマン月7日制定の「両院共通司法委員会の承認後の現司法大臣による提出された法案の執行の許可にかんする法」にしたがって、上記法案は1339 (1960) 年ホルダード月10日の両院共通司法委員会において承認され、施行可能となる。

＊1――*MQ19*, 2379-93.

つ。相続人のうちいずれかが賃貸料を払えば、他の者の賃貸人に対する支払い義務はなくなるものとする。

第22条

建物の基礎やその倒壊の防止に関連するような賃貸物件の全面的な改修は、賃貸人の責任とし、賃借人にとっての賃貸物件の利便性を高めるような部分的な改修は、賃借人の責任とする。

第22条注 1

居住用の場所の賃貸人・賃借人の間で部分的あるいは全面的な改修について意見の相違が存在するとき、その解決には郡裁判所があたるものとする。

第22条注 2

賃貸人に全面的な改修を行う準備がない場合、賃借人は、裁判所が認めた全面的な改修を行い、その費用を賃貸人の負担とすることができる。ただしその総額が 6 ヶ月分の賃貸料を超えないことを条件とする。

第23条

最初の（審理）委員会において賃貸料に関して確定判決に至っていない係争の調書はすべて郡裁判所もしくは地方裁判所の管轄に、また再審委員会において審理中の係争の調書は登記所（edāre-ye sabt-e asnād va amlāk）の管轄部署の調査に委ねられ、この法律の諸規定に則って審理および必要な判断が下されるようにする。同様に、この法律の施行以前に各委員会が下した判断が再審の対象となる場合には、伝達から10日以内に、管轄の裁判所において審理されるものとする。

第23条注 1

この法律の施行以前に確定した立ち退き命令が発令され、かつ和解命令の根拠も見いだされないような営業用の場所に関する係争の調書において、もし命令が執行されておらず、あるいは営業用の場所の立ち退きに関して公証役場から出された執行状がいまだ執行されていない場合には、当事者双方のうちいずれかの請求に応じて郡裁判所は係争を調停に附し、仲裁者（dāvar）はこの法律の諸規定に鑑みつつ営業権（の金額）を決定し、マーレキによるその支払いののち、裁判所が執行状をもって命令の執行を指示するものとする。この係争に関する仲裁者の判断は確定したものであり、抗議することはできない。

第23条注 2

り、この法律の施行日から、新しい賃借人へのその移転は、法的な公正証書の作成をもってのみ認められるものとする。

第18条

営業用の場所の賃借人は、上記の場所を他者へ移転することができる。ただし、第一に新しい賃借人が賃貸契約書に記載された職業に従事していること、第二に新しい賃貸契約期間がもとの賃貸契約期間の残り分と重複していないことを条件とする。

営業用の場所を上記の方法で他者へ移転したい賃借人は、申告書をつうじて、賃貸契約書の作成に参加してもらうために、賃貸人をもとの賃貸契約書を作成したのと同じ公証役場へ所定の日時に招聘しなければならない。招聘状の発送日と期日との差は3日以内であってはならない。

もし賃貸人もしくは彼の法定代理人が、所定の時間に出頭しない場合には移転証書が公証役場によって作成され、状況についてそこに言及されるものとする。

マーレキが営業用の場所の移転に同意した場合には、もとの賃借人および新しい賃借人は相互に賃貸料の支払いに責任を持つものとする。

第18条注

賃貸契約書において他者への移転の権利が剝奪されている状態で、賃借人が賃貸物件の利用収益を他者へ移転したいと欲し、マーレキがこれに同意しない場合には、この法律の規定にしたがって、賃貸物件からの立ち退きの代償として賃借人に営業権が支払われなければならない。

第19条

営業用の場所の賃借人による営業を目的とする他者への賃貸借の移転は、賃貸契約書において許可されている場合を除き、マーレキの文書による同意に拠るものとする。

第20条

賃貸人は賃貸借の更新の際、不動産の一部の賃借人に、生じている賃貸の利益およびその賃借人が占有している賃貸物件の部分を、(再び)彼らに賃貸することができる。

第21条

賃借人が死去した場合、その相続人らはともに、被相続人の賃貸契約書にある賃貸料をもって賃貸物件を使用する権利、および賃貸契約書の作成を求める権利を持

第13条

裁判所は、賃貸人と賃借人とが賃貸料あるいはその他の条件について合意しない場合には、賃貸料の決定のために、賃貸料の額に影響を与えると考えられる諸要素を調査し、あるいは不動産鑑定士に依頼するなどして、賃貸料の額を当該時の適正な価格に応じて決定しなければならない。また賃貸借の条件については、もし以前に賃貸契約書が作成されていた場合には、諸条件を以前の賃貸契約書に一致させるか、もしくは一般的な賃貸契約書の諸条件に合わせて決定するものとする。

第14条

裁判が行われているすべての期間において、賃借人は、この法律の第５条および以前の条件にしたがって賃貸料を支払わねばならない。裁判所の判決が確定した日から１ヶ月以内に、双方は裁判所の判決にある所定の手続きに則り、賃貸契約書を作成しなければならない。

もし所定の期間内に賃貸契約書が作成されない場合には、双方のうちいずれかの請求に応じて、裁判所の事務局は判決の写しを、その判決（内容）の登記のために公証役場に伝達し、双方に対して所定の日時に賃貸契約書への署名のため公証役場へ出頭するよう通告するものとする。

もし賃貸人が署名に出頭しない場合には検事の代理人が代わりに、１年間の賃貸契約書に署名する。またもし賃借人が10日以内に署名に訪れなかった場合は、賃貸人の請求に応じて裁判所は賃貸物からの立ち退き命令を発令する。

第15条

司法省は、公認の不動産鑑定士のなかから毎年、この法律の諸規定の執行のために数名を選任し、裁判所へ紹介するものとする。（選任）方法と条件、不動産鑑定士の手数料は、司法省が作成し適宜施行せしめる規則に拠る。

第16条

立ち退きに関する命令が発令される場合には、裁判所は、立ち退きまでの猶予期間を10日以上２ヶ月以内に設定するものとする。

第７節　その他

第17条

営業権（haqq-e kasb o pīshe yā tejārat）はその場所の賃借人に与えられるものであ

提出して、賃貸契約書の作成を請求するものとする。

第９条注３

営業用の場所の賃借人の裁判所が、マーレキが必要な改修をしようとする際の障害になっている場合には、係争はメルクのある場所の郡裁判所に委任され、審理が迅速に行われるものとする。

第10条

裁判所は審理に先立ち、双方に和解を提案、もしくは調停を委任する。和解が不成立、もしくは調停における双方の合意が得られないような場合には、裁判所が審理を行い必要な判断を下すものとする。

第11条

営業権（hoqūq-e kasb o pīshe yā tejārat）の金額については、以下の諸点に鑑み裁判所が決定するものとする。

1．営業用の場所の立地・地の利。
2．賃貸契約において賃貸人もしくは賃借人に与えられた諸特典の観点から見た賃貸借の条件と質。
3．その賃貸物件で賃借人が営業に従事した期間と、上記の場所の有名性に影響していると考えられる彼の良き評判。
4．建物の種類に鑑みた賃貸の場所の面積。
5．賃借人が、戸棚の造作、必要な備品の調達、そのほか内部の装飾など、上記の場所の整備のために負担した費用。
6．賃借人の営業の種類。

第６節　審理方法

第12条

この法律において規定された諸事例以外に、この法律（が適用されること）によって生じる係争審理は、その管轄・手続きについては民事訴訟法およびそのほかの関連法規に則って執行される。下された判決に対しては控訴可能である。

第12条注

賃貸借用の部屋に関しては、郡裁判所の判決は確定したものであり、かつ拘束力をもつ。

件が賃借人の立ち退きののち少なくとも一年の間使用されなかった場合には、賃貸物件の３年分相当の賃貸料を賃借人に支払うものとする。ただし、１年間使用されなかったことが不可抗力によるものであったことが立証された場合には、裁判所が支払い証書を無効とする。

第８条注４

文化省の公的な許可を得て設立され、夏期休業中でない学校の立ち退きは許可されない。ただし賃貸料が定期的に支払われていない場合にはこの限りではない。

第５節　営業権（Haqq-e Kasb o Pīshe va-yā Tejārat）

第９条

第８条において示した場合に加え、以下のような場合について、営業用の場所からの立ち退きを裁判所に求めることができる。

１．新しい建物の建築を目的とした立ち退き。

２．賃貸人の営業のための個人的必要から生じる立ち退き。ただし賃貸人による個人的使用は、この法律における営業権（hoqūq-e kasb o pīshe yā tejārat）に関する諸規定に鑑み、裁判所が命令を発令するものとする。

第９条注１

マーレキが建築のためにメルクを立ち退かせた場合には、６ヶ月以内に建築を開始せねばならず、かつこの間も（マーレキは）その場所における営業権は持たないものとする。

第９条注２

この条に示した諸理由のうちのひとつによって立ち退き命令が出された場合において、前の賃借人の営業にふさわしい建物がそこに建築されたならば、前の賃借人は賃貸借における優先的権利を有するものとする。ただし、メルクからの退出の際に、自身の意思を申告書によってマーレキに告知していなければならない。またマーレキは申告書によって、賃借人の使用のために建物が準備される時期を彼に知らせ、賃貸借の条件や賃貸料の額をそこに記載するものとする。賃借人はその申告書への返答において自身の同意・非同意を伝えることができる。同意する場合には、賃借人は営業権の名目で受け取っている金銭を、司法省の出納部に10日以内に預け、申告書の複写と（出納部の）領収証を不動産のある場所に近い公証役場に

上の項において示したような人々のために賃貸物件に対する確たる必要がある場合。

6．賃貸契約書に明記されている趣旨に反して賃貸物件が使用されている場合。

7．賃借人が、約定賃貸料もしくは相応の適正な賃貸料の名目によって支払わねばならない金銭の支払期日後10日以内に、自身の賃貸料を支払わなかった場合。もしくは、契約書を作成した公証役場（もしくはメルクに近い公証役場）の通告から３日以内に、滞納している約定賃貸料もしくは相応の適正な賃貸料の一部あるいは全部を支払わない場合には、賃貸人は、契約書を作成した公証役場もしくは登記所の執行機関に、執行状（の発行）を求める権利を持つ。賃借人が滞納している賃貸料を預け入れた場合には、賃貸物からの立ち退きの執行は中止され、立ち退きは裁判所の確定した命令にゆだねられるものとする。

8．居住用の場所である賃貸物件が、全面的にもしくは部分的に荒廃の状態にあり、かつ改修の余地がない場合。あるいは健康・衛生上の観点から有害であり、取り壊さねばならない場合。

第８条注１

この条に示したような場合において、賃貸人による賃貸借の解消・無効、賃貸物件の明け渡しを認める確定した命令が発令されたのち、上記の命令の内容は関連する公証役場に伝達され、それにしたがって賃貸借の解消・無効を関連の台帳に明記するものとする。

第８条注２

賃貸人が、賃貸契約期間の満了した複数の不動産を所有しており、かつ自身あるいはこの条の第４項において定めたような人々の必要を満たす目的で、そのうちの一つからの立ち退きを求める場合には、いずれが請願者の求めにとって適切であり、明け渡されるべきであるかを裁判所が決定する。

第８条注３

上の条の第４、５項の場合については、買い手および賃貸人はその必要を立証せねばならない。またこの条の第５項の場合については、賃貸人の必要が賃借人による賃貸物件の占有のあとに生じたものでなければならない。第４、５項のいずれの場合においても、執行命令の発令以前に、買い手もしくは賃貸人は、以前の賃借人に対して公正証書によって以下のことを保証せねばならない。すなわち、もし賃貸物

以下の場合において、賃借人は状況に応じて、賃貸借の無効もしくは解消の命令の発令を裁判所に求めることができる。

1．賃貸物が、その賃貸目的に合った使用に耐えない場合。

2．賃貸契約書の条件に基づき、賃借人による賃貸借の解消の権利が認められている場合。

3．賃貸契約期間中に賃借人が死去し、その相続人すべてから賃貸借の解消の要求がある場合。

第7条注

賃貸借の無効もしくは解消に関する確定した命令の内容は、賃貸契約書の作成者である公証役場にたいし、裁判所の側から、賃貸契約書の登記の備考欄にその旨を明記するよう伝達するものとする。

第8条

以下の場合においては、賃貸人は賃貸契約期間中もしくはその満了後に、状況に応じて賃貸借の無効もしくは解消、賃貸物件からの立ち退きの命令を求めることができる。

1．住居の賃借人が、他者への移転権を剥奪されているにも拘わらず、賃貸物件を全面的にもしくは部分的に、非公式に他者へ引き渡した場合。あるいは、実質的に、委任したり代理させるなどして他者の自由意思と使用に任せている場合。

2．賃貸物が、賃借人自身の商売や営業の目的によって賃貸されているにも拘わらず、この法律の第18条に則って賃借人とともに賃貸契約書を作成することなく、賃借人が個人的に賃貸物の使用を監督せず、委任したり代理させるなどの名目によって他者に引き渡された場合。

3．賃借人が賃貸物件において、侵害もしくは浪費行為を行った場合。

4．賃貸物が居住用の場所であって、賃貸人が賃貸契約書に完全な（所有権）移転にあたっての自身の賃貸借の解消権について明記してある場合。ただし買い手が個人的にそこに居住することを望むか、あるいは自身の子ども、親、配偶者のために分配することを望んだ場合に限る。このような場合、もし不動産の移転の日から3ヶ月以内に買い手が立ち退きを求めなかったときは、彼の側からの立ち退き請求や賃貸契約期間満了の訴えは認められない。

5．賃貸物件が居住用であって、賃貸人が、賃貸契約期間満了後に、自身もしくは

ものであり、かつ拘束力を持つ。

第５条注１

この条において示したすべての場合において、賃借人もしくは彼の法定代理人が不可抗力によって、約定賃貸料もしくは相応の適正な賃貸料、あるいはその他の金銭を定められた期間の後で支払った場合には、裁判所はその理由を調査し、不可抗力とみなされた場合には立ち退き命令を発令しないものとする。

第５条注２

マーレキが預けられた金銭を受取ることは、相手側の要求に応じることの証明ではない。

第５条注３

賃貸人の側から賃貸物からの立ち退き請求が提出された場合はつねに、賃借人の側からの賃貸契約の締結あるいはその更新についての請求が受け入れられれば、賃貸物からの立ち退きに関する審理は終了するものとする。

第６条

公証役場は、関連諸法規に基づく諸点に加え、以下の諸点についても賃貸契約書において規定しなければならない。

1. 賃貸人および賃借人の職業
2. 賃貸物が賃貸にあたっていかなる障害をも有しないこと、いずれの当事者の占有下に置かれるものであるかということ、賃借人の占有下にない場合その引き渡しはいつ行われるかということ。
3. 賃貸料の支払いにかんして賃借人に与えられた猶予は、各期の支払い期日の遅くとも10日後までであること。ただし双方がこの期間について他の手順を定めている場合はこの限りではない。
4. 賃貸が居住用であるか、あるいは営業用であるかということ。営業用の場合にはその正確な業種。
5. 賃貸契約期間満了後、あるいは賃貸借の解消後の適正な賃貸料は、契約の更新あるいは立ち退きまでの期間、約定賃貸料の相当額とすること。

第４節　賃貸借の無効・解消と立ち退き

第７条

場所に最も近い公証役場へ提出し、その受取を入手する。いずれの場合においても公証役場は、遅くとも10日以内に当該地区の登記所を通じて、賃貸人もしくは彼の法定代理人に預けられた金銭の受取のために公証役場に照会するよう通告しなければならない。

第３節　賃貸契約書の作成

第５条

マーレキと賃借人としてメルクを占有している者との間に、いかなる賃貸契約書も作成されていない、もしくは作成されていてもその期間がすでに満了している場合、双方のうちいずれであっても、申告書を通じて賃貸契約書の作成もしくはその更新を請求することができる。請求（内容）が実行されない、もしくは賃貸料の額や条件の決定において合意が成立しない場合には、双方のうちいずれであっても賃貸契約書の作成や賃貸料の決定のために、第3条の規定に則り（期限の満了した賃貸の場合はこの法律の第13、14条に則り）、裁判所へ調停を申し立てることができる。賃貸料の額について裁判所が決定するまでの間は、賃借人は月末から遅くとも10日以内に約定賃貸料の額相応の適正な賃貸料を支払わねばならない。もし賃貸契約書が作成されていない場合は、相応の適正な賃貸料は、マーレキと前の賃借人との間での最後の公正証書による賃貸契約書において定められたものと同額とする。この場合、マーレキは上記の賃貸契約書の写しを裁判所を通して賃借人に伝達するものとする。またもし賃借人が伝達の日から10日以内に賃貸料を支払わなかった、あるいは毎月の10日過ぎまでに約定賃貸料の額に相当する月額分を支払わなかった場合は、マーレキの請求に基づいて、同裁判所は臨時の会議において賃貸物からの立ち退きを命令するものとする。この命令は確定したものであり、かつ拘束力をもつ。賃貸契約書がいっさい存在しない場合、賃借人は自身が約定賃貸料と見なし、類似のメルクの賃貸料にも見合う額を、毎回翌月の10日までに司法省の出納部へ預けねばならない。裁判所の命令が発令されたのち、もし賃貸料として決定された額が、預けた額あるいは支払われていた約定賃貸料の額よりも多ければ、賃借人はその差額を、請求の日以後について年率12％の遅延損害金とともに、マーレキに支払わねばならない。10日が過ぎても支払われない場合には、マーレキの請求に基づいて同裁判所は立ち退き命令を発令する。かかる命令は確定した

1．賃貸が双方の合意に基づいてなされた場合の賃貸料の額は、賃貸契約書に記載されたとおりとする。
2．賃貸契約書が作成されていない場合には、双方の間で取り決め実際に授受された金額とする。またその額が取り決められなかった場合には、この法律の諸規定に則り、専門的な鑑定を通じて、上記不動産の価格およびその他の影響のある諸要素を勘案しつつ、当該時の適正な価格によって賃貸料の額を決定するものとする。

第3条

賃貸人もしくは賃借人に限って、生活費の上昇や減退に基づいた賃貸料の見直しを請求することができる。賃貸契約期間が満了し、賃借人が賃貸物を使用し始めた日あるいは（もし賃貸料の額が裁判所によって定められている場合には）裁判所の確定した命令において定められた年月日から、満3年が経過している場合には、この請求は申告書によって行われる。もし申告書の伝達から15日以内に、双方の間で意見の一致を見ない場合には、受益者は然るべき裁判所へ調停を申し立てることができ、審理はこの法律の第13、14条に則って行われるものとする。
賃貸料に関する裁判所の命令は、申し立てがなされた日から（の賃貸料について）有効とする。ただし双方が他の手順に合意している場合はこの限りではない。

第4条

賃借人は、賃貸契約書に定められた期限内に約定賃貸料を、賃貸契約期間の満了後は最後の約定賃貸料の額相応の適正な賃貸料を、賃貸人もしくは彼の法定代理人に対して毎月の10日までに支払う義務がある。もし双方の間に賃貸契約書がない場合には、賃貸契約期間の満了後は双方の間で取り決め実際に授受されていた額の賃貸料を、毎月の10日までに支払う義務がある。賃借人が賃貸料あるいは上記の約定賃貸料の支払いを拒否した場合には、この法律の第8条第7項に則って、（賃貸契約書がある場合には）賃貸人の請求に基づき証書の作成者である公証役場から賃貸物件からの立ち退きに関する執行状が発行され、メルクが明け渡される。賃貸人もしくは彼の法定代理人が賃貸料の受取を拒否した場合には、賃借人は立ち退きを避ける目的で、第8条第7項にしたがって、その期間内に賃貸料を登記所の現金受払口へ預け、その領収証を賃貸契約書が作成された公証役場へ提出してその受取を入手する。もし双方の間に賃貸契約書がない場合には、領収証を賃貸人が居住する

資料4　1960年関係法（訳）

マーレキ・賃借人関係法（Qānūn-e Ravābet-e Mālek o Mosta'jer）[*1]：
1339年ホルダード月10日（1960年５月31日）制定

第１節　法律の適用される不動産

第１条

店舗、家屋、アパート、旅館、浴場、隊商宿、工場、運動場、ガレージ、倉庫、一般的に営業（pīshe o kasb yā tejārat）あるいは居住を目的として、これまでに賃貸されている、あるいはその後に賃貸される賃貸しの部屋はこの法律の諸規定が適用される。

第１条注１

この条における上記の賃貸の意図は以下のごとくである。賃貸もしくは契約の自由に基く用益権の取引、もしくはその他すべての名目による、占有者による占有を賃貸とする。占有の対象について公正証書もしくは私署証書が作成されていようと、占有者による占有が賃貸人または彼の法定代理人との合意に基づいていようと、同様である。

第１条注２

（垣などで）仕切られた耕作地や、その他の土地には、この法律は適用されない。

第１条注３

抵当権を設定した取引の結果生じた占有や、占有（状態）を返還する権利を伴う取引の結果生じた占有は、賃貸とは見なされない。

第１条注４

季節的な居住のために６ヶ月を超えない期間で賃貸される建物にはこの法律は適用されない。ただしその賃貸契約書において、それが季節的であることが規定されている場合に限る。

第２節　賃貸料（ejāre-bahā）およびその支払い方法

第２条

この法律が適用される不動産の賃貸料の額は以下の規定に従う。

すべての手段は、立証ののち無効とする。

第21条

物価安定局化課長にはこの規則の速やかな実施を目的として、物価安定化課に委任された諸権限や責務の遂行のための必要な行政組織を作る権限が与えられる。

第22条

この規則は財務総監が定めた都市部において施行可能となる。

第22条注

財務総監は物価安定化課長の提言に従って、必要と判断される地点で暫定的に、この規則の執行を司法省登記所の義務として委任する。

第23条

この規則の施行は、州都および県では司法省の官報および発行部数の多い新聞への掲載、町では掲示板をつうじて布達する。

第24条

この規則は終戦後半年まで有効である。

＊1――*MQ1322*, 194-200.

第15条
物価安定化課は、家具付きで賃貸される部屋に関して、その細部を勘案しつつ、家具の賃貸料としてどの程度の割合が部屋の賃貸料に付加されるべきかを決定する。この場合賃貸人はけっして、部屋に家具を追加して金銭を要求する権利を持たない。また同様に、直接・間接の方法によって居住用の場所の賃借人に食事の節減を強制する権利を持たない。
第16条
旅館（mehmān-khāne）の部屋の価格は、物価安定化課が決定する。
旅館に分類されていない、もしくはその利用料が物価安定化課によって決定されていないような木賃宿（mosāfer-khāne）および部屋を貸している家々は、みずからを旅館と称することはできない。
第16条注１
物価安定化課は旅館および旅館の各部屋の分類規準を定め、それらの諸分類を明らかにし、分類の実務と価格の決定に関する諸指示を出すものとする。
第17条
第１条が適用される不動産の賃貸料が、この規則において許されている上限を超えている場合には、受益者の請求にしたがって、物価安定化課は許された額までそれを減額する。
第18条
この規則に関する不服（shekāyat）全般の受付窓口は専ら物価安定化課とする。しかし第８条に関する不服や、証書の真正や作成に関する不服、証書の内容と当該の法律とが適合しているか否かに関する不服は、登記所の見解にもとづいて処理される。その他の場合、とりわけ賃貸料の額の決定、立ち退き命令の発令とその執行については、物価安定化課が専ら管轄する。
第19条
この規則の内容や目的と矛盾する不動産の賃貸についての諸規則は、この規則の有効期間中は無効となる。
第20条
第１条の適用される賃貸契約書の作成において、公証役場はこの規則を遵守しなければならない。当事者双方がこの規則の諸規定を免れるために採った直接・間接の

以下の場合には、物価安定化課から、賃貸人の請求にしたがって立ち退き命令が発令される。

1）この規則の施行後、公正証書に基づく賃貸に拠らず賃貸物を占有している者が、賃貸人の請求にもかかわらず、公正証書による賃貸契約書を通告後30日以内に作成しない場合。

第12条

賃貸物件からの強制立ち退きは、事前の通告と、この条項に記された猶予期間の遵守なくしては可能とならない。

イ）マーレキが第９条に基づいて賃貸借の更新を拒否する場合には、立ち退き期限の少なくとも２ヶ月前に、賃借人に対して自身の決定を知らせねばならない。

ロ）第８条の３）に基づいて賃貸借の解消が告知された場合には、解消ののち立ち退きのために少なくとも１ヶ月の猶予期間が無償で賃借人に与えられねばならない。

ハ）第８条の４）および５）に基づいて賃貸借の解消が告知された場合には、立ち退きは猶予期間なく即座に行われるものとする。

ニ）第８条の６）に基づいて賃貸借の解消が生じた場合には、立ち退きは賃貸料支払い猶予期間の１ヶ月後とする。猶予期間を過ぎての支払いは立ち退きを阻止するにあたりなんらの影響も持たない。

第13条

物価安定化課長が、その指名する３名の有資格者の提言に基づいて許可する場合を除き、この規則が適用される不動産の賃貸料の額は多くとも、1321（1943）年エスファンド月１日の時点で賃貸されていた不動産の賃貸料の額を超えてはならない。上記の時点に賃貸されていなかった不動産あるいは、この規則の施行日までに賃貸契約期間が満了している不動産、同様にこの規則の有効期間中にその賃貸契約期間が満了する物件については、賃貸料は、1321年エスファンド月時点での類似のメルクの実際の賃料と同額とする。

第14条

1321年エスファンド月以降に建設された不動産の場合、その賃貸料は、類似のメルクの1321年エスファンド月時点の賃料を目安に、物価安定化課が賃貸人・賃借人が提示する書類に鑑みつつ決定する。

とおり保証しなければならない：もし賃借人の立ち退きのあと少なくとも１年の間、賃貸人が賃貸物件を主張のとおり使用しなかった場合には、前の賃借人に対し、賃貸料の１年分に相当する額を支払う。

またもし、賃貸物件が営業用の場所であって、賃貸人が賃借人の立ち退きのあと１年以内に、前の賃借人の職業もしくはそれに類似した職業にその賃貸物において従事することを望んだ際に、前の賃借人の過去の行い（sābeqe-ye ʻamal）や名声が価値と信用とを勝ち得ており、その結果が賃貸人を利することになる場合には、賃貸人は前の賃借人の信用・名声の価値に対して、不動産鑑定士が定める額を前の賃借人に支払う義務を有する。またいかなる場合においても、その額はその場所の賃貸料の3ヶ月分より少額とはなさないこと。

イの注）

マーレキは自身の責任の及ばない理由によって１年間使用できなかったことを証明することができる。この場合、管轄官庁が支払い証書を無効とする。

ロ）建物の完全な変更のために賃貸借が更新されない場合には、まず、認可された技師を通じて新築建物の完全な設計図を作成の上、市役所の管轄部署へ提出しなければならない。マーレキは立ち退きのあと15日以内に建物の改築を開始しなければならない。（建物の）変更後も、以前の賃借人らの状況と新しい建物の状況とに鑑みて建物が以前と同じように使用され得る限り、かかる者たち（以前の賃借人）は新しい賃借人に対して優先権を持つ。また賃貸料の増額は、居住用もしくは営業用の場所の面積の増加分と、および外観や業務上の優位（の維持）という観点からその場所にかかる経費とに、釣り合うものとする。

この部分の執行にあたっての保証もまた、イ）におけると同様とする。

第10条

賃借人が賃貸物件の占有者であって、この規則の諸条件に従って賃借している場合には、賃貸人による賃貸借の更新の拒否は認められない。ただし、この規則に明白に定められた場合を除く。

第10条注１

（マーレキが）この規則にしたがって賃貸借を更新する準備がない場合、マーレキ側の検事の代理人が賃貸物を１年間賃貸するものとする。

第11条

故人と一緒に暮らしていた相続人（ら）は、その同じ場所に居住し続ける権利を持つ。相続人（ら）のいずれか一人が賃貸料を支払えば残りの者の（支払いの）義務は免除される。

第７条

公正証書による賃貸契約書なしに賃借人として賃貸物件を占有する者はすべて、無条件に他者へ引き渡す権利を持つことはないものとする。

第８条

物価安定化課は以下の場合につき、受益者の請求にしたがって当該地区の登記所に賃貸借の無効もしくは解消の告知を求める。登記所は可及的速やかに審理の日程と結果を安定化課に告知する義務を負う。

１）賃貸物が滅失するか、賃貸用として使用価値を有さない場合

２）賃貸契約書において賃借人のために定められた条件にしたがって、賃借人による賃貸借の解消の権利が生じた物件

３）賃貸物件が居住用の場所であり、賃貸契約書において賃貸人が自分自身のために賃貸物を売却する際には賃貸借を解消する権利を有することが明記されているような場合。ただし買い手自身が個人的にその場所に居住を希望するか、自身の第一等親族に与えることを希望するという場合に限る。この場合においても、この規則の第12条の猶予期間が遵守されねばならない。

４）他者へ引き渡す権利を持たない賃借人が、何らかのかたちで賃貸物件を他者へ引き渡した場合

５）賃借人が賃貸物件に対し明白な悪意をもって何らかの行為をおこなった場合

６）賃借人もしくは占有者が、第２条の（ニ）に定められた期日内に賃貸料を支払わなかった場合

第９条

マーレキが個人的に賃貸物件を使用することを欲するか、もしくは自身の第一等親族に賃貸あるいは無料で引き渡すことを望む場合には、また同様に、賃貸物件の建物の完全な変更を行うために必要となった場合には、（マーレキは）賃貸借の更新を拒否する権利をもつ。ただし以下の条件が満たされている場合に限る。

イ）マーレキが自身の個人的な、もしくは自身の第一等親族による使用を目的として賃貸借の更新を拒否する場合には、公正証書をもって前の賃借人に対し以下の

第3条

賃貸人は以下のような場合に、賃貸物がその者の占有下にないような個人と、賃貸契約を取り交わすことができる。

イ）賃貸物件が新築であり、以前に誰かに賃貸されていなかった場合

ロ）賃貸物件が、以前はマーレキ本人の占有下にあった場合

ハ）裁判所の命令もしくは管轄官庁の指示を執行した結果として最後の賃借人が賃貸物件から退去した場合

ニ）以前の賃借人が賃貸借の更新の意思を持たない場合

第4条

マーレキあるいは彼の定めた代理人が賃貸料を受け取る準備がない場合には、賃借人はイラン・メッリー銀行もしくは登記所の現金受払口へ金銭を預けることによって、賃貸料の支払いを行い、マーレキの（賃貸借の）解消の権利に対抗する。

メッリー銀行ならびに登記所は、金銭の預け入れがあったことを賃貸人に知らせなければならない。賃貸人は賃貸料の公式の受取証のある場合にはそれを、ない場合には領収証を現金受払口へ提出し、金銭を受け取るものとする。

第5条

建物の基礎に関わる、もしくはその倒壊を防止するような賃貸物件の全面的な改修は、賃貸人の義務とする。また賃貸物件の利便性改善のための部分的な改修は賃借人の義務とする。建物全体の改修は、マーレキや彼の代理人の許可を得て賃借人が行い、その費用を賃貸人に負担させることができる。

第5条注1

全面的もしくは部分的な改修に関して、賃貸人と賃借人との間に意見の相違が生じた場合には、その解決は物価安定化課（qesmat-e tasbīt-e qeimat-hā）に委ねるものとする。

第6条

もし営業用の場所の賃借人が、賃貸物件を他者へ引き渡す権利（haqq-e vā-gozārī）を持たずに死去した場合には、その相続人（ら）は、その場所で被相続人と同じ職業に従事する限り、賃貸物件の使用の権利を持つ。相続人（ら）のいずれか一人が賃貸料を支払えば残りの者の（支払いの）義務は免除される。

居住用の物件の場合、もし賃借人が他者へ引き渡す権利を持っていないときには、

資料３　ミルスポー諸権限法規則（訳）

物価の安定：1322年第7月23日付け22号
（Tasbīt-e Qeimat-hā：Shomāre-ye 22 movarrakh-e 23, 7, 1322[*1]）

1322年メフル月23日（1943年10月16日）制定

1322（1943）年オルディベヘシュト月13日に制定された法により司法省および財務総監（ra'īs-e koll-e dārā'ī）に付与された諸権限にしたがって、以下のように規定する。

第１条
店舗、家屋、アパート、旅館、浴場、隊商宿、工場、運動場、ガレージ、倉庫、一般的に仕事あるいは居住を目的として、これまでに賃貸されている、あるいはこの規則の有効期間中に賃貸される賃貸しの部屋は、この規則の諸規定が適用される。
第１条注１
この規則の諸規定は、都市部（shahr-hā va qasabāt）のみにおいて施行されるものとする。
第１条注２
都市部における、（垣などで）仕切られた、もしくは仕切られていない耕作地には、この規則は適用されない。
第２条
公証役場（defāter-e rasmī-ye sabt）は、既存の諸法規によって定められた点のみならず以下の点をも、賃貸契約書において規定しなければならない。
イ）賃貸人・賃借人の職業
ロ）賃貸物が賃借人の占有下に置かれるか否かの決定
ハ）賃貸物が賃借人の占有下に置かれない場合には、この規則の第３条のいずれの条項に基づいて物件が賃貸されるのかの決定
ニ）毎月の支払期日のあと少なくとも10日間は賃借人に対して支払いの猶予期間が与えられること
ホ）この規則に違反しないその他の条件、および当事者の間で合意した事項

は、公正証書内容執行の規則（āyīn-nāme-ye ejrā-ye mofād-e asnād-e rasmī）に拠るものとする。

（添付「例１」「例２」は省略）

＊１――*MQ1317*, 240-46.
＊２――「なかった」の誤植と考えられる。

第23条

公証役場に提出する目的での写しの発行には、調停委員会が判断を下した額の12ヶ月分の賃貸料について、10リヤールごとに5ディーナールを徴収し、写しには印紙を貼付するものとする。

第6節　間借り人（mosta'jerīn-e otāq-neshīn）

第24条

公正証書による賃貸契約書なしに居住している間借り人は、第1条に定められた申告書の送付を免除される。また法定賃貸料に関してマーレキもしくは用益権者との間に意見の相違がある場合には、不動産賃貸料調整法に則り、和解のための法廷において審理されるものとする。

この場合の和解のための審理は、行政機関の会議において行われ、民事訴訟の手続きには則らない。

第7節　その他

第25条

公証役場は、受益者となる個人の文書による請求に対して、1315年メフル月の賃貸料を明記した賃貸契約書の証明付き写しを与えなければならない。

第26条

政府の歳入の一部となるべき登記料に加えて、すべての申告書、不服申し立て書は、それらの持ち主から5リヤールを徴収しなければならない。この金銭は特別会計に繰り入れ、司法省の判断により、不動産賃貸料調整法の執行費用として使われるものとし、この場合、不服申し立て書についても申告書の印紙料（の規定）が適用されるものとする。

第27条

申告書もしくは不服申し立て書の伝達方法、また調停委員会の判断の伝達方法は、民事訴訟の諸原則における嘆願書（'arz-hāl）その他の文書の伝達に用いられる諸法規に則るものとする。

第28条

上の第22条に示された執行状の執行方法および十分の一税（'oshr）の半額の徴収

「賃貸契約書は、不動産が1315年メフル月に賃貸されていないという賃貸人の申告にもとづいて作成された」と明記する。

その後賃貸契約期間中に不一致が生じた場合には、この規則第14条・15条・18条に基づいて賃貸料を法的な根拠に沿うものにすることができる。

第５節　調停委員会（hei'at-e hall-e ekhtelāf）

第20条
不動産賃貸料調整法に関わるすべての係争の審理は、司法省の選任による法定官吏３名から構成される調停委員会に委ねられる。

必要のある場所では委員会は複数の支部を持つことができる。

第21条
調停委員会の委員長（支部の場合は各支部の長）は当事者双方を召喚し、不動産賃貸料調整法にしたがってお互いに合意するか、もしくは第10条に定められた期間調査をおこなって見解を表明する証明者を双方の合意の下に確定するよう指示するものとする。もしこの方法によって結論が得られない場合には、委員会における審理の対象となる。

調停委員会は論点が明白であれば事由を明らかにして十分とみなし、不動産賃貸料調整法に基づいて所当の判断を下すことができる。また不動産鑑定士の見解を必要とする場合には、適切な方法によって彼の見解を求めるものとする。

当事者双方の出頭が必要か、あるいは一方のみかは委員会の判断に拠る。一方が出頭しないことは審理の妨げにならない。

第22条
調停における判断は確定したものとする。その判断に基づいて、あるいは委員会の場で合意されたことがらに基づいて（事が）執行されない場合には、受益者となる個人は、証明者の見解を付した委員会の判断の写し、あるいは委員会における双方の合意事項の議事録を示し、その執行を求めることができる。

この写しは執行状の代替となる。

受益者は自身の申請書（taqāzā-nāme）に、公証役場もしくは執行機関への提示のためにその写しを必要とすることを説明しなければならず、この目的は証明付き写しの一部にも明記されるものとする。

有者もしくは賃借人は係争の解決まで、従前通り賃貸料をマーレキもしくはその用益権者に支払わねばならない。

第16条

上の第14条に関し、法定賃貸料の額をめぐる係争が解決し、いったん納められた金額から賃貸人に（賃貸料が）支払われ残りが賃借人に返還されたあと、もし賃貸人がいかなる控除もなしに全額を受け取ることが正当であると見なされた場合には、委託されていたために彼に賃貸料が支払われなかったすべての期間について、賃借人に対し、12％の遅延損害金を請求する権利を持つ。

第17条

上の第15条に関し、係争が解決したのち、賃貸料もしくはそれ相応の適正な賃貸料として支払われたものが法的な根拠を超えるものであった場合には、12％の利子を付けて賃借人に返還されねばならない。

第18条

不動産賃貸料調整法が施行された時点でその賃貸契約期間が満了していなかった賃借人が、係争が終わるまで、賃貸料を第14条・第15条に則って支払わなかった場合には、賃貸人は賃借人の放逐と賃貸料の徴収にかんして執行状の発行を求めることができる。

かかる2ヶ条に則った実務が行われる際には、当事者らは係争の解決のために不服申立書（e‘terāz-nāme）を用いて、この規則に付帯する「例２」にしたがい調停委員会に申し立て、そこにおいて第10条の規定にしたがって証明者に依頼することができる。

第４節　賃借人のいない不動産の賃貸

第19条

賃借人のいない不動産の賃貸について公証役場に問い合わせがあった場合には、賃貸人は彼の提案する賃貸料の額が不動産賃貸料調整法の諸規定に則っていることを立証するために、1315（1936）年メフル月の公正証書による賃貸契約書をかかる公証人に示さねばならない。

もし不動産が1315（1936）年メフル月に賃貸された状態にあった[*2]場合には、問い合わせを受けた公証人は当事者双方の合意に基づいて賃貸契約書を作成し、そこに

証明者の確定について双方の合意に達さない、あるいは証明者が定められた期間内に見解表明を行わない、あるいはもとより係争事項が証明者への依頼が可能な類のものでない場合には、審理は当事者いずれかの請求によって、紛争解決のための委員会（hei'at-e raf'-e ekhtelāf）が行うものとする。

第13条

賃貸契約書が検事の代行によって作成され、賃貸人がそれに不服で賃貸料の受け取りを拒んでいる場合には、公証人は上記の受け取り（分）を委託のかたちで保管するものとする。賃借人は賃貸料の月割り分を、賃貸契約書に定められた期間に当該地区の登記所の現金受払口へ預け、公式の領収証を受け取って公証人に提出し、その代わりに公証人の手元にある賃貸料の月割り分の領収証を受け取るものとする。支払われた賃貸料は、関連の登記所において記録し委託金庫に保管される。賃貸人もしくは彼の法定代理人による請求対象となった場合は、領収証と引き換えに彼に交付される。

第３節　賃貸契約書の作成までの不動産占有者の義務および賃貸契約書に定められた賃貸料に不服である賃借人の義務

第14条

賃貸契約書の作成に関してマーレキあるいは用益権者と対立している不動産の占有者、その賃貸契約期間が不動産賃貸料調整法の施行の時点で満了しておらず、法定賃貸料の額に関して賃貸人と対立している賃借人は、係争が解決するまでの間、以下の義務を負う。1315（1936）年メフル月の賃貸料の公式の領収証を持っているか、1315（1936）年メフル月の賃貸料が書かれた賃貸契約書を持っている場合には、その一定の期間の賃貸契約書に定められた賃貸料の月割り分を全額、もしくは係争の起こる前に支払っていたものに相応する適正な賃貸料の額を、翌月の10日までに（賃貸契約書がない場合も同様に）当該地区の登記所の現金受払口へ預け、公式の領収書を受け取り、公証人に提出するものとする。

第15条

公式の領収証もしくは1315年メフル月の賃貸料が記載された賃貸契約書が手元になく、占有者もしくは賃借人の不服申し立て（e'terāz）が賃貸料もしくは双方の間で暫定的に合意した相応の適正な賃貸料の支払い遅延の原因ではない場合には、占

とする。
第８条
賃貸人もしくは彼の法定代理人が定められた期日に出頭しない、あるいは出頭しても同意しない場合、もし占有者が1315（1936）年付けの公正証書による賃貸契約書か、もしくはその年の印のある公正証書による賃貸料領収証を持っており、彼の提案する賃貸料が賃貸料調整法の諸規定に合致していれば、彼の要請のように賃貸契約書を作成するものとする。
この場合、弁護士もしくは彼から任命された者が、欠席した者の法定代理人であり、代わりに台帳、賃貸契約書、それに関連するすべての文書に署名するものとする。
第９条
賃貸人が不在か、もしくはその不同意のために、賃貸契約書の作成が検事によってなされる場合には、賃貸契約書に記載され賃貸人・賃借人の義務と定められるその他の条件は、以前の賃貸契約書の内容と一致していなければならない。もし当事者双方の間に契約書がなければ、以下のような一般的な条件すなわち：水道料金、除雪やゴミ掃除の費用、ガラスの破損弁償などは賃借人の義務であること、不動産税の支払いや必要な改修は賃貸人の義務であること、期限を10日過ぎても賃貸料が支払われなかった場合には（賃貸借の）解消の権利が生じること、さらにサルゴフリーやセンフィーなど賃借人のためのいかなる権利も認められないことなどが明記されるものとする。
第10条
当事者双方の間に意見の相違があり、公正を期するために審理がおこなわれる場合、係争事項が誰かに事実の証明を依頼することが可能な類のものであれば、公証人は双方に対し合意に基づいて、所定の日から10日以上１ヶ月以内の然るべき期間に係争事項に関して見解を示し得る証明者（mosaddeq）を確定するよう指示するものとする。それに基づいて、必要であれば第９条に則りつつ、公証人が賃貸契約書を作成するものとする。
第11条
係争当事者らの合意が成立した場合、公証人は手数料を取らないものとする。
第12条

貸料を第14条・第15条に定められた方法で支払わなかった不動産の占有者に関して、マーレキもしくは彼の法定代理人は、関連の諸法に基づいて、（占有者の）放逐にかんして執行状（barg-e lāzem-ol-ejrā）の発行を求めることができる。もし公正証書による賃貸契約書がない場合には管轄の裁判所に申し立て、占有者の放逐を求めるものとする。

第４条

当該地区の公証役場に送られた申告書は、アルファベット順に整理された台帳に申告書の署名者の名をもって登記し、すべての登記についてそこに召喚された者の出頭中に、備考欄に公証役場の番号を、他の欄に公証役場への出頭と賃貸契約書の作成のための期日を記載するものとする。

この期日の記載は、当該の期日が来る以前に申告書が相手方に伝達され提出者に戻されるように設定しなければならない。さらに時間は、公証人（sar-daftar）が相談者の問題を解決するに充分なだけの１日を確保しなければならない。上のように決定された期日は申告書ならびに申告書提出者にたいして与えられる領収証に明記されるものとする。

第５条

申告書について伝達された者は、そこに自身の同意もしくは不同意を記し、あるいは単に署名し、自身の申告を別途記し、申告書に定められた公証役場に送付するものとする。いずれの場合においても、定められた期日に自身もしくは弁護士が上記の公証役場に出頭するものとする。

第２節　賃貸契約書の作成

第６条

申告書を送付した者は、定められた期日に、自身もしくは弁護士が公証役場に出頭し、伝達された申告書と持参の書類とを提示して賃貸契約書の作成を求めるものとする。

第７条

係争の当事者らが、定められた期日に自身もしくはその弁護士が公証役場に出頭して賃貸契約書の作成に合意した場合には、不動産賃貸料調整法の諸規定にもとづく賃貸料の照合表に拠って、合意された手続きにしたがい賃貸契約書を作成するもの

資料2　調整法規則（訳）

不動産賃貸料調整法の施行
(Ejrā-ye Qānūn-e Ta'dīl-e Māl-ol-ejāre-ye Mostaghellāt)[*1]

1317年バフマン月15日（1939年2月4日）制定

第1節　賃貸契約更新の請求

第1条

賃貸料調整法施行の時点で、その賃貸契約期間が満了しているか、もしくはもともと賃貸契約書がなくても賃借の意図をもってある不動産を占有しているすべての者は上記の法の施行の1ヶ月後まで、またその賃貸契約期間が法の施行後3年以内に満了するすべての者はその満了の日から1ヶ月後までであれば、彼（賃借人）とマーレキ、もしくは用益権者（mālek-e manāfe'）もしくはその法定代理人との間に、上記の法に則った新たな賃貸契約書の作成に関する合意がない場合には、この規則に添付された「例1」に従ったマーレキ、もしくは用益権者もしくはその法定代理人宛の申告書を当該地区における不動産登記所へ送付し、不動産賃貸料調整法の施行時点から3年を超えない期間での賃貸契約のための公正証書による賃貸契約書作成に彼を召喚することができる。

多数の不動産が管理されている諸都市では、不動産登記所（koll-e sabt-e asnād o amlāk）は相談者の実務の促進・整理のために、建物の種類ごとに個別の原則を定め、それを不動産賃貸料調整法の施行前に告示することができる。この場合には、申告書の送付のためにこの条に定められた1ヶ月の猶予期間は不動産登記所の告示に定められた日時から始まるものとする。

第2条

賃貸契約書作成のための申告書には、その場所における以前の賃貸契約書が作成された公証役場、もしくはその法定代替機関となる公証役場が指定されていなければならない。もし、賃貸契約書を取り交わさないかたちでの居住であった場合には、当該不動産のある地区の公証役場のひとつを指定するものとする。

第3条

この規則の第1条に定められた期間に申告書を送付しなかった、あるいは月額賃

この法律は以下の地域で施行される。これまでに、そこで1339（1960）年制定の「マーレキ・賃借人関係法」が施行されていた地域。および、司法省が、住宅・都市計画省の見解に鑑みその施行が必要であることを告示した地域。その他の地域では、賃貸人・賃借人関係は、一般的諸法・諸規定に則るものとする。

第32条

この法律の施行年月日より、この法律と矛盾する1339（1960）年制定の「マーレキ・賃借人関係法」およびそのほかの諸法規・諸規定は無効となる。

32条、17注からなる上記の法律は2536年４月22日水曜日の上院臨時会議において可決されたのち、2536年モルダード月２日日曜日の国民議会臨時会議にて可決に至った。

＊１――*MQ24,* 2640-50.

＊２――*MQ1358,* 245.

＊３――原義では賃貸物の種類は特定されず、物、動物、人間などを包括する概念だが、ここでは賃貸物が不動産であるので、訳を賃貸物件とする。

＊４――賃貸契約書などを介して賃貸人と賃借人がその額につき完全に合意に至っている賃貸料を指す。

＊５――賃貸料の額についていまだ当事者間で合意が成立していない場合に、当事者間で暫定的に授受される賃貸料、もしくは裁判所などが支払いを命じる賃貸料を指す。

第27条注1
営業権の支払いを伴う立ち退き命令が発令される場合には、この条における上述の猶予は、かかる金銭の預け入れもしくは支払い日から開始する。
第27条注2
賃貸料の不払いを理由とする立ち退き命令が発令された場合、猶予は多くとも15日間以内とする。
第28条
営業権の支払いを伴う賃貸物からの立ち退き命令が発令され確定した場合、賃貸人は、確定した命令が伝達された日から3ヶ月以内に、定められた額を司法省の出納部へ預けるか、その支払いの方法を賃借人へ伝えねばならない。これが行われない場合は、双方が期間の延長について同意している場合を除き上記の命令は無効となる。その他、確定した命令が伝達された日から1年以内に賃貸人が執行状（ejrā'īye）の発行を求めない場合には、賃貸人と賃借人との間で立ち退きの延期に関し合意している場合を除き命令は無効となる。
第28条注
上の条において示された期間は、1339（1960）年制定の「マーレキ・賃借人関係法」の施行期に発令され確定した命令に対しては、この法律の施行時点より開始するものとする。
第29条
司法省はこの法律の施行にあたり、公認の不動産鑑定士のなかから一団を選任し、最長で2年の任期をもって裁判所に紹介する。選任のやり直しが行われるまでは、裁判所は上記の不動産鑑定士を利用するものとする。
選任の方法・条件、および不動産鑑定士への報酬は、司法省の規則に拠るものとする。
司法省が不動産鑑定士を紹介しない地域では、不動産鑑定に関する一般的諸規定に則るものとする。
第30条
この法律の諸規定を施行するのを妨げる目的で、当事者双方が採る直接・間接のすべての手段は裁判所における立証ののちその無効が告知される。
第31条

電気・水道・電話などの断絶の原因が、関連する組織に対する賃貸人の負債にあり、その負債の支払いが復旧のための条件である場合には、賃借人は、関連の組織からの領収証に基づいて上記金銭を支払い、次の賃貸料から控除することができる。

第24条注２

「アパルトマン所有法（qānūn-e tamallok-e āpārtemān-hā）」の適用対象となっている集合住宅の共有施設・部分の改修については、同法の規定に従うものとする。

第25条

マーレキが自身のメルクの売却の意思を持っている、もしくはメルクにおける損壊・消耗などの理由によってメルクの状態を視察したいと希望する際に、メルクの占有者が買い手やマーレキの検分の妨げになっているような場合には、マーレキもしくはその法定代理人は、その妨げの除去をメルクの所在する地区の裁判所に申し立てることができる。検事もしくは判事は、警察・地方治安警察の署員、その他の執行官吏にその件にかんする指示を出し、買い手とマーレキは彼らの同行のもとにメルクを視察することができる。

それが必要であるか否かの判断は、通常の範囲内で指示の発令者が行う。

第26条

係争が、地方裁判所（dād-gāh-e shahrstān）で専ら審理されるべき政府に関連するものであった場合を除き、地方裁判所もしくはそれがない地方でのこの法律に関連する係争審理はすべて、独立した郡裁判所（dād-gāh-e bakhsh）において行われる。裁判所の命令は（当事者が）出頭したとみなされた時のみ、控訴可能である。ただしそれが禁じられている場合はこの限りではない。

賃貸用の部屋に関する係争についての審理は、従来通り仲裁評議会（shourā-ye dāvarī）の管轄である。

第26条注

月額賃貸料の決定に関する要求額が4000リヤール以上でない場合には、裁判所の命令は確定したものとする。

第27条

立ち退き命令が発令される場合には、裁判所は発令にあたり、10日以上２ヶ月未満の猶予期間をもうける。管轄官庁からの正式な許可を得て設立された学校の立ち退き命令については夏休み中に執行されるものとする。

裁判所の命令に基づく全面的改修を定められた期日内に行わなかった場合には、賃借人は賃貸借の解消を裁判所に申し立てることができる。あるいは、執行機関の監督の下に上記の改修を行い、その費用を賃貸料の6ヶ月分を上限として賃貸人に請求する許可を裁判所に求めることができる。

第22条

賃借人が賃貸人の必要な改修を妨げている場合には、裁判所は、賃借人に妨げの除去を義務づけ、改修の遂行のために適正な期間を定めるものとする。

妨害が続く場合には、裁判所は、上記期間中の一時的な立ち退きを命じることができる。いずれの場合においても、賃借人は建物の改修の妨害の結果生じた損害に責任を負う。

第22条注

第21条および第22条において述べられた係争についての審理は、速やかに、裁判手続きを踏まず行われる。裁判所の命令は確定したものとする。

第23条

賃貸人の側からの立ち退きの求めは、改修に関する審理の妨げではない。裁判所が、賃貸物件からの立ち退き命令を発令し、改修に関する判決が確定していない場合には、改修に関する強制命令は、第21条における規定の手続きにしたがって立ち退き命令が解除された場合に執行可能となる。

第24条

賃借人が、賃貸物件において水道、電気、電話、ガスもしくはセントラルヒーティング機能やエレベーター、それらに類するものの使用権を有している場合には、賃貸人はその改修を必要とする部分の切断もしくは切断の原因となるような行為を行うことはできない。ただし、賃借人が自身の消費分の代金を賃貸契約条件にしたがって支払っていない場合はこの限りではない。

違反があった場合には、裁判所は賃借人の求めに応じて速やかに、裁判手続きを踏まず審理を開始し、必要な場合にはその部分の接合措置を取る。

裁判所の命令は直ちに執行可能である。賃貸人は裁判所の指示が伝達された日から10日間以内に、それに対する異議を申し立てることができる。異議は同じ裁判所にて審理され、その後の裁判所の決定（tasmīm）は確定したものとする。

第24条注１

賃貸契約書において他者への移転権が剥奪されているような場合、または賃貸契約書をまったく取り交わしておらずマーレキが他者への移転に不同意であるような場合には、（マーレキは）賃貸物件からの立ち退きの見返りとして、賃借人の営業権（の代価）を支払わねばならない。
支払われないときは、賃借人は移転証書（sanad-e enteqāl）の作成のために裁判所に調停を申し立てることができる。この場合には、裁判所は賃貸物件の利用収益の移転の認可、ならびに先の賃貸契約書を作成した公証役場（もしくは、当事者間に公正証書による賃貸契約書がない場合にはメルクの近隣の公証役場）において移転証書を作成する命令を発令し、その複写を関連の公証役場へ送付し、またこれを賃貸人にも告知する。新しい賃借人は、あらゆる点において、すべての賃貸契約条件を先の賃借人から引き継ぐものとする。
確定した命令が伝達された日から６ヶ月以内に、賃貸物件の利用収益が公正証書をもって新しい賃借人に移転されなかった場合には、上の命令は無効となる。
第19条注１
賃借人がこの条の諸規定を遵守することなく賃貸物件を他者へ引き渡した場合には、賃貸人は立ち退きを請求する権利を持ち、占有者もしくは賃借人に対して立ち退き命令が執行される。この場合には賃借人もしくは占有者は、営業権（の代価）の半分を受領する権利を有する。
第19条注２
営業権は当該の場所の賃借人に対して与えられる。新しい賃借人へのその移転は、公正証書の作成をもってのみ有効となる。

第６節　改修
第20条
セントラルヒーティングの機械や換気口、エレベーターなど、据え付けのおもだった機能や建物の構造に関わる賃貸物件の全面的あるいは基本的な改修は、賃貸人の責任である。部分的な改修、装飾、賃貸物件の利便性改善のための改修などの場合には、賃借人の責任とする。
第21条
改修に関する賃貸人・賃借人間の係争についての審理は裁判所が行う。賃貸人が、

親・配偶者などの居住のために立ち退きを求める場合。上記の3通りの場合、裁判所は立ち退き命令の発令とともに営業権（haqq-e kasb yā pīshe yā tejārat）の支払いをも命ずる。

第16条

第15条において示されたような場合、また同様に第14条の第2、3項において示されたような場合において、マーレキが立ち退きから6ヶ月後までに建築を開始せず、あるいは少なくとも1年間、賃貸物件の場所を主張のとおりに使用しなかった場合には、以前の賃借人の求めに応じて、賃貸物件の1年間分の賃貸料あるいは相応の適正な賃貸料を彼に支払うよう言い渡される。ただし、建築開始の遅れや賃貸物件の不使用が、不可抗力やマーレキの意思の外にある諸事情に拠るものである場合はこの限りでない。

第16条注

立ち退きの対象となるメルクに複数の賃借人があり、賃貸人がそれらすべての部分からの立ち退きを求めている場合には、上記の猶予期間は、最後の賃借人の立ち退きの日から始まるものとする。

第17条

賃貸物からの立ち退きが、裁判所の命令が執行された結果として、もしくは第13条の規定に則って行われた場合についてはすべからく、裁判所から賃貸契約書を作成した公証役場にその旨が告知され、賃貸登記の備考欄に記載されなければならない。

第5節　営業権（haqq-e kasb yā pīshe yā tejārat）

第18条

この法律および他の諸法に規定される営業権の額は、司法省・住宅省・都市建設省によって作成され両院の関連諸委員会によって認可された規則（āyīn-nāme）の諸原則と諸規定にもとづいて決定される。

第19条

営業用の場所の賃借人は、賃貸契約書に賃借人が他者への移転権を有することが記されていれば、同種もしくは類似の職業に従事する他者へ公正証書をもって賃貸物件の利用収益を移転することができる。

する。

第14条注1

賃借人が、1年の間に2回この条の第9項において述べられた通告もしくは申立書の結果として賃貸料の支払い手続きを行っており、かつ3回目に賃貸料を規定に反して賃貸人に支払わなかった場合や、あるいは登記所の現金受払口へ振り込まなかった場合には、賃貸人は、裁判所に直接訴状を提出することによって、賃貸物からの立ち退きを申し立てることができる。この条に関する裁判所の命令は確定したものとする。

第14条注2

賃貸物件が営業以外の目的で賃貸された場合には、すべて住居用の場所に関する規定に従うものとする。

第14条注3

この条における第6項における場合、もし賃借人が、それを設立することが違法であるような退廃的施設を賃貸物件のなかに設立した場合には、検事は自身の法定職務の遂行に加えて、起訴状の提出後ただちに賃貸人の申し立てに応じて賃貸物件をその占有下に戻すものとする。

第14条注4

居住用の場所の賃借人が、自身の居住する地区においていまひとつの居住用施設のマーレキである場合には、賃貸人は、賃貸契約期間の満了ののちに賃貸物件からの立ち退きを求める権利を有する。

第15条

第14条までに挙げられた場合に加え以下のような場合においても(賃貸人は)、賃貸契約期間の満了後に営業用の場所からの立ち退きを裁判所に申し立てることができる。

1. 新しい建物の建設のための立ち退き。ただし建築許可証あるいは関連する市役所の証明書が発行されている場合に限る。また市役所は、マーレキから求められた際には、関連諸法規にしたがって、問題となる建物の建築許可証あるいは証明書を発行しマーレキに交付しなければならない。
2. 営業を目的とした賃貸人の個人的必要から求められる立ち退き。
3. 営業用の場所が、居住用にも適しており、マーレキが自身あるいは子ども・両

合もし買い手が移転の日から３ヶ月以内にメルクの明け渡しを求めなかった場合には、この理由による立ち退き請求は、賃貸契約期間が満了するまで受け入れられない。

4．賃貸物件が居住用であって、賃貸契約期間の満了ののち、賃貸人自身や、あるいは上の項に示したその関係者たちの居住の必要性が生じた場合。

5．居住用の場所にある賃貸物件が、荒廃しつつあり改修の余地がない場合。

6．居住用の場所にある賃貸物件が、賃貸契約書に記載された目的に反して使用されている場合。

7．営業用の場所において、賃貸物件が特定の職業のために賃貸されており、その賃借人が賃貸人の同意なしに、自身の職業を変更した場合（ただし、新しい職業が、慣習上、以前の職業と同類と認められる場合はこの限りでない）。

8．賃借人が、賃貸物件において侵害もしくは浪費行為を行った場合。

9．賃借人が、この法律の第16条に定められた猶予期間中に、賃貸料もしくは相応の適正な賃貸料の支払いを拒否し、賃貸契約書もしくは（賃貸契約書が私署証書である場合あるいはそれが双方の間にない場合）申立書を作成した公証役場から通告がなされているにも拘わらず、10日間以内に遅延相当額を支払わなかった場合。この場合、もし公正証書として作成された賃貸契約書があれば、賃貸人は、公証役場もしくは登記所の執行機関に立ち退きの執行状の発行、及び賃貸料の徴収を求めることができる。執行状の発行のあと、賃借人が遅延した賃貸料を支払った場合には、登記所の執行機関は立ち退きを中止する。しかし賃貸人は、賃貸料支払いに関する賃借人の違反にもとづいて、裁判所に賃貸物からの立ち退きを申し立てることができる。

賃貸契約書が私署証書であるか、もしくは賃貸契約書が作成されていない場合には、賃貸人は、賃貸物からの立ち退きと賃貸料の徴収について裁判所に調停を申し立てることができる。

上記の場合、賃借人が裁判所の命令の発令前に、遅延分の賃貸料に加えてその２割を、賃貸人あてに司法省の出納部に預ければ、立ち退き命令は発令されない。また賃借人は審理にかかった費用の支払いを命ぜられるとともに、すでに預け入れた額が賃貸人に対し支払われる。ただし、すべての賃借人はこの救済策を１回に限り使うことが出来る。この項における上記事項に関する裁判所の命令は確定したものと

いは、衛生・健康上有害であり取り壊しの必要がある場合。

第13条

賃貸契約期間の満了、あるいは賃借人の申し立てにしたがって発令された賃貸借の解消命令によって、賃借人が賃貸物件を立ち退き、賃貸人がその引取を拒否した場合には、賃借人は申立書（ezhār-nāme）によって、賃貸人もしくは彼の法定代理人に賃貸物件の引取に関して準備するよう求めなければならない。

賃貸人が申立書の伝達から５日以内に準備しない場合には、賃借人は、メルクの所在する地区の裁判所へ申し立て、賃貸物件からの完全な立ち退きの証明を示し、その鍵を裁判所の事務局へ提出しなければならない。

この日をもって賃貸借関係は断絶する。裁判所の事務局は24時間以内に、賃貸人もしくは彼の法定代理人に対して、賃貸物件と鍵の引取に関して準備するように通告する。

賃借人が上記の手順を踏むまでは、彼はこの法律の諸規定と賃貸契約書の条件に則った義務を負うものとする。

第14条

以下の場合について、賃貸人は賃貸借の解消命令もしくは立ち退き命令の発令を裁判所に求めることができる。また裁判所は、賃貸借の解消命令とともに賃貸物件からの立ち退き指示を出し、賃借人もしくは占有者に対するこの命令が執行され場所が明け渡される。

1．賃貸契約書における他者への移転権を持たない、あるいは賃貸契約書が賃貸人との間に取り交わされていないような住宅の賃借人が、賃貸物件を全面的あるいは部分的に他者へ引き渡したり、もしくは事実上、自身が法的に身元を保証する者以外の他者によって占有・使用させる際の仲介者・代表者などとなっている場合。

2．賃貸物を自身の営業を目的として賃貸されている賃借人が、この法律の第19条に定められた方法で次の賃借人と契約書を取り交わすことなく、仲介するかたちで事実上それを他者へ引き渡した場合。

3．居住用の場所の賃貸契約書に、完全な（所有権）移転にあたっての賃貸借の解消権が条件付けられている場合（ただし買い手が個人的にそこに居住するか、その子ども、父母、配偶者の居住用にすることを望んでいる場合に限る）。この場公証役場は、諸々の法律・条例に準拠したうえで、さらに以下の点を契約書に明記しなければならない。

1．賃貸人・賃借人の職業、完全かつ明確なかたちでの賃貸人の居住地。
2．賃貸物件の正確な所在。双方がほかの方法によって合意している場合を除き、賃貸関係の観点からこの場所が賃借人の法律上の居住地となる。
3．賃貸物が、当事者のいずれの占有下にあるか。もし賃借人の占有下にない場合には、その引き渡し（tahvīl）は、いつまでにいかなる条件において行われるか。
4．賃貸料の支払いに対する賃借人（に与えられた）猶予は、毎期の支払い日から10日以内とする。ただし、双方がこの期間の追加に関してほかの方法によって合意している場合には、その方法を文書に明記しなければならない。
5．居住用・営業用（ただし業種を定めること）・そのほかの目的によるいかなる賃貸も、その記載を明確なかたちで行わねばならない。
6．賃借人が、全面的もしくは部分的に、あるいは一般に広く行われている方法での他者への移転権を有するか否か。
7．賃貸契約期間の満了もしくは賃貸借の解消ののち、約定賃貸料による賃貸契約の更新または立ち退きまでの期間、相応の適正な賃貸料を支払うことに対する賃借人の承諾。

第4節　賃貸借の解消および賃貸物からの立ち退きに関する諸事項

第12条

以下の場合には、賃借人は賃貸借の解消命令の発令を裁判所に申し立てることができる。

1．賃貸物が、契約書に記載されているものと一致しない場合（民法第415条に鑑み）。
2．賃貸契約期間の途中で、賃貸物においてそれを（賃貸物の）収益力から切り離し、排除することができないような瑕疵が発生した場合。
3．賃貸契約条件によって、賃借人の（契約）解消の権利が認められている場合。
4．賃貸契約期間中に賃借人が死去し、相続人全員から賃貸借の解消が求められた場合。
5．賃貸物件が、全面的もしくは部分的に荒廃にさらされ改修の余地がない、ある

んする）要求を受け入れる理由にはならない。

第８条
裁判所は、新たな賃貸契約書における諸条件を、賃貸契約書の慣例的な諸条件もしくは（もし作成されていれば）以前の賃貸契約書に記載された諸条件にしたがって、この法律の諸規定を遵守しつつ決定しなければならない。

第９条
審理が継続している間は、賃借人はこの法律の第6条および以前の条件に基づいて賃貸料（māl-ol-ejāre）を支払わねばならない。また当事者双方は確定判決が伝達された日より１ヶ月以内に、判決に示されたとおりに賃貸契約書を作成しなければならない。

この間に賃貸契約書が作成されなかった場合には、当事者のいずれか一方からの請求によって、裁判所は賃貸契約書作成のため判決の写しを公証役場へ伝達し、双方に対して公証役場における賃貸契約書署名のため所定の日時に出頭するよう通告する。

賃貸人が賃貸契約書署名に出頭しない場合には、裁判所の代理人が彼に代わって1年間（の契約に）署名するものとする。またもし賃借人が、所定の日から15日以内に署名に出頭せず、賃借人が出頭しない理由を裁判所が正当と見なさない場合には、賃貸人の請求にしたがって、賃貸物からの立ち退き命令を発令し、この命令は確定したものとする。

第10条
賃借人は賃貸物件の利用収益（manāfe‘）の全部もしくは一部を、一般に広く行われている方法で他者に移転（enteqāl）あるいは引き渡し（vā-gozār）てはならない。ただし、文書でこの権利が彼に与えられている場合はこの限りではない。

賃借人が、賃貸されているものの全部もしくは一部を他者へ賃貸した場合には、マーレキは賃貸契約期間の満了あるいは賃貸借の解消に伴い、賃借人のうちのいずれに対しても賃貸契約書の締結を請求することができる。

賃借人が、賃貸物件の他者への移転権を有する場合には、賃借人たちのうちのいずれも、もともとの賃貸借の解消もしくは賃貸契約期間の満了に際し、マーレキあるいは彼の法定代理人に賃貸契約書を作成するよう求めることができる。

第11条

に、賃貸人もしくは彼の法定代理人に対して支払う義務を負う。双方の間に賃貸契約書がない場合、賃貸料（ejāre-bahā）は当事者の間ですでに決まった、あるいは慣例となっている額を、その額が明らかでない場合には、類似の物件の賃貸料に鑑みて決定し、毎回その翌月の10日までに、賃貸人もしくは彼の法定代理人に支払うか、登記所（sāzmān-e sabt）によって定められた現金受払口もしくは銀行へ預ける（ものとする）。その領収証は、もし賃貸契約書が公正証書であれば、登記を行った公証役場（daftar-khāne）へ（提出し）、もし賃貸契約書が私署証書であるか、もしくはない場合には、賃貸人の住所を確認のうえ当該メルクの近くの公証役場へ提出するものとする。

公証役場は10日以内に、当該地区の登記所を通じて、その経過を賃貸人もしくは彼の法定代理人に通告し、すでに預けられた金銭の受取のために上記公証役場に照会するように求めなければならない。

第3節　賃貸契約書の作成

第7条

賃貸人と、メルクを賃借人として占有している者との間に、賃貸契約書が作成されていない、もしくは作成されているがその期限が切れている、あるいは双方が賃貸契約書の作成・賃貸料や条件の決定に関して合意していないといった場合には、賃貸人と賃借人のいずれも、（もし双方で賃貸契約書が取り交わされていない場合には）賃貸料の決定や賃貸契約書の作成のために、裁判所に（調停を）申し立てることができる。裁判所は、賃貸料を、申し立ての提出された日より決定する。しかしこれは、申し立ての提出日以前における適正な賃貸料とその支払い遅延のために生じた損害に対する命令（hokm）を下すに際しての障害とはならない。

第7条注1

賃貸人の側から、賃貸物からの立ち退き請求が出されている場合には、賃借人の側からの賃貸契約書の作成の申し立てに関する審理は、立ち退き問題の審理の終了にともなって中止される。これは、マーレキ（mālek）からメルクからの立ち退き請求が出されている場合についても同様である。

第7条注2

マーレキもしくは賃貸人が賃貸料として金銭を受領しても、賃借人の（賃貸料にか

は上記の場所は強制的に立ち退かされ関連の組織ないし個人に与えられること。
6．この法律の施行以後に賃貸される居住用施設。

第2節　賃貸料の額およびその支払い方法

第3条

賃貸契約書（ejāre-nāme）が取り交わされている場合の賃貸料（ejāre-bahā）は賃貸契約書に記載されたとおりとする。賃貸契約書が取り交わされていない場合は双方の間で決まった、あるいは慣例となった額とする。もしその額が明らかでない場合にはこの法律の諸規定に則り、裁判所が当該時点の適正な価格によって賃貸料を決定する。

第4条

賃貸人および賃借人は、生活費の上昇や下落に応じて、賃貸料の見直しを求めることができる。ただし、賃貸契約期間が切れ、賃借人が賃貸物（'ein-e mosta'jare）を使い始めた日もしくは賃貸料の決定・改定に関する判決が確定した日から、満3年が経過しているものとする。裁判所は、不動産鑑定士（kār-shenās）の意見に鑑みつつ当該時点の適正な価格によって賃貸料を改定する。この場合における裁判所の判決は確定したものである。

第5条

賃貸人は、改定請求期間中の賃貸料の差額をも請求することができる。この場合、裁判所は改定に関する判決確定までの期間、賃借人に対して、請求提出日から判決確定日までの差額の支払いを言い渡すものとする。執行機関（dāyere-ye ejrā）は、確定の日から判決（内容）執行の日までの支払いの遅れによる損害を年率12％を用いて計算し、賃借人から徴収し賃貸人へ支払う義務を負う。また賃借人も、賃貸料の改定請求期間中に支払った差額分を、支払い遅延による損害を加算して請求することができる。

第5条注

この条の諸規定は、裁判所が賃貸料の決定を行った物件に関しても有効である。

第6条

賃借人は賃貸契約書に定められた期日に約定賃借料（ojrat-ol-mosamma[*4]）を、賃貸契約期間の満了後はそれ相応の適正な賃貸料（ojrat-ol-mesl[*5]）を、毎月末の10日間

資料1　1977年関係法（訳）

賃貸人・賃借人関係法（Qānūn-e Ravābet-e Mūjer o Mosta'jer）[*1]：

1356年モルダード月2日（1977年7月24日）制定

［後日の改正を含む[*2]］

第1節　総則

第1条

居住用・営業用・そのほかの目的で賃貸された、あるいは賃貸されるべきすべての場所は、占有者による占有が賃貸人または彼の法定代理人との合意にもとづき、賃貸・契約の自由に基く用益権の取引・そのほかあらゆる名目による（事実上の）賃貸が意図されている場合には、賃貸物件（moured-e ejāre）[*3]に関して公正証書（sanad-e rasmī）もしくは私署証書（sanad-e 'ādī）が作成されているか否かに拘わらずこの法律が適用される。

第2条

以下の場合には、この法律の諸規定は適用されない。

1．返還の権利を伴う取引もしくは抵当権を設定した取引の結果生じた占有。

2．（垣などで）仕切られた、もしくは仕切られていない耕作可能な土地およびそれらの周辺。また賃貸の本来の目的がその収穫物の採取にあるような果樹園。

3．居住を目的として、6ヶ月を超えない期間において、慣行として季節的に賃貸されるような建物や場所。

4．1354（1975）年制定の土地取引法の施行日以降にその建築終了証明が発行されている、市街行政サービス境界内にあるすべての居住用施設。

5．諸省庁、政府系諸機関あるいは法人・自然人から、事業のために、それらの労働者による管理・使用に供される家屋・居住用の場所。この場合、占有者と組織・個人との関係は、組織ごとの諸法規あるいは当事者どうしの契約に則る。組織の家屋もしくは建物の占有者が、諸法規や契約書によってその居住場所の立ち退きを義務づけられているにも拘わらず立ち退きを拒否した場合には、状況に応じて検事（dād-setān）もしくは裁判長（ra' īs-e dād-gāh）から、彼に以下の告知がなされる。すなわち1ヶ月以内に立ち退くこと、この指示を拒否する場合に

吉田克己「フランスにおける商事賃貸借法制の形成と展開（一）」『社会科学研究 東京大学社会科学研究所紀要』29巻6号、1978年。

———「フランスにおける商事賃貸借法制の形成と展開（二）」『社会科学研究 東京大学社会科学研究所紀要』30巻1号、1978年。

我妻栄（有泉亨補訂）『新訂 物権法（民法講義II）』、岩波書店、2008年。

住谷一彦・八木紀一郎（編著）『歴史学派の世界』、日本経済評論社、1998年。

都留重人『制度派経済学の再検討』（中村達也・永井進・渡会勝義訳）、岩波書店、1999年。

トンプソン、ポール『記憶から歴史へ　オーラル・ヒストリーの世界』（酒井順子訳）、青木書店、2003（初版2002）年。

西村清彦（編著）『不動産市場の経済分析』、日本経済新聞社、2002年。

西村清彦・三輪芳朗（編著）『日本の株価・地価――価格形成のメカニズム』、東京大学出版会、1990年。

野口悠紀雄『土地の経済学』、日本経済新聞社、1989年。

八尾師誠『イラン近代の原像――英雄サッタール・ハーンの革命』、東京大学出版会、1998年。

八尾師誠・池田美佐子・粕谷元（編）『全訳 イラン・エジプト・トルコ議会内規』、公益財団法人東洋文庫、2014年。

フリック、ウヴェ『質的研究入門』（小田博志・山本則子・春日常・宮地尚子訳）、春秋社、2006（初版2002）年。

ベルンハイム『歴史とは何ぞや』（坂口昂・小野鉄二訳）、岩波書店、1991（初版1920）年。

ホジソン、G. M.『現代制度派経済学宣言』（八木紀一郎・橋本昭一・家本博一・中矢俊博訳）、名古屋大学出版会、1997年。

堀井聡江『イスラーム法通史』、山川出版社、2004年。

―――「エジプトにおける先買権と土地所有権」『アジア経済』48巻6号、2007年。

村瀬英彰「権利の束としての不動産――オプション理論による解明」『不動産市場の経済分析』（西村清彦編著）、日本経済新聞社、2002年。

村田久一「北京市の舗底権について」『満鉄調査月報』21巻10号、1941年。

柳橋博之『イスラーム財産法の成立と変容』、創文社、1998年。

―――『イスラーム財産法』、東京大学出版会、2012年。

山口康夫・野口昌宏・加藤輝夫・菅原静夫・後藤泰一・吉川日出男・田口文夫『講説 民法（債権各論）』、不磨書房、1999年。

吉田伸之「肴納屋と板舟――日本橋魚市場の構造的特質」『商人と流通――近世から近代へ』（吉田伸之・高村直助編）、山川出版社、1992年。

磯谷明徳『制度経済学のフロンティア――理論・応用・政策』、ミネルヴァ書房、2004年。

今井登志喜『歴史学研究法（新装版）』、東京大学出版会、1992年。

岩﨑葉子「イラン国民戦線」「イラン石油国有化」「モサッデグ」『世界民族問題事典』（松原正毅編）、平凡社、1995年。

―――「イラン「開発」史――石油国有化とパフラヴィー朝の開発戦略」『現代の中東』28号、2000年。

―――「テヘランのアパレル卸売市場――ボナクダールの競り人機能」『アジア経済』43巻2号、2002年。

―――『テヘラン商売往来――イラン商人の世界』アジア経済研究所、2004年。

―――「サルゴフリー方式賃貸契約――イラン商業地の地価決定についての一考察」『アジア経済』47巻5号、2006年。

―――「サルゴフリーをめぐる法と慣行――「営業権」条項の登場と店舗賃貸借契約の変容」『アジア経済』48巻6号、2007年。

―――「イラン・イスラーム革命後の「サルゴフリー方式賃貸契約」――賃貸人・賃借人関係法からの「営業権」削除をめぐって」『アジア経済』50巻1号、2009年。

ヴェブレン『有閑階級の理論』（小原敬士訳）、岩波書店、1974（初版1961）年。

岡﨑正孝『イランにおける企業的農業の進展』アジア経済研究所、1965年。

―――『カナート――イランの地下水路』、論創社、1988年。

小野憲昭・加藤輝夫・後藤泰一・庄菊博・野口昌宏・山口康夫『講説 物権法』、不磨書房、2004年。

加賀谷寛『イラン現代史』、近藤出版社、1979年。

加藤博『私的土地所有権とエジプト社会』、創文社、1993年。

加納弘勝「テヘランの発展と社会変化」『アジア経済』20巻1号、1979年。

川井健『民法概論2 物権』有斐閣、2008年。

近藤信彰「「二重のワクフ」訴訟――19世紀イランのシャリーア法廷」『日本中東学会年報』19巻2号、2004年。

鈴木禄弥『物権法講義』（五訂版）、創文社、2007年。

清水泰洋『アメリカの暖簾会計 理論・制度・実務』、中央経済社、2003年。

Mosaddeq, Mohammad, *Khaterāt va Ta'allomāt-e Doktor Mohammad Mosaddeq* (Tehrān: Enteshārāt-e 'Elmī, 1986).
Nā'inī, Ahmadrezā, *Mashrūh-e Mozākerāt-e Qānūn-e Madanī* (Tehrān: Markaz-e Pazhūhesh-hā-ye Majles-e Shourā-ye Eslāmī, 2007).
Nazarī, Manūchehr, *Rejāl-e Pārlomānī-ye Īrān az Mashrūte tā Enqelāb-e Eslāmī* (Tehrān: Farhang-e Mo'āser, 2011/12).
Rasūlī, 'Abd-ol-rahmān, *Nemūne-ye Ārā-ye Mahākem-e Dād-gostarī-ye Īrān: Majmū'e-ye Avval* (Tehrān: Enteshārāt-e Ferdousī, 2002/03).
Ricardo, David, *On the Principles of Political Economy, and Taxation* (Dent: 1973).
Salmān, Mashhūr Hasan, *Mabānī va Qavānīn-e Hoqūqī-ye Sar-qoflī*, trans. by Eftekhārzādeh, M. (Enteshārāt-e Ārūn, 2002/03).
Seger, Martin, *Teheran: Eine Stadtgeographische Studie* (Wien and New York: Springer-Verlag, 1978).
Shāyegān, 'Alī, *Hoqūq-e Madanī* (Qazvīn: Enteshārāt-e Tāhā, 1996/97).
Tāher-mūsavī, Yūsof, *Hoqūq-e Mūjer va Mosta'jer dar Qānūn-e Ravābet-e Mūjer o Mosta'jer Mosavvab-e 1376* (Tehrān: Enteshārāt-e Majd, 2008/09).
Yarshater, Ehsan (ed.), *Encyclopaedia Iranica*, 15vols (London, New York: Routledge & Kegan Paul Ltd., 1982-)
Zabih, Sepehr, *The Mosaddegh Era* (Chicago: Lake View Press, 1982).
Zerang, Mohammad, *Tahavvol-e Nezām-e Qazā'ī-ye Īrān az Mashrūte tā Soqūt-e Rezā-shāh* (Tehrān: Enteshārāt-e Markaz-e Asnād-e Enqelāb-e Eslāmī, 2002).

〈研究文献（２）〉


青木昌彦・奥野正寛（編著）『経済システムの比較制度分析』、東京大学出版会、1996年。

秋葉淳「オスマン帝国近代におけるウラマー制度の再編」『日本中東学会年報』13号、1998年。

五十嵐清『法学入門（新版）』、悠々社、2002年。

石井良助『江戸時代土地法の生成と体系』、創文社、1989年。

Keddie, Nikki R., *Roots of Revolution* (New Heaven: Yale University Press, 1981).

Keshāvarz, Bahman, *Barrasī-ye Tahlīlī-ye Qānūn-e Jadīd-e Ravābet-e Mūjer o Mosta'jer mosavvab-e 1376* (Tehrān: Nashr-e Keshāvarz, 1999/2000).

———, *Sar-qoflī va Haqq-e Kasb o Pīshe o Tejārat dar Hoquq-e Īrān va Feqh-e Eslām* (Tehrān: Enteshārāt-e Keshāvarz, 2009/10).

Keshavarzian, Arang, *Bazaar and State in Iran* (Cambridge: Cambridge University Press, 2007).

Langrūdī, Mohammad Ja'far Ja'farī, *Majmū'e-ye Mohashshā-ye Qānūn-e Madanī* (Tehrān: Ketāb-khāne-ye Ganj-e Dānesh, 2008/09).

Looney, Robert E., *Economic Origins of the Iranian Revolution* (New York: Pergamon Press, 1982).

Madanipour, Ali, *Tehran the Making of a Metropolis* (New York: John Wiley & Sons, 1998).

Maloney, Suzanne, 'Agents or Obstacle? Parastatal Foundations and Challenges for Iranian Development' in *The Economy of Iran: Dilemmas of an Islamic State,* ed. by Parvin Alizadeh (London: I. B. Tauris Publishers, 2000).

Mansūr, Jahāngīr, *Qānūn-e Māliyāt-hā-ye Mostaqīm* (Tehrān: Nashr-e Dīdār, 2004/05).

———, *Qānūn-e Ravābet-e Mūjer va Mosta'jer* (Tehrān: Nashr-e Dourān, 2005/06).

Markaz-e Barrasī-ye Asnād-e Tārīkhī-ye Vezārat-e Ettelā'āt, *Rejāl-e 'Asr-e Pahlavī: Doktor Manūchehr Eqbāl* (Tehrān: 2000).

———, *Kolūp-hā-ye Rotārī-ye 'Asr-e Pahlavī: Be Ravāyat-e Asnād-e Sāvāk* (Tehrān: 2011).

McLachlan, Keith, 'The Iranian Economy, 1960-1976' in *Twentieth Century Iran*, ed. by Hossein Amirsadeghi (London: Heinemann, 1977).

Mo'assese-ye Hesāb-rasī va Khadamāt-e Mālī-ye Dāyārāyān, *Majumū'e-ye Qavānīn-e Māliyāt-hā-ye Mostaqīm* (Tehrān: Enteshārāt-e Kumars, 2013).

Mo'āvenat-e 'Omūr-e Eqtesādī, *Māliyāt bar Sar-qoflī va Erā'e-ye Me'yār-hāye Ta'yīn-e Arzesh-e Sar-qoflī dar Shahr-e Tehrān* (Tehrān: Vezārat-e 'Omūr-e Eqtesādī va Dārā'ī, 1994).

(New York: Syracuse University Press, 1992).

Elwell-Sutton, Laurence Paul, *Persian Oil: A Study in Power Politics* (London: Lawrence and Wishart Ltd., 1955).

Emāmī, Hasan, *Hoqūq-e Madanī* (Tehrān: Enteshārāt-e Eslāmīye, 2009/10).

Esposito, John L.(ed.), *The Oxford Dictionary of Islam* (New York: Oxford University Press, 2003).

Greif, Avner, 'On the Interrelations and Economic Implications of Economic, Social, Political, and Normative Factors: Reflections from Two Late Medieval Societies' in *The Frontiers of the New Institutional Economics*, ed. by J. N. Drobak and J.V.C. Nye (San Diego: Academic Press, 1997), pp. 57-84.

Hershlag, Zvi Yehuda, *Introduction to the Modern Economic History of the Middle East* (Leiden: E. J. Brill, 1980).

Hodgson, Geoffrey Martin, *How Economics Forget History: The Problem of Historical Specificity in Social Science* (London & New York: Routledge, 2001).

Hoseinī, Mohammadrezā, *Qānūn-e Ravābet-e Mūjer va Mosta'jer-e Sāl-e 1356 dar Ravīye-ye Qazā'ī* (Tehrān: Mo'assese-ye Farhangī-ye Negāh-e Bīne, 2008/09).

Iwasaki, Yoko, *The Methodological Application of Modern Historical Science to Qualitative Research* (Chiba: Institute of Developing Economies, 2008).

———,'*Sar-qoflī* in the Customs and Laws of Modern Iran: The Emergence of Haqq-e Kasb o Pīshe o Tejārat and the Evolution of the Shop-lease Contract System', *Iranian Studies*, 44-2 (2011), 147-174.

———,' "Shop-lease Contract with *Sar-qofli*" in the Post-Iranian Revolution Era: Deletion of "*Haqq-e kasb o pishe o tejārat*" from the Law of Lessor-Lessee Relationships', *Iranian Studies*, 49-3 (2016), 2016, pp. 359-381.

Kāmyār, Mohammadrezā, *Gozīde-ye Ārā-ye Dādgāh-hā-ye Hoqūqī,* 2 vols (Nashr-e Hoqūq-dān, 1997/98-1998/99).

Katouzian, Homā, *The Political Economy of Modern Iran* (New York & London: New York University Press, 1981).

Kātouziān, Nāser, *Hoqūq-e Madanī: 'Oqūd-e Eznī, Vasīqe-hā-ye Dein* (Tehrān :Sherkat-e Sahāmī-ye Enteshār, 1997/98).

Amid, Mohammad Javād and Amjad Hadjikhani, *Trade, Industrialization and the Firm in Iran* (London: I. B.Tauris, 2005).

Amīn, Hasan, *Tārīkh-e Hoqūq-e Īrān* (Tehrān: Enteshārāt-e Dāyerat-ol-ma'āref-e Īrān-shenāsī, 2003/04).

'Āqelī, Bāqer, *Dāvar va 'Adlīye* (Tehrān: Enteshārāt-e 'Elmī, 1990).

Bahrāmī-ahmadī,Hamīd, 'Tārīkh-che-ye Tadvīn-e Qānūn-e Madanī', *Fasl-nāme-ye Pazhūheshī-ye Dānesh-gāh-e Emām Sādeq shomāre-ye 24*, (Tehrān: Nashrīye-ye Markaz-e Tahqīqāt-e Dāneshgāh-e Emām Sādeq, 2004/05).

Behnūd, Mas'ūd, *Az Seyyed Ziyā' tā Bakhtiyār* (Tehrān: Enteshārāt-e Donyā-ye Dānesh, 2008/09).

Bharier, Julian, *Economic Development in Iran 1900-1970* (London: Oxford University Press, 1971).

Bonine, Michael E, 'Islam and Commerce: Waqf and the Bazaar of Yazd, Iran' *Erdkunde*, 41 (1987), pp. 182-196.

Bozkurt, Gülnihal, *Batı Hukukunun Türkiye'de Benimsenmesi* (Ankara: Türk Tarih Kurumu, 1996).

Carr, Edward Hallett, *What is History?*, 2nd edn (Harnondsworth: Penguin Books Ltd,1987).

Cin, Halil and Ahmet Akgündüz,*Türk Hukuk Tarihi* (İstanbul: Osmanlı Araştırmaları Vakfı, 1995).

Cottam, Richard, *Nationalism in Iran* (Pittsburgh: University of Pittsburgh Press, 1979).

Curzon, George Nathaniel, *Persia and the Persian Question,* 2 vols (London: Frank Cass & Co. Ltd., 1966).

Davis, Margaret, 'Legal Pluralism' in *The Oxford Handbook of Empirical Legal Research*, ed. by Cane, Peter and Herbert M. Kritzer (Oxford, New York: Oxford University Press, 2010), pp. 803-827.

Diba, Farhad, Mohammad Mosaddegh: A Political Biography (London: Croom Helm, 1986).

Elm, Mostafa, *Oil, Power, and Principle: Iran's Oil Nationalization and Its Aftermath*

Enteshārāt-e Khorshīd-e Nou, n.d).
Shīrāzī, Bahā'-od-dīn Mohallātī, *Resāle-ye Touzīh-ol-Masā'el* (n.p.: n.d).
Shīrāzī, Nāser Makārem, *Resāle-ye Touzīh-ol-Masā'el* (Rasht: Enteshārāt-e Gouhar-e Penhān, 2009/10).
Sīstānī, 'Alī, *Montakhab-e Touzīh-ol-Masā'el* (Qom: Daftar-e Āya-tollāh-ol-'Ozmā-ye Sīstānī, 1998).
Tabrīzī, Yūsof Madanī, *Touzīh-ol-Masā'el* (Qom: Daftar-e Mo'azzamo-lah, 2001).
Vahīdī, Mohammad, *Resāle-ye Touzīh-ol-Masā'el* (n.p.: 1993/94).

４．統計

Bank Markazi Iran, *Bank Markazi Iran Bulletin: May-June 1962* (Teheran: Research Department Bank Markazi Iran, 1962).
International Monetary Fund, *International Financial Statistics Yearbook 1981* (Washington D.C: International Monetary Fund, 1981).
Ministry of Interior, *National and Province Statistics of the First Census of Iran: November 1956,* vol.1 (Tehran: 1961).

５．回想録

Millspaugh, Arthur C., *The American Task in Persia* (New York and London: The Century Co., 1925).
——, *Americans in Persia* (Washington D.C.: The Brookings Institution, 1946).

〈研究文献（１）〉

Abāzarī-fūmeshī, Mansūr, *Nohve-ye 'Amalī-ye Rasīdegī be Da'vā-ye Ejāre va Sar-qoflī* (Tehrān: Enteshārāt-e Khorsandī, 2007/08).
Abrahamian, Ervand, *Iran Between Two Revolutions* (Princeton: Princeton University Press, 1982).
'Alīzāde-kharrāzī, Mohammad Mas'ūd, *Barrasī-ye Tahlīlī-ye Ravābet-e Eqtesādī-ye Mūjer va Mosta'jer* (Tehrān: Nashr-e Mīzān, 2009/10).

nāme-ye Rasmī-ye Jomhūrī-ye Eslāmī-ye Īrān, 2009).

３．イスラーム法学書（レサーレ）

'Alīyārī, Mīrzā Javād Gharvī, *Resāle-ye 'Amalīye-ye Jāme' -ol-Forū'* (n.p.:1995).

Borūjerdī, Hosein Tabātabā'ī, *Resāle-ye Touzīh-ol-Masā'el* (n.p.: n.d.).

Dūzdūzānī, Mīrzā Yad-ollāh, *Touzīh-ol-Masā'el* (Tehrān: Enteshārāt-e Tābān, 2006/07).

Golpāyegānī, Sāfī, *Resāle-ye Touzīh-ol-Masā'el* (Tehrān: Nashr-e Fekr-e Bar-tar, 2010/11).

Gorgānī, Mohammad 'Alī 'Alavī, *Ajvibat-ol-Masā'el* (Qom: Daftar-e Āya-tollāh- ol-'Ozmā-ye 'Alavī Gorgānī, 1998).

Hakīm, Mohsen Tabātabā'ī, *Touzīh-ol-Masā'el* (Tehrān: Sāzmān-e Enteshārāt-e Ashrafī, 1970).

Kābolī, Qorbān'alī Mohaqqeq, *Resāle-ye Touzīh-ol-Masā'el* (Qom: Daftar-e Mo'azzam-lah, 1995/96).

Khāmeneī, 'Alī, *Resāle-ye Ajvebat-ol-estaftā'āt: Tarjome-ye Fārsī*, trans. by Ahmad Rezā Hoseinī (Tehrān: Enteshārāt-e Beinol-melalī-ye Alhodā. 2006/07).

Khomeinī, Rūh-ollāh Mūsavī, *Tarjome-ye Taḥrīr al-Waṣīla*, trans. by 'Alī Eslāmī (Qom: Daftar-e Enteshārāt-e Eslāmī, 2000).

———,*Taḥrīr al-Waṣīla* (Qom: Mo'assese-ye Enteshārāt-e Dār-ol-'elm, 2003/04).

———,*Tarjome-ye Taḥrīr al-Waṣīla*, trans. by Mohammad Bāqer Mūsavī Hamedānī (Qom: Mo'assese-ye Enteshārāt-e Dār-ol-'elm, 2004/05).

al-Khū'ī, Abū-al-Qāsim al-Mūsawī, *Resāle-ye Touzīh-ol-Masā'el* (Najaf: 1987).

Mazāherī, Hosein, *Resāle-ye Touzīh-ol-Masā'el* (Qom: Mo'assese-ye Farhangī, Motāle'ātī ol-Zahrā, 2000).

Montazerī, Hosein 'Alī, *Resāle-ye Touzīh-ol-Masā'el* (Tehrān: Nashr-e Tafakkor, 1998).

Sāne'ī, Yūsof, *Resāle-ye Touzīh-ol-Masā'el* (Qom: Enteshārāt-e Meysam-e Tammār, 2003/04).

Sharī'at-madārī, Moahammad Kāzem, *Resāle-ye Touzīh-ol-Masā'el* (Tehrān:

Shāhan-shāhī-ye Īrān,1958).

MQ1322 : *Majmū'e-ye Qavānīn-e Sāl-e 1322* (n.p.: Rūz-nāme-ye Rasmī-ye Keshvar-e Shāhan-shāhī-ye Īrān, 1959).

MQ14 : *Majumū'e-ye Qavānīn-e Mouzū'e va Mosavvabāt-e Doure-ye Chahārdahom-eQānūn-gozārī (21 Esfand māh 1322 - 21 Esfand māh 1324)*(n.p.: Chāp-khāne-ye Majles, n.d.).

MQ1324 : *Majmū'e-ye Sāliyāne-ye 1324* (n.p.: Chāp-khāne-ye Majles, n.d.).

MQ13 : *Majmū'e-ye Qavānīn-e Mouzū'e va Masāyel-e Mosavvabe-ye Doure-ye Sīzdahom-e Qānūn-gozārī* (n.p.: Edāre-ye Matbū'āt-e Majles-e Shourā-ye Mellī,1945).

MQ19 : *Majmū'e-ye Qavānīn va Mosavvabāt-e Doure-ye Nūzdahom-e Qānūn-gozārī (jeld-e chahārom)* (Tehrān: Majles-e Shourā-ye Mellī,1964).

MQ1358 : *Majmū'e-ye Qavānīn-e Sal-e 1358* (n.p.: Chāp-khāne-ye Rūz-nāme-ye Rasmī-ye Keshvar, n.d.).

MQ1359 : *Majmū'e-ye Qavānīn-e Sāl-e 1359* (n.p.: Rūznāme-ye Rasmī-ye Jomhūrī-ye Eslāmī-ye Īrān, n.d.)

MQ1363 : *Majmū'e-ye Qavānīn-e Sāl-e 1363* (n.p.: Rūznāme-ye Rasmī-ye Jomhūrī-ye Eslāmī-ye Īrān, n.d.)

MQ24 : *Majmū'e-ye Qavānīn-e Bīst o Chahāromīn Doure-ye Qānūn-gozārī-ye Majles-e Shourā-ye Mellī* (n.p.: Edāre-ye Koll-e Qavānīn, n.d.).

MQ1 : *Majmū'e-ye Qavānīn-e Avvalīn Doure-ye Majles-e Shourā-ye Eslāmī (chap-e sevvom)* (n.p.: Edāre-ye Koll-e Qavānīn, 1999).

MQ5 : *Majmū'e-ye Qavānīn-e Panjomīn Doure-ye Majles-e Shourā-ye Eslāmī (jeld-e dovvom)* (n.p.: Edāre-ye Koll-e Qavānīn, 2001).

MQM : *Majmū'e-ye Qavānīn va Moqarrarāt-e 'Asr-e Mashrūtīyat* (n.p.: Rūz-nāme-ye Rasmī-ye Jomhūrī-ye Eslāmī-ye Īrān, 2009).

MQ1320 : *Majmū'e-ye Qavānīn va Moqarrarāt-e Sāl-hā-ye 1300-1320 [bakhsh-e dovvom 1313-1320]* (n.p.: Rūz-nāme-ye Rasmī-ye Jomhūrī-ye Eslāmī-ye Īrān, 2009).

MQ1330 : *Majmū'e-ye Qavānīn va Moqarrarāt-e Sāl-hā-ye 1321-1330* (n.p.: Rūz-

参考文献

〈史料〉

1．議会議事録（以下の略号を用いる）

MM178 : *Mozākerāt-e Majles: Jalase 178, Doure-ye Shishom-e Taqnīnīye* (n.p.: Majles-e Shourā-ye Mellī,1927 [Āzar, 19]).

MM67 : *Mozākerāt-e Majles: Jalase 67* (Tehrān: Edāre-ye Tond-nevīsī va Tahrīr-e Sūrat-e Majles, 1938 [Āzar, 20]).

MM68 : *Mozākerāt-e Majles: Jalase 68* (Tehrān: Edāre-ye Tond-nevīsī va Tahrīr-e Sūrat-e Majles, 1938 [Āzar, 27]).

MM69 : *Mozākerāt-e Majles: Jalase 69* (Tehrān: Edāre-ye Tond-nevīsī va Tahrīr-e Sūrat-e Majles, 1938 [Dey, 1]).

MM1 : *Mozākerāt-e Majles-e Doure-ye Avval-e Taqnīnīye* (n.p.: Chāp-khāne-ye Majles,1946).

MM185 : *Mozākerāt-e Majles: Jalase 185* (Tehrān: Edāre-ye Tond-nevīsī va Tahrīr-e Sūrat-e Majles, 1955 [Dey, 6]).

MM318 : *Mozākerāt-e Majles: Jalase 318* (Tehrān: Edāre-ye Tond-nevīsī va Tahrīr-e Sūrat-e Majles, 1959 [Tīr, 8]).

MM364 : *Rūz-nāme-ye Rasmī-ye Keshvar-e Shāhan-shāhī-ye Īrān: Mozākerāt-eMajles-e Shourā-ye Mellī: Jalase 364* (Tehrān: Edāre-ye Tond-nevīsī va Tahrīr-e Sūrat-e Majles, 1959 [Dey, 15]).

MM365 : *Rūz-nāme-ye Rasmī-ye Keshvar-e Shāhan-shāhī-ye Īrān: Mozākerāt-e Majles-e Shourā-ye Mellī: Jalase 365* (Tehrān: Edāre-ye Tond-nevīsī va Tahrīr-e Sūrat-e Majles, 1959 [Dey, 16]) .

MM106 : *Mashrūh-e Mozākerāt-e Majles-e Shourā-ye Eslāmī: Jalase 106* (Tehrān: Edāre-ye Tadvīn-e Mozākerāt-e Majles-e Shourā-ye Eslāmī, 1997).

2．法令集（以下の略語を用いる）

MQ1317 : *Majmū'e-ye Qavānīn-e Sāl-e 1317* (n.p.: Rūz-nāme-ye Rasmī-ye Keshvar-e

【ま行】

【や行】

【ら行】

【わ行】

【な行】

【は行】

【さ行】

【た行】

索　引

本文および注における以下の項目の出現頁を示した。

ただし「サルゴフリー方式」「地主」「店子」「営業権」などの頻出語句については除外した。

【著者】
岩﨑葉子（いわさき ようこ）
1966年東京都生まれ。東京外国語大学ペルシア語学科卒業、同学にて修士号を取得後アジア経済研究所に入所。一橋大学大学院経済学研究科修了、博士（経済学）。現在、日本貿易振興機構アジア経済研究所開発研究センター。主な著作に、『イラン国民経済のダイナミズム』（共編著、アジア経済研究所、2000年）、『テヘラン商売往来――イラン商人の世界』（アジア経済研究所、2004年）、『「個人主義」大国イラン――群れない社会の社交的なひとびと』（平凡社新書、2015年）、『アジア経済史研究入門』（共著、名古屋大学出版会、2015年）、*Industrial Organization in Iran: The Weakly Organized System of the Iranian Apparel Industry*（Springer, 2017）などがある。

サルゴフリー 店は誰のものか
イランの商慣行と法の近代化

2018年4月20日　初版第1刷発行

著者　岩﨑葉子
発行者　下中美都
発行所　株式会社平凡社
〒101-0051 東京都千代田区神田神保町3-29
電話 03-3230-6580（編集）
03-3230-6573（営業）
振替 00180-0-29639
装丁　中山銀士＋金子暁仁
DTP　中山デザイン事務所（葛城真佐子）
印刷　株式会社東京印書館
製本　大口製本印刷株式会社

ISBN 978-4-582-82487-2
NDC分類番号 322.272　A5判（21.6cm）　総ページ 272

平凡社ホームページ　http://www.heibonsha.co.jp/